한 과거로의 산책

세상을
움직이는 책

에게 드립니다

역사란 무엇인가

What is History

세상을 움직이는 책

역사란 무엇인가(개정판)

발행일 | 2013년 10월 2일   개정 3판 6쇄
        2018년 3월 15일   개정 3판 8쇄

지은이 | E.H 카
옮긴이 | 박종국
펴낸이 | 이경자
펴낸곳 | 육문사
편   집 | 김숙희 · 박봉진 · 김순덕

주소 | 경기도 고양시 일산동구 산두로 128. 909동 202호
전화 | 031-902-9948
팩시밀리 | 031-903-4315
출판등록 | 제313-2011-2호 (1974. 5. 29)

ISBN 978-89-8203-201-1 (03900)

역사란 무엇인가

Edward Hallett Carr는 1961년 1월부터 3월까지 케임브리지 대학에서 〈역사란 무엇인가〉라는 주제로 연속 강연을 했으며, 이 해 가을에 그 강연 내용을 책으로 출판했다. 이 책은 그 전역(全譯)이다.

차례를 보고 알 수 있듯이, 이 책은 역사라는 것의 근본 문제를 하나하나 빠짐없이 논한 역사철학서이다. 《역사란 무엇인가》는 아마도 현대에서 가장 새롭고 가장 뛰어난 철학서일 것이다. 이 책의 뛰어난 내용은 E. H. Carr가 직업적인 철학자가 아니라 현대의 가장 탁월한 역사가라는 점과, 따라서 이 책이 그의 오랜 동안의 역사적 연구 및 서술의 경험을 통해 얻은 지혜의 결정(結晶)이라는 점이다.

"역사란 현재와 과거와의 대화이다." E. H. Carr는 이 말을 이 책 속에서 여러 차례 반복하고 있다. 이것은 그의 역사철학의 정신이다. 한편으로는, 과거는 과거 때문에 문제가 되는 것이 아니라 우리들이 살고 있는 현재에서의 의미 때문에 문제가 되는 것이며, 다른 한편으로는, 현재라는 것의 의미는 고립(孤立)한 현재에서가 아니라 과거와의 관계를 통해 분명해지는 것이다. 따라서 시시각각 현재가 미래에 의해 잠식됨에 따라, 과거는 그 모습을 새롭게 하고, 그 의미를 바꾸어 간다. 우리 주위의 모든 사람들이 '전후(戰後)'니 '원자력 시대'니 '20세기 후반'이니 하고 현대의 새로움을 말하고 있다. 그러

서문 introduce

나 유감스럽게도 현대의 새로움을 주장하는 사람들의 과거를 보는 눈은 거의 새로워지지 않고 있다. 과거를 보는 눈이 새로워지지 않는 한, 현대의 새로움은 당연히 파악할 수 없을 것이다. E. H. Carr의 역사철학은 우리들을 먼 과거로 이끌고 가는 것이 아니라, 과거에 대해 말하면서 현재가 미래에 잠식되어 가는 바로 그 지점에 우리를 세워 놓는 것이다.

그가 다루고 있는 주제는 한결같이 더할 나위 없이 중대한 것들이다. 그는 그토록 중대한 주제들을 논하면서도 조용한 어조와 경묘(輕妙)한 필치를 사용하고 있다. 중요하다고 생각되면 될수록 용어가 필요 이상으로 엄숙해지는 우리의 습관에 비하면, 여기에는 전혀 다른 정신적 태도가 있다. 중대한 일을 조용히 가볍게 말한다는 것은 '술어'나 '문재(文才)' 등의 문제가 아니라 오히려 사상의 문제인 것이다.

E. H. Carr는 1892년에 태어나 중년까지는 외교관을 지냈으며, 그후 학계에 몸을 담았다.

이 강연《역사란 무엇인가》는 케임브리지 대학에서 처음으로 행해졌고, 그후 BBC 제3방송을 통해 행해졌으며, 방송을 통해 강연된 내용은 주간지《Listener》에 연재되었다.

차례 **contents**

차례 **contents**

1 역사가와 그의 사실들

1 역사가와
그의 사실들

역사란 무엇인가

역사란 무엇인가? 이 질문 자체를 무의미하다거나 쓸데없다고 생각하는 사람들이 있어서는 안되겠기에, 먼저 《케임브리지 근대사》의 제1차와 제2차 간행에 관련된 두 대목을 인용하여 나의 주제로 삼으려 한다. 액튼(John Edward Acton, 1834~1902 영국의 역사가)은 1896년 10월 케임브리지 대학 출판부 특별 평의원회에 제출한 보고서에서 자기가 담당한 근대사의 편집 일에 대해 다음과 같이 말하고 있다.

> 19세기가 후대에 전하려고 하는 지식을 가능한 한 많은 사람들이 가장 유용하게 이용할 수 있도록 기록해 두기에는 지금이 더없이 좋은 기회이다. 우리는 적당한 분업을 통해 이 작업을 할 수 있을 것

이며, 국제적 연구에 의해 도출된 가장 원숙한 결론들과 최근의 문서들을 모든 사람들에게 알려 줄 수 있을 것이다.

　우리는 당대(當代)에 완전한 역사를 가질 수는 없다. 그러나 우리는 인습적인 역사를 정리할 수 있으며, 한 시점에서 다른 시점으로 향해 가는 과정에서 우리가 도달한 지점을 보여 줄 수도 있다. 오늘날에는 어떤 자료도 입수할 수 있으며, 어떤 문제도 그 해결이 가능하기 때문이다.[1]

그로부터 정확히 60년 뒤, 조지 클라크(Sir George Norman Clark, 1890~) 교수는 《케임브리지 근대사》 제2집의 서론에서, 언젠가는 '완벽한 역사'를 쓸 수 있으리라는 액튼과 그의 협력자들의 신념에 대해 논평하면서 다음과 같이 말했다.

　후세대의 역사가들은 그러한 전망을 갖지 않는다. 그들은 자기들의 업적이 차츰차츰 새로운 것으로 대체되어 나아가기를 기대한다. 그들은 과거에 대한 지식은 한 사람 혹은 몇 사람의 정신을 통하여 전해 내려왔고, 그 정신에 의해 '가공'되어 왔으므로, 그것은 어떤 것에 의해서도 변질될 수 없는 절대적이고 비인간적인 원자와 같은 것으로 구성되었다고는 보지 않는다…… 탐구의 길은 끝없는 것이므로 끈기 없는 일부 학자들은 회의주의에서 도피처를 찾든가, 기껏해야 모든 역사적 판단에는 인간이란 요소와 관점이란 요소가 내포되게 마련이므로 이것이나 저것이나 마찬가지이며, 따라서 객관

---

1) *The Cambridge Modern History : It's Origin, Authorship and Production*(1907), pp.10~12

적인 역사적 진리는 있을 수 없다는 학설 속으로 도피하여 버리는 것이다.[2]

　박식한 학자들이 이처럼 날카롭게 대립하고 있는 것으로 보아 이 분야는 연구해 볼 만한 점이 있다. 나 자신의 입장을 말한다면, 1890년대에 씌어진 것들은 모두가 엉터리라고 단정해 버릴 만큼 시류(時流)에 앞서 나가고 싶은 생각이 없는 것은 아니다. 그러나 아직은 1950년대에 씌어진 것이라고 하여 모두가 중요한 것이라고 동조할 정도로 진보적이지는 못하다. 여러분도 이미 짐작하고 있겠지만, 사실 이러한 연구는 역사의 본질보다도 훨씬 폭넓은 문제 속으로 휩쓸려 들어가기 쉽다. 액튼과 조지 클라크 경 사이의 충돌은 이들 두 견해 사이의 시차(時差)에서 사회관의 전체적 변화를 반영하고 있다. 액튼은 빅토리아 시대 후기의 확신에 찬 신념과 명민한 자신감을 표명하고 있는 데 반하여, 조지 클라크 경은 비트(beat)족 세대의 당혹과 혼란된 회의주의를 반영하고 있다. '역사란 무엇인가'라는 물음에 답하려 할 때 우리의 대답은 의식적이든 무의식적이든 우리 자신이 처해 있는 시대적 상황을 반영하게 되며, 우리가 살고 있는 사회를 어떤 관점에서 보고 있는가라는 좀더 광범한 질문에 대한 우리의 대답의 일부를 이루게 된다. 좀더 자세히 검토해 보면 나의 논제는 대수롭지 않은 것으로 보일지도 모르지만, 그 점에 대해 나는 그다지 걱정하지 않는다. 오히려 이렇게 방대하고 중요한 문제를 들고 나온 것이 주제넘게 보이지 않을까 두려울 뿐이다.

---

2) *The New Cambridge Modern History*, i(1957), pp.24~25

사실 존중의 시대

19세기는 '사실'을 존중한 위대한 시대였다. 그래드그라인드(Gradgrind)는《어려운 시대(Hard Times)》에서 "내가 필요로 하는 것은 '사실'이다.……인간의 삶에서 요구되는 것은 사실뿐이다."라고 말했다. 19세기의 역사가들도 대체로 그와 같은 견해를 지니고 있었다. 1830년대에 랑케(Ranke)는 역사의 도덕화에 대하여 정당한 항의를 제기하면서, 역사가의 임무는 "그것이 진정 어떠하였는가(Wie es eigentlich gewesen)를 보여주는 데 있을 뿐"이라고 했다. 그다지 심오하지도 않은 이 경구는 놀라운 성공을 거두었다. 약 3세대 동안이나 영국·독일·프랑스의 역사가들은 모두가 'Wie es eigentlich gewesen'이라는 주술적(呪術的)인 문구를 외우면서 진군했으며, 모든 주문이라는 것이 그러하듯 이 주문 역시 스스로 생각한다는 거추장스러운 의무로부터 역사가들을 해방시켜 주려는 의도를 내포하고 있었다. 과학으로서의 역사를 부르짖는 실증주의자들은 그들의 영향력을 '사실 숭배'에 바쳤다. 그들은 '먼저 사실들을 확인하라, 그리고 나서 그 사실들로부터 결론을 도출하라.'고 말한다. 영국에서 이러한 역사관은 로크(Locke)에서 버트란드 러셀(Russell)에 이르는 영국 철학의 주류를 이루고 있는 경험론적 전통과 완전히 일치하는 것이었다. 경험주의적 지식론은 주체와 객체의 완전한 분리를 전제로 한다. 사실이란 것은, 감각적 인상과 마찬가지로 외부로부터 관찰자에게 다가오는 것으로서, 관찰자의 의식에 영향받지 않는다. 따라서 사실을 받아들이는 과정은 수동적이다. 즉, 자료를 받아들인 다음에야 비로소 거기에 관찰자의 동작이 가해지는 것이다. 유용하긴 하지만 경험주의 학파 쪽으로 편향적인 《옥스퍼드 중사전》은, 사실이라는 것을 "추론과는 전혀 다른 경험의 자료"라고 정의함으로써 이 두 과정을 명백하게 구분하고 있다. 이런 것을 상식적인 역사관이라고 불러도 좋을 것이다. 역사는 확증된 사실들의 집성(集成)으로 이루어지는 것이다. 생선가게의 널빤지 위에 진열된 물고기들처럼 여러 가지 기록이나 비문(碑文)들 속의 사실들은 역사가에게 유용하다. 역사가는 그 사실들을 수집한 뒤, 그것을 집으로 가지고 가서 자기의 입맛에 맞게 요리하여 식탁에 올려놓는 것이다. 액튼은 요리 취향이 단순한 편이어서 사실을 그대로 식탁에 내놓으려고 했다. 《케임브리지 근대사》 제1권의 기고자들에게 여러 가지 지시를 한 편지에서, 그는 "우리의 워털루 전사(戰史)는 프랑스인이나 영국인·독일인·네덜란드인들을 모두 만족시킬 수 있도록 할 것, 필자 명단을 찾아보지 않고서는 옥스퍼드의 주교(主敎)가 어디까지 쓰고 붓을 놓았는지, 다음을 이어 쓴 사람은 페어베언 (Patrick Fairbairn, 1805~1875 스코틀랜드의 신학자)인지, 가스켓(Francis Aidan Gasquet, 1846~1929 영국의 가톨릭 신학자)인지, 리버만(Bruno Franz Leopold Liebermann, 1759~1844 독일의 가톨릭 신학자)인지, 해리슨 (Benjamin Harrison, 1808~1887 영국의 국교회 성직자)인지 아무도 가릴 수 없도록 할 것"[3] 등을 요구하고 있다. 액튼의 이같은 태도에 대해 비판적인 조지 클라크(George Clark)조차도 역사에서 '사실이라는 단단한 씨'와 '이를 감싸고 있는 이론(異論)의 여지가 많은 해석이라는 과육(果肉)'[4]을 대비시키고 있는데, 아마도 그는 과일의 맛은 단단한 속

---

3) Acton, *Lectures on Modern History*(1906), p.318
4) *The Listener*, 1952년 6월 19일판, p.992에서 인용

보다도 과육의 부분에 더 있다는 사실을 잊고 있었던 모양이다. 먼저 사실들을 정확하게 손에 넣어라, 그리고 나서 해석이라는 유동하는 모래 속으로 위험을 무릅쓰고 뛰어들어라——이것이 역사에 대한 경험적인 상식학파의 궁극적인 지혜이다. 이것은 "사실은 신성하나 의견은 자유이다."라는 위대한 자유주의 저널리스트 스콧(Charles Prestwich Scott, 1846~1932)이 즐겨 쓰는 격언을 상기시킨다.

역사적 사실이란 무엇인가

그러나 오늘날에 와서는 분명히 이 같은 말은 통할 수 없을 것이다. 나는 과거에 대한 우리의 지식의 본질에 대한 철학적인 논쟁에 집착할 생각은 없다. 우선 당면한 문제를 풀기 위해 시저가 루비콘 강을 건넜다는 사실과, 방 한복판에 테이블이 있다는 사실을 같은 종류의 혹은 유사한 종류의 사실이라고 가정해 보자. 그리고 이 두 사실이 같은 방식이나 유사한 방식으로 우리의 의식 속으로 들어온다고 가정하자. 그리고 이 두 사실이 그것을 아는 사람과의 관계에서도 똑같은 객관적 특성을 가진다고 가정해 보자. 이것은 좀 임의적이고 그다지 설득력이 없는 가정이긴 하지만, 이 가정 위에서도 우리의 논의는 과거에 관한 모든 사실들이 역사적 사실인 것도 아니고, 또 역사가에 의해 역사적 사실로 취급되지도 않는다는 난처한 입장에 직면하게 된다. 그러면 역사의 사실들을 과거에 관한 다른 사실들과 구별하는 기준은 무엇이겠는가?

도대체 역사적 사실이란 무엇인가? 이것은 우리가 좀더 면밀히 검토해야 할 중대한 문제이다. 상식적인 관점에 따른다면, 어떤 역사가에게나 동일한, 그리고 역사의 중추를 이루는 기초적인 사실들이 있다. —— 헤이스팅스의 전투(Battle of Hastings)는 1066년에 있었다는 사실 같은 것이 그 한 예이다. 그러나 이러한 관점에 대해서도 두 가지의 고찰이 필요하다.

첫째, 역사가의 주된 관심의 대상이 되는 것은 이와 같은 사실이 아니라는 문제이다. 물론 그 같은 큰 전투가 일어난 것이 1065년이나 1067년이 아니라 1066년이었다는 사실과, 그 장소가 이스트본(Eastbourne)이나 브라이턴(Brighton)이 아니라 헤이스팅스였다는 사실을 안다는 것은 분명히 중대한 일이다. 역사가가 이 같은 사실들을 잘못 알아서는 안된다. 그러나 이런 문제점들이 야기될 때마다 나는 "정확성은 의무이지 미덕이 아니다"[5]라는 하우스만(Alfred Edward Housman, 1859~1939 영국의 고전학자)의 말이 떠오른다. 역사가를 정확하다고 해서 칭찬하는 것은 잘 말린 목재를 썼다거나 잘 반죽된 콘크리트를 썼다고 해서 건축가를 칭찬하는 것과 같다. 그것은 그의 작업의 필요조건이지 본질적인 기능은 아니다. 그런 따위의 일이라면 역사가들은 당연히 역사학의 '보조 학문'이라고 일컬어져 온 고고학(考古學) · 금석학(金石學) · 고전학(古錢學) · 연대학(年代學) 등에 의존할 권리를 가지고 있다. 역사가에게는 도자기나 대리석 파편의 계통 및 시기를 결정한다든가, 알 수 없는 비문(碑文)을 해독해 낸다든가, 정확한 연대를 정하는 데 필요한 정밀한 천문학적 계산을 한다든가 하는 등의 전문가들에게나 가능한 특별한 기술이 필요치 않다. 모든 역

---

5) *M. Manilii Astronomicon: Liver Primus*(2nd ed., 1937), p.87

사가들에게 공통적으로 똑같은 이런 따위의 소위 기초적 사실들은, 역사 자체에 속한다기보다는 역사가들이 사용하는 원료의 범주에 속한다.

둘째로 고찰해야 할 점은, 기초적 사실들을 설정할 필요가 있다고 하더라도 그것은 사실들 자체에 어떤 특질이 있어서가 아니라 역사가의 선험적 결정에 좌우된다는 점이다. 스콧의 모토에도 불구하고 오늘날 모든 저널리스트들은 여론을 움직이는 가장 효과적인 방법은 적절한 사실들을 취사선택하여 배열하는 데에 있다는 것을 잘 알고 있다. 사실들은 제 스스로가 이야기한다고 흔히 말한다. 물론 그것은 진실이 아니다. 사실이란 역사가가 그것을 찾아내 줄 때에만 이야기할 수 있는 것이다. 또 어떤 사실에 발언권을 줄 것인가를 결정하는 것도, 그리고 어떤 순서와 맥락 속에서 이야기할 것인가를 결정하는 것도 역사가인 것이다. "사실은 자루와 같은 것이어서 그 속에 무엇인가를 넣어 주기 전에는 절대로 설 수 없다."고 말한 것은 피란델로(Pirandello)의 작품 속의 등장인물이라고 생각된다. 우리가 1066년 헤이스팅스에서 전투가 있었다는 사실을 알려고 하는 관심을 가지게 되는 유일한 이유는, 역사가들이 그것을 역사적 대사건으로 보기 때문이다. 시저가 루비콘이라는 작은 강을 건넌 사실이 역사적 사실일 수 있는 것은, 역사가들이 나름대로의 이유에 따라 결정한 것이며, 그전이나 그후에 수백만의 다른 사람들이 루비콘 강을 건넌 사실에 대해서는 관심을 두지 않는다. 여러분이 30분 전에 걸어서 또는 자전거나 자동차를 타고 이 건물에 도착했다는 사실도, 시저가 루비콘 강을 건넜다는 사실과 마찬가지로 과거에 있었던 사실임에는 틀림없다. 그러나 역사가들은 이를 무시해 버릴 것이다.

탈콧 파슨스(Talcott Parsons, 1902~1979 미국의 사회학자) 교수는 언젠가 과학을 일컬어 "실재(reality)에 대한 인식 방향의 선택적 체계"[6]라고 한 적이 있다. 그것은 좀더 간단히 표현될 수도 있었으리라. 그러나 역사는 특히 그런 것이다. 역사가는 불가피하게 선택적이다. 역사가의 해석과는 상관없이 객관적으로 존립하는 역사적 사실들의 단단한 씨를 믿는다는 것은 앞뒤가 뒤바뀐 오류이지만, 오류를 근절한다는 것은 참으로 어려운 일이다.

역사적 사실이 생기는 과정

그러면 과거에 관한 단순한 사실이 역사적 사실로 변하게 되는 과정을 잠간 살펴보자. 1850년에 스탤리브리지 웨이크스(Stalybridge Wakes, 맨체스터 부근의 영국 서북부의 도시)에서 싸구려 물건을 파는 노점상 한 사람을 사소한 시비 끝에 성난 군중이 고의로 쳐 죽인 일이 있었다. 이것이 역사적 사실일 수 있겠는가? 일 년 전만 해도 나는 주저하지 않고 아니라고 했을 것이다. 이 사건은 어떤 목격자가 쓴 거의 알려지지도 않은 회고록에 기록되어 있지만,[7] 언급될 가치가 있는 사건이라고 판단한 역사가는 없었다. 그러던 것이 일 년 전 키트슨 클라크(George Kitson Clark, 1900~) 박사가 옥스퍼드의 포드 강연(Ford

---

6) T. Parsons and E. Shils, *Towards a General Theory of Action*(3rd ed., 1954), p.167

7) Lord George Sanger, *Seventy Years a Showman*(2nd ed., 1926), pp.188~189

lecture)에서 이것을 인용했다.[8] 그러면 이 사건은 이제 역사적 사실이 된 것일까? 나는 아직 그렇다고 생각하지 않는다. 내 생각으로는 그 사건의 현재 상태는 아직도 역사적 사실이라는 상류 클럽에 입회 원서를 신청해 놓고 있는 정도라고 생각한다. 아직은 후원자와 추천인을 기다리고 있는 형편이다.

앞으로 이 사실은 2,3년 내로 19세기의 영국에 관한 논문이나 책들의 각주(脚註)에나 기록되었다가 후에 본문에 나타나고, 그렇게 하여 2,30년이 지나는 동안 역사적 사실로 자리를 잡게 될 가능성이 있을 것이다. 그러나 반대로 아무도 돌보아 주는 사람이 없을 경우, 키트슨 클라크 박사가 친절하게도 그것으로부터 구해 내려고 한 비역사적 사실이라는 연옥(煉獄)으로 다시 떨어지게 될 것이다. 어떤 사건이 위의 두 가지 상태 중 어느 쪽으로 기우느냐 하는 것을 결정하는 것은 무엇인가? 그것은 키트슨 클라크 박사가 이 사건을 이용하여 뒷받침하려고 했던 논제나 해석을 다른 역사가들이 유효하고 의미있는 것으로 받아들여 주느냐 않느냐에 달린 문제라고 생각된다. 역사적 사실로서 그 지위는 결국 해석의 문제에 따라 결정되는 것이다. 이 해석이라는 요소는 역사의 모든 사실 속에 들어가게 마련이다.

나의 개인적인 회고를 하고자 한다. 여러 해 전 내가 이 대학에서 고대사를 연구하고 있던 때의 내 특수 연구 제목은 〈페르시아 전쟁 당시의 그리스〉였다. 나는 15권 내지 20권 정도의 책을 책꽂이에 모아 놓고는 내 문제에 관련된 모든 사실들은 이 책들 속에 수록되어 있다고 생각해도 무방하리라고 생각했다. 그 문제에 관해 당시에 이미

---

8) Dr. Kitson Clark, *The Making of Victorian England*(1962)

알려졌거나 알 수 있었던 모든 사실들이 그 책들 속에 수록되어 있었다고 가정하자 —— 정말 그렇다 해도 과언이 아니다. 그러나 과거 한 때 틀림없이 누군가가 알고 있었을 그 무수한 사실들 가운데서 대체 어떤 우연이나 마멸 과정을 통해 보잘것없는 사료집만이 살아남아서 역사적 사실이 되었는가를 생각해 본 일은 전연 없었다. 오늘날까지도 고대사나 중세사에 마음이 끌리게 되는 매력의 하나는, 그것들이 손닿는 범위 안에서 모든 사실을 처리할 수 있다는 환상을 우리에게 주기 때문이 아닌가 생각된다. 말하자면, 알려진 극소수의 사실들 전부가 역사적인 사실이기 때문에 역사적 사실과 과거에 관한 그밖의 사실들 간의 까다로운 구별이 소멸된다는 것이다. 이 두 시대를 다 같이 연구한 뷰리(John Bagnell Bury, 1861~1927)는 "고대사와 중세사의 기록에는 공백 부분이 있다."[9]고 말했다. 지금까지도 역사란 없어진 부분이 많은 그림맞추기라고 일컬어져 왔다. 그러나 주된 어려움은 공백 부분에 있는 것이 아니다. 기원전 5세기의 그리스의 모습이 우리에게 불완전한 것은, 그 대부분이 우연에 의해 상실되었다는 데에 그 주된 원인이 있는 것이 아니라, 그것이 대체로 아테네 시의 아주 작은 그룹의 아테네 시민들에 의해 그려졌기 때문이다. 우리는 기원전 5세기의 그리스가 아테네 시민들에게 어떤 모습으로 보여졌는가에 대해서는 많이 알고 있다. 그러나 페르시아인이나 노예나 아테네의 거주자가 아닌 주민은 말할 것도 없고, 스파르타인·코린트인, 혹은 테베인의 눈에 그것이 어떻게 보여졌는가에 대해서는 아는 것이 거의 없다. 요컨대 우리가 머리 속에 그리는 기원전 5세기의 그리스

---

9) J. B. Bury, *Selected Essays*(1930), p.52

의 모습은 우리에게 미리 선택되고 미리 결정된 것이다. 그것은 우연한 계기에 의해서라기보다는, 의식적이든 무의식적이든 어떤 특수한 견해의 감화를 받고는 그런 견해를 뒷받침해 주는 사실이어야만 보존될 가치가 있다고 생각한 사람들에 의해 그렇게 된 것이다.

　이와 마찬가지로, 현대의 중세사 책에서 나는 중세인들의 마음은 종교에 깊이 쏠리고 있었다는 내용을 읽을 때, 어떻게 해서 이 사실을 알게 되었을까, 이것이 진실일까 하는 의문을 금할 수 없다. 중세사의 사실들에 대해 우리가 알고 있는 사실의 거의 전부가 연대기 작가들이 후세인들을 위해 여러 세대에 걸쳐서 뽑아 놓은 것이다. 그러나 그들은 이론면에서나 실제면에서나 직업적으로 종교에 종사한 사람들이기 때문에 종교만을 지극히 중요하게 생각하고, 종교와 관련된 사건들은 무엇이든 기록했지만 그밖의 사건들은 대수롭지 않게 여겼다. 신앙심이 돈독하기로 유명한 러시아 농민들의 모습은 1917년의 혁명으로 무너져 버렸지만 신앙심이 깊다는 중세인의 모습은 진실이건 거짓이건 무너질 수 없다. 왜냐하면 중세인에 관해 알려져 온 모든 사실들은, 자신도 그것을 믿고 또한 다른 사람들도 그렇게 믿어 주기를 바라고 있던 사람들에 의해 미리 선택된 것인 데다가, 우리에게 그 반대의 증거가 되어 줄 만한 그밖의 많은 사실들은 모두 없어져서 찾을 길이 없기 때문이다.

　과거 패턴을 검토해 볼 여지도 없이 사라진 세대의 역사가·기록자·연대기작가들의 죽은 손에 의해 결정되어 버린 것이다. 배러클러프(Geoffrey Barraclough, 1908~) 교수는 자신도 중세사가(中世史家)로서 수련을 쌓은 사람이지만 다음과 같이 기술하고 있다. "우리가 책에서 읽는 역사는 사실을 토대로 한 것이긴 하지만 엄격히 말한다면 결코 사실 그 자체가 아니라 일련의 인정된 판단에 불과하다."[10]

무지의 필요에 대하여

    그러면 이와는 다르지만 심각하기는 마찬가지인 근대사가들이 처한 어려움으로 이야기를 돌려 보기로 하겠다. 고대나 중세사가들은 다년간에 걸친 대규모의 도태 과정의 결과로 역사적 사실들의 적절한 집성을 자기 임의로 할 수 있게 되었다는 사실을 감사해야 할 것이다. 리튼 스트래치(Lytton Strachey, 1880~1932 영국의 전기 작가)는 농담 삼아 다음과 같이 말했다. "무지는 역사가의 제일 요건이다. 무지는 단순화시키고 명확하게 하고 추리고 버린다."[11] 나는 때때로 고대사나 중세사의 저술에 힘쓰고 있는 동료들의 비상한 능력을 부러워하는 경우가 있는데, 그럴 때마다 그들이 그토록 유능한 것은 자기들의 문제에 대해 그만큼 무지하기 때문이라고 생각하면서 자위하곤 한다. 그러나 근대사가는 이 뿌리 깊은 무지의 유리함을 조금도 누리지 못한다. 그들은 이 필수적인 무지를 자기 스스로 길러 나아가야 한다. 그럴수록 그는 자기 시대에 가까이 접근할 수 있는 것이다. 근대사가는 약간의 중요한 사실들을 발견하여 그것을 역사상의 사실로 만들고, 동시에 중요하지 않은 많은 사실들을 비역사적 사실로 버려야 한다는 이중의 임무를 지니고 있다. 그런데 이것은 역사란 반론의 여지

---

10) G. Barraclough, *History in a Changing World*(1955), p.14
11) Lytton Strachey, *Preface to Eminent Victorians*

가 없는 객관적 사실을 최대한 편찬하는 것이라고 생각한 19세기 이단 사상과는 정반대의 생각이다. 이 이단 사상에 굴복하는 사람은 누구나 역사를 수지 안맞는 직업이라고 집어치우고는 우표 수집이나 골동품 수집 등을 시작하든가 그렇지 않으면 정신병원에 입원하는 것으로 끝을 맺게 될 것이다.

이 이단 사상은 수백 년에 걸쳐 근대사가들에게 실로 파멸적인 영향을 끼쳐 왔다. 그리하여 독일·영국·미국 등 여러 나라에서는 무미건조한 사실적 역사와, 사실들의 무한한 바다 속에서 흔적도 없이 사라져 버린 보잘것없는 사실들을 가능한 한 적은 양에 대해 가능한 한 많이 알자는 식으로 세분화된 사이비 논문들이 엄청나게 쏟아져 나왔다. 역사가로서 액튼을 좌절시킨 것도 흔히 생각하는 것처럼 자유주의와 가톨릭에 대한 충성과의 갈등에 그 원인이 있다기보다는 이 같은 이단 사상이었다고 생각된다.

액튼은 그의 초기 논문 속에서 자신의 스승 될링거(Johann von Döllinger, 1799~1890)에 대해 "그는 불완전한 사료(史料)로써는 쓰려고 하지 않았으며, 그에게 사료는 언제나 불완전하였다."[12]라고 말했다. 이 말은 확실히 액튼이 자기 자신을 미리 단언한 말이라고 할 수 있는데, 그것은 그 대학의 근대사 흠정(欽定) 강좌 담당 교수들 중에서도 가장 뛰어난 역사가라고 널리 인정된 액튼이 한 권의 역사책도 쓰지 않았다는 묘한 현상과 합치하기 때문이다. 뿐만 아니라 그는 자신의

---

12) G.P. Gooch, *History and Historians in the Nineteenth Century*, p.385에서 인용. 그후에 액튼은 될링거(Döllinger)에 대해서 "그는 인간이 입수할 수 있는 최대한의 사실을 바탕으로 해서 자기의 역사 철학을 형성하려 했다."(*History of Freedom and Other Essays*(1907), p.435)라고 말했다.

사망 직후에 발간된 《케임브리지 근대사》의 제1권 서론에서, 역사가를 억누르는 여러 가지 요구가 "그로 하여금 학자가 아니라 백과사전의 편찬자가 되라고 위협하고 있다."[13]라고 개탄하면서 자기 자신의 묘비명을 적어 놓았다. 무언가가 잘못되어 있었던 것이다. 그 잘못은 확고부동한 사실들의 끊임없는 축적을 역사의 토대라고 믿는 것, 사실은 그 자체가 스스로 이야기하며, 사실은 아무리 많아도 지나치지 않는다고 믿는 것에 있었던 것이다. 이 신앙은 그 시대에는 의문의 여지가 없는 것이어서 '역사란 무엇인가'라는 문제를 스스로 물어 볼 필요가 있다고 생각한 역사가들이 거의 없을 정도였다. —— 물론 오늘날까지도 일부 역사가들은 그런 의문이 필요없다고 생각하고 있지만.

문서가 말하는 것

19세기의 사실 숭배는 문서 숭배라는 것으로 완성되고 정당화되었다. 문서는 사실이라는 신전의 성스러운 법궤(法櫃)였다. 경건한 역사가는 고개를 숙이며 문서에 접근했으며, 경외스런 어조로 그것들을 논했다. 기록에서 발견되는 것은 곧 사실로서 받아들였다. 그러나 우리가 그 기록들을 자세히 검토해 보면 이 기록들 —— 법령·조약·세금대장·관보(官報)·공식서신(公式書信)·사신(私信)·일기 —— 이 우리에게 말해 주는 것은 무엇인가? 어떤 문서도 그 문서의 필자가 생각하고 있던 것 이상을 우리에게 말해 줄 수는 없다. —— 일어났다고

---

13) *Cambridge Modern History*(1902), p.4

그가 생각한 일, 일어나야만 한다고 그가 생각했던 일, 일어날 것이라고 생각했던 일, 혹은 자기가 생각한 대로 다른 사람들도 생각해 주기를 바랐던 일, 심지어 자기 혼자만이 생각했던 일, 이런 것이 그 전부이다. 이 모든 것들 중 역사가의 연구와 해독이 없이 어떤 의미를 가질 수 있는 것은 하나도 없다. 사실이란 그것이 문서로 기록되었든 되지 않았든 간에 역사가의 처리를 거친 다음에야 비로소 그들에게 이용될 수 있다. 역사가의 사실 이용이란 말하자면 처리 과정인 것이다.

이제 나는 내가 우연한 기회에 잘 알게 된 한 실례를 들어 내가 말하고자 하는 것을 설명하고자 한다. 바이마르 공화국의 외무장관이었던 구스타프 슈트레제만(Gustav Stresemann)이 1929년에 서거했을 때 그는 3백 상자가 넘는 방대한 분량의 공적(公的)이거나 반공적(半公的)인, 혹은 사적인 서류를 남겼다. 이 서류의 거의 전부는 그가 외무장관 자리에 있었던 6년간의 시기에 관련된 것이었다. 그런데 그의 친구와 친척들은 서거한 그를 위해 기념이 될 만한 사업이 이루어져야만 한다는 생각을 당연한 듯이 품고 있었다. 이리하여 그의 충실한 비서였던 베른하르트(Bernhardt)가 그 일에 착수하였다. 작업에 착수한 지 3년이 채 못되어 3백 상자 속에서 추려낸 문서들이 《슈트레제만의 유산(Stresemann's Vermächtnis)》이라는 인상적인 표제를 달고 각 권마다 6백 페이지나 되는 큰 책으로 세 권이 출간되었다. 일반적인 경우라면 이 문서들은 지하실이나 다락방 속에서 썩어 영원히 없어져 버렸을 것이다. 그렇지 않으면 백 년쯤 지난 뒤 호기심 많은 학자가 우연히 이것을 찾아내어 베른하르트의 책과 비교했을지도 모른다.

그러나 실제로는 훨씬 더 극적인 일이 일어났다. 1945년 이 문서들은 영국과 미국 정부의 손에 들어갔다. 두 나라 정부는 이 문서 전부를 사진으로 찍어서, 사진판을 런던의 공립 기록 보관소(Public Record Office)와 워싱턴의 국립 기록 보관소(National Archives)의 학자들에게 그 관리를 맡겼다. 이리하여 우리는 충분한 인내력과 호기심만 있다면 베른하르트의 행적을 정확히 알아낼 수 있게 된 것이다. 실제로 그가 한 일이란, 극히 이례적인 일이 아니고 크게 충격적인 일도 아니었다. 슈트레제만이 서거했을 당시 그의 서방(西方) 정책은 일련의 눈부신 성공 —— 로카르노(Locarno) 조약, 독일의 국제연맹 가입, 도스(Dawes) 계획과 영(Young) 계획, 미국의 차관(借款), 연합군 점령군의 라인란트(Rheineland) 철수 —— 을 보여 주고 있다. 이것이 슈트레제만의 외교 정책 중 가장 중요하고 값진 부분으로 보였기 때문에, 베른하르트의 문서 선택에서 이 부분이 특별히 강조되었다고 해도 조금도 이상할 것이 없다. 이에 반해 슈트레제만의 동방 정책, 즉 그의 대(對)소련 관계에서는 특기할 만한 성과가 아무것도 없었던 것처럼 보였다. 따라서 별다른 성과를 거두지도 못한 외교 절충에 관한 방대한 문서는 흥미도 없을 뿐만 아니라 슈트레제만의 명성에 보탬이 되는 것이 아무것도 없었기 때문에 추려내는 과정도 좀더 엄격해질 수밖에 없었다. 그러나 실제 슈트레제만은 대소(對蘇) 관계에 훨씬 더 꾸준하고 주의 깊은 배려를 하고 있었다. 따라서 그의 대소 외교는 베른하르트가 추린 문서집에서 독자들이 상상하는 것보다 더 큰 비중을 그의 전반적인 외교 정책 속에서 차지하고 있었다. 그러나 베른하르트의 책은 일반 역사가가 맹목적으로 신뢰하고 있는 무수한 문서집 출간물에 비한다면 그래도 훌륭한 편이 아닐까 한다.

이것으로 내 이야기가 끝난 것은 아니다. 베른하르트가 문서집을 출간한 직후에 히틀러가 정권을 잡았다. 슈트레제만이란 이름은 독일에서 잊혀졌고, 문서집도 나돌지 않게 되었다. 많은 부수가, 어쩌면 거의 전부가 폐기되어 버렸을 것이다. 오늘날 《슈트레제만의 유산》은 꽤 귀한 책이다. 그러나 서구에서는 슈트레제만의 높은 명성이 그대로 남아 있었다. 1935년 영국의 한 출판업자는 베른하르트가 편집한 것을 축역하여 출판했다. 그것은 베른하르트가 추린 것을 다시 추린 것으로서, 원본의 약 삼분의 일 가량이 생략되었다. 독일어 번역으로 유명한 서튼(Sutton)이 이 일을 훌륭히 해냈다. 그는 이 책의 서문에서 이렇게 설명하고 있다. "이 영역본은 약간 축소되어 있기는 하지만 삭제된 부분은 영국의 독자나 연구가들에게는 흥미가 없을 …… 항구성이 없다고 생각된 약간 부분에 지나지 않는다."[14] 이것 또한 지극히 당연한 일이다. 그러나 이 결과로 이미 베른하르트에 의해 지나치게 무시되었던 슈트레제만의 동방 정책은 논의의 대상에서 더욱 멀리 물러나게 되었으며, 서튼(Sutton)의 책에서는 소련이란 슈트레제만의 서방 중심 외교 정책 면에 간간이 오히려 달갑지 않게 끼어드는 침입자 같은 모양으로 나타나게 되어 버렸다. 그러나 소수의 전문가를 제외하고는 슈트레제만의 진정한 목소리를 서방 세계에 대표하고 있는 사람은 베른하르트도 아니고, 문서 그 자체는 더욱 아니며, 결국 서튼이라고 말하는 편이 나을 것이다. 만일 슈트레제만의 원문서(原文書)가 1945년의 폭격으로 소실되고, 베른하르트의 책의 나머지 부분마저 없어져 버렸더라면 서튼의 신빙성과 권위에는 의심의 여지가 없었을 것이다. 원본이 없어졌기 때문에 역사가들에 의해 고맙게 받아들여지

---

14) Gustav Stresemann, *His Diaries, Letters and Papers*, i(1935), Editor's Note

고 있는 수많은 인쇄본 문서집들도 이보다 확실한 근거 위에 있는 것은 아니다.

그러나 나는 이 이야기를 한 단계 더 밀고 나가려 한다. 베른하르트와 서튼에 대해서는 일단 잊어버리기로 하자. 그리고 우리가 원하기만 한다면, 유럽 최근사의 몇몇 중대 사건에 주도적 역할을 맡았던 관계자의 신빙할 만한 문서를 참조할 수 있다는 사실을 감사하기로 하자. 그러면 그 문서들은 도대체 우리에게 무엇을 말해 주는 것일까? 여기에는 여러 가지 문서가 포함되어 있지만, 그 가운데 주(駐)베를린 소련 대사와 슈트레제만이 가진 수백 회의 회담 기록과, 약 20회에 달하는 치체린(Grigori Vasilierich Chicherin, 1870~1936)과의 회담 기록이 포함되어 있다. 이 기록에는 하나의 공통된 특징이 있다. 즉, 이 기록들에는 슈트레제만이 회담을 주도해 나간 것으로 서술되어 있고, 그의 논점은 어느 것이나 모두 적절하고 설득력이 있는 데 반하여 상대편의 말은 대개가 빈약하고 혼란되어 설득력이 없는 것으로 나타나 있다. 이것은 모든 외교적 회담 기록에서 흔히 나타나는 일반적인 특징이기도 하다. 그 문서들은, 실제로 일어난 일을 우리에게 말해 주는 것이 아니라 슈트레제만이 일어났다고 생각한 일, 다른 사람들이 그렇게 생각해 주었으면 하고 그가 원했던 일, 그렇지 않다면 그런 일이 일어났다고 자기 스스로가 생각하고 싶었던 일에 관해서만 이야기하고 있는 것이다. 선택하고 처리한 것은 서튼이나 베른하르트가 아니라 실은 슈트레제만 자신이었던 것이다. 따라서 예컨대 같은 회담에 관한 치체린의 기록이 있다면 우리가 그것을 통해서 알 수 있는 것은 역시 치체린이 생각했던 일에만 국한되는 것이고, 실제로 무엇이 일어났는가는 역사가들의 마음속에서 재구성되어야 할 것이다. 물론 실제의 사실과 문서(文書)는 역사가에게 필수불가결한 것이다. 그러나 그것을 맹목적으로 떠받들어 모셔서는 안된다. 사실과 문서만으로 역사가 이루어지는 것은 아니다. 그것들 자체 속에 '역사란 무엇인가?'라는 귀찮은 질문에 대해 이미 작성된 답이 마련되어 있는 것도 아니다.

19세기의 역사관

여기서 나는 19세기의 역사가들이 일반적으로 왜 역사철학에 무관심했었는가 하는 문제에 대해 간략하게 말하고자 한다. 역사철학이란 말을 처음 만들어 낸 것은 볼테르였고, 그후로 이 말은 다양한 의미로 사용되었다. 그러나 내가 이 말을 쓰는 경우에는, 그것은 '역사란 무엇인가?'라는 물음에 대한 우리의 답을 의미하는 것이라고 해 두겠다. 19세기는 서구의 지식인들에게는 자신감과 낙관을 안겨 준 기분 좋은 시기였다. 이때에는 사실들이 전반적으로 만족스러운 것이었기 때문에 사실에 대해 거추장스러운 의문을 제기한다거나 해답을 하는 경향도 자연 미미했다. 랑케(Ranke)는 자기가 사실을 잘 보살피기만 하면 역사의 의미에 대해서는 신의 섭리가 보살펴 줄 것이라고 경건하게 믿고 있었고, 부르크하르트(Jakob Burckhardt, 1818~1897)도 시니시즘(Cynicism)이라는 좀더 근대적인 격조로써 "우리는 영원한 지혜를 탐구하는 목적을 주도할 수 있는 것이 아니다."라고 말했다. 뿐만 아니라 버터필드(Herbert Butterfield, 1900~1979) 교수는 1931년에 아주 자족적인 태도로써 "역사가는 사물의 본질에 관해서는 물론 자기

가 다루는 문제의 본질에 대해서조차도 별다른 생각을 한 적이 없었
다."[15]라고 적고 있다. 그러나 나보다 앞서서 이 강연을 맡았던 로우즈
(Alfred Leslie Rowse, 1903~1997) 박사는 보다 정당한 비판 정신의 소유
자답게 윈스턴 처칠 경의《세계의 위기》── 이 책은 제1차 세계대전
에 관한 책이다. ── 에 대해서, 이 책은 그 개성이나 선명성, 생동감
등에서 트로츠키(Trotsky)의《러시아 혁명사》에 비견할 만한 것이지
만, '그 배후에 역사철학이 없다'라는 단 한 가지 점에서는 뒤진다고
기술하고 있다.[16] 영국의 역사가들이 역사란 무엇인가 하는 문제에
끌려들기를 거부했던 이유는, 역사에는 아무런 의미가 없다고 믿었기
때문이 아니라 오히려 역사의 의미란 논란의 여지가 없는 자명한 것
이라고 믿었기 때문이다. 19세기의 자유주의적 역사관은 세계를 평화
롭고 자신감 넘치는 눈으로 바라보는 세계관의 산물인 자유방임의 경
제 정책과 밀접한 관계가 있다. 모두들 자기 일에만 힘써 나가라, 세
계 전체의 조화는 신이 보이지 않는 손으로 보살펴 줄 것이다. 역사적
사실 그 자체는 좀더 높은 세계를 향해 자비롭고 무한한 발전이 존재
한다는 지고의 사실을 스스로 증명하고 있는 것이다. 확실히 그것은
순진한 시대였다. 역사가들은 몸을 가리는 한 가닥의 철학도 없이 벌
거숭이로 부끄럼 없이 역사의 신 앞에서 에덴 동산을 거닐었다. 그러
나 그후로는 죄를 알고 타락을 맛보았다. 오늘날 아직도 역사철학이
없어도 무방하다는 태도를 가지는 역사가들은 허세와 자기 과장 속에
서 교외의 전원지대에 에덴 동산을 재건하겠다는 나체촌의 회원들과

---

15) H. Butterfield, *The Whig Interpretation of History*(1931), p.67
16) A. L. Rowse, *The End of an Epoch*(1947), pp.282~283

다를 바가 없다. 오늘날 우리는 거추장스러운 이 질문(역사란 무엇인가?)을 외면할 수 없게 되었다.

역사가가 역사를 만든다

지난 50년간에 '역사란 무엇인가?'라는 이 질문에 관해 많은 진지한 연구가 있었다. 역사상의 사실들의 우월성과 자율성의 원칙에 맨 처음 도전이 제기된 것은 1880년대와 1890년대였으며, 장소는 19세기 자유주의의 안락한 지배를 온통 뒤흔들어 놓았던 독일이었다. 이런 도전을 감행했던 철학자들은 지금은 그 이름만이 남아 있을 뿐이다. 그러나 이들 중 딜타이(Dilthey) 한 사람만은 근래 영국에서 때늦게 주목을 받고 있다. 20세기 초에 이르기까지는 영국의 번영과 자신감은 대단한 것이었기 때문에 사실 숭배를 공격하는 이단자들의 눈초리는 조금도 의식하지 않았다. 그러나 20세기 초에 이르러 그 횃불은 이탈리아로 넘어갔고, 크로체(Benedetto Croce, 1866~1952)는 분명히 독일 학자들의 깊은 영향을 받았음직한 한 역사철학을 제창하기 시작했다. "모든 역사는 현재의 역사다."[17]라고 크로체는 선언했다. 이 말이 의미하는 바는 역사란 본질적으로 현재의 눈으로 현재의 문제에

---

17) 널리 알려진 이 명구는 다음과 같다. "모든 역사적 판단의 기초를 이루는 것은 실천적 요구이기 때문에, 모든 역사에는 '현대의 역사'라는 성격이 부여된다. 서술되는 사건이 아무리 먼 시대의 것이라고 할지라도 역사가 실제로 반영하는 것은 현재의 요구 및 현재의 상황이며, 사건은 다만 그 속에서 메아리칠 뿐이다."(B.Croce, *History as the Story of Liberty*, 1941년 영문판, p.19)

비추어 과거를 본다는 것이다. 또한 역사가의 주된 임무는 기록에 있는 것이 아니라 가치의 재평가에 있다는 것이다. 왜냐하면 역사가가 사실들을 재평가하지 않는다면 기록될 만한 가치가 있는 것이 어떤 것인가를 알 수 없기 때문이다. 1910년 미국의 역사가 칼 베커(Carl Becker, 1873~1945)도 일부러 선동적인 표현을 사용해서 "역사상의 사실이란 어떤 역사가에게서나 자신이 그것을 창조하기까지는 존재하지 않는다."[18]라고 주장하였다. 그러나 이런 도전도 그 당장에는 별로 주의를 끌지 못했다. 크로체가 프랑스와 영국에서 상당한 인기를 끌기 시작한 것도 1920년 이후의 일이다. 이것은 크로체가 독일의 선배들에 비하여 좀더 심오한 사상가였다든가, 좀더 훌륭한 문장가였기 때문이 아니다. 제1차 세계대전 이후의 여러 상황들이 1914년 이전의 일들보다 상서롭지 못한 것으로 느껴지게 되었고, 따라서 우리도 사실들이 지니는 권위를 깎아내리려는 철학을 쉽게 가까이할 수 있었다는 데에 그 원인이 있었다. 크로체는 옥스퍼드의 철학자이자 역사가인 콜링우드(R. G. Collingwood, 1899~1943)에게 큰 영향을 주었는데, 영국인으로서 역사철학에 크게 공헌한 현세기의 사상가는 오직 이 한 사람뿐이다. 콜링우드는 자신이 계획한 체계적인 논문을 써낼 만큼 오래 살지는 못했다. 그러나 역사철학에 관한 그의 발표 원고와 미발표 원고는 그가 죽은 후 한 책에 수록되어 《역사의 이상(The Idea of History)》이라는 제목으로 1945년에 출간되었다.

콜링우드의 관점은 아래와 같이 요약될 수 있다. 역사철학이 취급하는 것은 '과거 자체'나 '과거 자체에 대한 역사가의 사상'의 그

---

18) *Atlantic Monthly* 1910년 10월판. p.528

어느 것과도 상관이 없고, '상호관계에 놓여 있는 그 양자'와 관계가 있다.(이 용어는 '역사'라는 말이 지니고 있는 일반적인 두 개의 의미——역사가에 의해 이루어지는 연구와 역사가의 연구 대상이 되는 일련의 과거의 사실——를 반영하고 있다.) '역사가가 연구하는 과거는 죽어 버린 과거가 아니라 어떤 의미에서는 아직도 현재 속에 살아 있는 과거이다.' 그러나 과거의 행위라는 것은 역사가가 그 배후에 놓인 사상을 이해할 수 없는 한 그에게는 죽은 것이며 무의미한 것이다. 그러므로 '모든 역사는 사상의 역사'라는 것이다. 또한 '역사란 역사가가 연구하고 있는 역사의 사상을 자기의 마음속에서 재구성한 것'이라는 것이다. 역사가의 마음속에서 과거의 재구성은 경험적인 근거에 의거해 이루어진다. 그러나 재구성 과정 그 자체는 경험적인 과정이 아닐 뿐만 아니라 사실의 단순한 나열만으로 가능한 것도 아니다. 오히려 이와는 반대이다. 재구성의 과정은 사실의 선택 및 해석을 주관하는 것이며, 바로 이 과정이야말로 사실을 역사적 사실로 성립케 한다는 것이다. 이 점에서 콜링우드와 가까운 입장에 있는 오크숏(Michael Joseph Oakeshott, 1901~1990) 교수는 "역사는 역사가의 경험이다. 그것은 역사가에 의해서만 만들어지는 것이며, 역사를 쓰는 것만이 역사를 만드는 유일한 방법이다."[19]라고 말하고 있다.

---

19) M. Oakeshott, *Experience and Its Modes*(1933), p.99

먼저 역사가를 연구하라

이 날카로운 비판은, 거기에 약간의 중요한 유보 조건이 붙을 수도 있겠지만, 몇 가지의 잊혀진 진리를 일깨워 주고 있다.

첫째로, 역사의 사실들은 순수한 형태로 우리에게 다가오지도 않을 뿐더러 순수한 형태로 존재할 수도 없다는 것이다. 말하자면 그것은 기록한 사람의 마음을 통하여 항상 굴절된다는 것이다. 따라서 우리가 역사책을 읽으려 할 때에 제일 먼저 관심을 두어야 할 일은, 그 책에 어떤 사실이 기술되어 있느냐 하는 것보다는 그 책을 쓴 역사가가 어떤 인물인가가 문제인 것이다. 여기서 나는 그 사람의 명예와 이름을 기리기 위해 이 강연이 개설된 위대한 역사가의 예를 들어 보기로 하겠다. 트레벨랸(George Macaulay Trevelyan, 1876~1962)은, 그의 자서전에서 말하고 있듯이, 휘그(Whig)적 전통[20]이 매우 강한 가정에서 성장하였다. 따라서 내가 그를 휘그적 전통에 선 마지막 위대한 자유주의적인 영국사가라고 말한다 해도 그는 그 지위를 싫다 하지 않을 것이다. 그의 가계(家係)를 거슬러 올라가면 위대한 휘그사가(史家)인 조지 오토 트레벨랸(George Otto Treverlyan, 1838~1928)을 거쳐서 휘그사가들 중에서도 비할 바 없이 위대한 매콜리(Thomas Babington Macaulay, 1800~1859)에 이르고 있다. 이것은 간과할 수 없는 사실이다. 트레벨랸의 가장 훌륭하고 원숙한 저작은《앤 여왕 치하의 영국(England under Queen Anne)》이다. 이 책도 이상과 같은 배경에서 저술된 것이어서, 독자는 이런 배경을 머리에 그리고 있어야만 비로소

---

20) G. M. Trevelyan, *An Autobiography*(1949), p.11

그 충분한 의미와 중요성을 파악할 수 있다. 사실 저자가 독자에게 남겨 놓은 이해의 여지란 이것밖에 없다. 왜냐하면 만일 여러분이 능숙한 탐정소설 독자의 수법에 따라 이 책의 뒤에서부터 역으로 뒤져 온다면 제3권의 마지막 페이지에는 오늘날 '휘그적 역사 해석'이라고 말하는 것의, 내가 아는 한 최선의 요약이 들어 있기 때문이다. 뿐만 아니라 트레벨랸의 목적은 휘그적 전통과 기원과 발전을 밝혀내는 데에 있다는 것, 그리고 공정 타당하게 그 기원을 이 전통의 창시자인 윌리엄 3세의 사후 수년간에 귀착시키려는 것이었다는 점도 알게 될 것이다. 물론 이 책만이 앤 여왕 치하의 모든 사건에 대해 내릴 수 있는 유일한 해석은 아니겠지만, 그것은 하나의 타당한, 그리고 트레벨랸에 의하여 만들어진 하나의 유용한 해석임은 분명하다. 그러나 이런 해석의 가치를 확실히 평가하려면 여러분은 우선 역사가들이 하고 있는 일을 이해해야만 될 것이다. 만일 콜링우드의 말과 같이 역사가가 그의 극중 인물의 마음의 추이를 사상 속에 재현해야 한다면, 다음 번에는 독자가 역사가의 마음의 추이를 재현해야 하기 때문이다. 사실을 연구하기에 앞서 역사가를 먼저 연구해야 한다. 따지고 보면 별로 어려운 일도 아니다. 이런 것쯤은 대학생들도 평소 하고 있는 일이다. 만일 우수한 학생이 성(聖) 쥬드 대학(St. Jude College)의 대학자(大學者) 존스(Jones)의 책을 읽어 보라는 권고를 받았다고 하자. 그럴 경우에 그 학생은 성 쥬드 대학의 친구를 만나서 존스 신부가 어떤 사람인가를, 그가 항상 관심을 두고 있는 문제가 무엇인가를 물어볼 것이 아니겠는가. 역사책을 읽을 때에도 언제나 역사가의 머리 속에서 오가는 소리의 갈피를 잡아내야 한다. 만일 아무 소리도 잡을 수 없다면 독자가 음치(音痴)이거나 역사가 쪽이 둔재이거나 둘 중의 하나일 것이다. 사실이란 결코 생선가게 좌판 위에 놓인 생선과 같은 것이 아니다. 그것은 광막한, 때로는 접근할 수도 없는 큰 바다를 헤엄쳐 다니는 물고기와 같다. 역사가가 이 고기를 잡아 내려면 얼마쯤의 우연도 작용하겠지만, 대부분은 바다의 어디를 골라서 고기를 잡는가와, 또한 고기잡이 도구로 무엇을 사용했는가에 달려 있다. 물론 이 두 요인은 역사가가 무슨 고기를 잡으려 하는가에 의해 결정될 문제이지만, 일반적으로 역사가들은 자기가 원하는 종류의 사실들을 손에 넣게 된다. 역사란 해석을 의미한다. 만일 내가 조지 클라크(George Clark) 경의 말을 거꾸로 하여, 역사란 '이론(理論)의 여지가 많은, 사실이라는 과육(果肉)에 싸인 해석이라고 하는 단단한 씨'라고 말한다면, 이는 물론 일방적이고 오해를 받을 소지가 있겠지만 조지 클라크 경 본래의 정의보다 더 심하다고는 생각되지 않는다.

상상적 이해의 필요

콜링우드가 일깨워 주는 두 번째 진리는 좀더 친근한 것으로서, 역사가는 자기가 다루는 인간들의 심리와 그들의 행위의 배후에 있는 사상을 상상적으로 이해할 필요가 있다는 것이다. 내가 여기서 '공감'이라고 하지 않고 '상상적 이해'라고 말하는 것은 공감이라는 말이 '동의'를 포함한 것으로 오해될 수 있기 때문이다. 19세기의 중세사 연구는 대단히 빈약한 것이었다. 그것은 19세기 사람들이 중세의 미신적인 모든 신앙이나, 그로부터 야기된 야만 행위에 너무 세차게 반발했기 때문에 중세 사람들에 대해 상상적인 이해를 하려 하지 않았기 때문이다. 30년 전쟁에 대한 부르크하르트의 날카로운 비판을 한번 들어 보자. 그는 "가톨릭이든 프로테스탄트이든 자기 구제를 국가 통일에 우선시킨다는 것은 교리의 수치이다."[21]라고 말했다. 국가를 수호하기 위해 살육을 한다는 것은 사악하고 현명치 못한 짓이라고 교육받은 19세기 자유주의 역사가로서, 30년 전쟁에 참가한 사람들의 정신 상태를 들여다본다는 것은 힘든 일이었다. 이런 어려움은 현재 내 연구 분야에서는 특별히 심각하다. 과거 10년 동안에 영어를 사용하는 여러 나라에서 나온 소련 관계 저술의 대부분과, 소련에서 나온 영어 사용 국가에 대한 저술의 대부분은, 상대방의 마음의 움직임을 상상으로 이해한다는 것이 아주 초보 단계에도 미치지 못했기 때문에, 모두가 쓸모없는 것이 되고 말았다. 그리하여 상대국의 말은 항상 악의에 찬 비상식적이고 위선적인 것으로 보이게 되었다. 역사가는, 자기가 쓰고 있는 인물과의 어떤 심리적인 교류를 가지지 못하고서는 역사를 쓸 수 없다.

현재의 눈을 통해 보라

콜링우드가 일깨워 주는 세 번째의 진리는, 현재의 눈을 통해서만 우리는 과거를 볼 수 있고 과거에 대한 이해가 가능하다는 것이다. 역사가도 그의 시대에 살고 있는 사람이며 인간 생존의 모든 조건에 의해 그것에 묶여 있는 존재이다. 그가 사용하는 말 그 자체부터가

---

21) J. Burckhardt, *Judgements on History and Historians*(1959), p.179

── 예컨대 민주주의 · 제국 · 전쟁 · 혁명 등 ── 그의 시대의 함축을 지닌 것으로서, 그는 그 말들을 외면할 수가 없다. 고대 사가들은 자신이 이런 함정에 빠지지 않았다는 것을 나타내기 위해 폴리스(Polis)나 플레브스(Plebs)와 같은 말들을 원어(原語)로 사용해 왔다. 그러나 그렇다고 해서 그것이 그들에게 도움이 되는 것은 아니다. 그들도 역시 현재에 살고 있으므로 클라미스(Chlamys)나 토가(Toga)를 몸에 걸치고 강의를 한다고 해서 보다 훌륭한 희랍 역사가나 로마 역사가가 될 수도 없거니와, 낯설은 말이나 폐어(廢語)를 사용한다고 해서 과거로 숨어 들어갈 수도 없다. 프랑스의 역사가들은, 프랑스 혁명에서 크나큰 역할을 담당하였던 파리의 시민들을 레 상퀼로트(les sansculottes), 리 피플(le peuple), 라 카나이유(la canaille), 레 브라뉴(les brasnus) 등의 이름으로 불러 왔다. 그러나 경기 규칙에 익숙한 사람들이 본다면 이것 역시 모두가 어떤 정치적인 관계나 특수한 해석에 대한 선언이나 마찬가지다. 그러나 역사가에게는 선택의 의무가 있다. 언어의 사용 그 자체가 역사가의 중립을 허용치 않는 것이다. 또 이것은 비단 언어에만 한정된 문제도 아니다. 과거 백 년간에 걸쳐 유럽에서의 세력 균형의 변화는 프레데릭(Frederick) 대왕에 대한 영국 사가(史家)들의 태도를 뒤집어 놓았다. 그리스도 교회 내부에서 세력 균형의 변화와 가톨리시즘과 프로테스탄티즘 간의 세력 균형의 변화는 로욜라(Loyola) · 루터(Luther) · 크롬웰(Cromwell) 등의 인물에 대한 역사가들의 태도를 근본적으로 바꾸어 놓았다. 지난 40년간에 걸친 프랑스 혁명에 대한 프랑스 역사가들의 연구 작업이 1917년의 러시아 혁명에 의해 얼마나 깊은 영향을 받았는가를 깨닫는 데에는 피상적인 지식만으로도 족하다. 역사가는 과거가 아니라 현재에 속해 있다. 트

레버 로퍼(Trevor Roper, 1914~2003) 교수는 역사가는 "과거를 사랑하지 않으면 안된다."[22]라고 우리들에게 말하고 있다. 그러나 이것은 의심스러운 명령이다. 과거를 사랑한다는 것은 자칫하면 늙은이나 낡은 사회의 과거를 그리워하는 낭만주의의 표현이 되기 쉽고, 현재나 미래에 대한 신념과 관심이 상실되어 있음의 징후가 되기 십상이다.[23] 똑같은 판에 박은 말을 사용하기보다는, 나는 오히려 '과거의 죽은 손'으로부터 자기를 해방시키라는 말을 택하고 싶다. 역사가의 기능은 과거를 사랑하는 것도 아니며, 과거로부터 자신을 해방시키는 것도 아니며, 현재를 이해하는 열쇠로서 과거를 열고 이해하는 것이다.

회의주의와 프래그머티즘

이상에서 우리는 콜링우드의 역사관이라고도 할 수 있는 것을 고찰해 보았거니와, 이제 거기에 내포된 위험성을 고려해 볼 때가 되었다. 역사 기술에서 그 논리적 귀결에 집착한 나머지 역사가의 역할을 지나치게 강조하는 것은 결국 객관적 역사를 전연 배제하게 되고, 역사란 역사가가 만들어 내는 것이 되고 만다. 실제로 콜링우드 자신도 그의 저작 편집자가 인용한 미발표 노트에서 한 말을 본다면 한때 이

---

22) Introduction to J. Burckhardt, *Judgements on History and Historians*(1959), p.17

23) 다음과 같은 니체의 역사관과 비교해 보라. "과거를 되돌아보면서 수지 타산을 따지고, 과거의 추억과 역사적 문화 속에서 위안을 찾는 노인들의 일은 노령에 어울리는 일이다."(*Thoughts out of Season*(영문판,1909),ii, pp.65~66)

같은 결론에 도달했던 것 같다.

성 아우구스티누스는 초기 기독교라는 관점에서 역사를 보았고, 티유몽(Sébastien Le Nain de Tillemont, 1637~1698)은 17세기의 프랑스인의 관점에서, 기번(Edward Gibbon, 1737~1794)은 18세기 영국인의 관점에서, 몸젠(Theodor Mommsen, 1817~1903)은 19세기 독일인의 관점에서 역사를 보았다. 이 가운데 어느 관점이 올바른가를 묻는 것은 그다지 중요한 것이 아니다. 어느 관점이나 그것을 선택한 사람에게는 유일하게 가능한 관점이었다.[24]

결국 이렇게 되면 완전한 회의주의에 빠지게 되어, 프루드(James Anthony Froude, 1818~1894)의 논평처럼 역사는 "무엇이든 좋아하는 말을 맞춰 놓을 수 있는 어린애의 글자 맞추기 장난감"[25]이 된다. 콜링우드는 '가위와 풀로 짜맞춘 역사'에 반대하다가, 즉 역사를 단지 사실의 편집으로 보는 역사에 반대하다가, 위험하게도 역사란 인간의 두뇌에서 짜내는 것이라고 보는 견해에 가까워지고, 앞에서 내가 인용한 구절에서 조지 클라크 경에 의해 언급된 "'객관적'인 역사적 진리는 없다."는 결론으로 되돌아간다. 역사에는 의미가 없다는 이론 대신에, 우리는 여기서 역사에는 무한한 의미가 있다는 이론에 마주치고, 어느 의미가 더 정당하다고 하지 않고 결국은 어느 것이나 똑같다고 하게 되는 것이다. 제2의 이론도 제1의 이론과 마찬가지로 확실히 지지받을 수 없는 것이다. 보는 각도가 달라짐에 따라 산(山)의 모양

---

24) R. Collingwood, *The Idea of History*(1946), p.12
25) A. Froude, *Short Studies on Great Subjects*, i (1894), p.21

이 달라진다고 해서 산에는 객관적으로 모양이 전혀 없다거나 무한한 모양이 있다고 할 수는 없는 것이다. 이와 마찬가지로 역사상의 사실을 결정할 때 해석이 결정적인 역할을 한다고 해서, 또는 현존하는 해석은 어느 것이나 전적으로 객관적인 것은 아니라고 해서 어떤 해석이나 모두 옳다든가, 역사상의 사실은 원칙적으로 객관적 해석에 속하는 것이 아니라고 할 수는 없는 것이다. 역사에서 객관성이 정확하게 무엇을 의미하는가는 뒤에 다시 고찰하기로 한다.

그러나 콜링우드의 가설에는 훨씬 큰 위험이 도사리고 있다. 역사가가 반드시 자기 시대의 눈을 통해 자기가 연구하는 역사상의 시대를 본다면, 또한 현재의 문제에 대한 열쇠로써 과거의 문제를 풀려고 한다면 역사가는 순전히 실용적(pragmatic)인 사실관(事實觀)에 빠져 올바른 해석의 기준은 현재의 어떤 목적에 대한 적합성(適合性)의 여부에 있다고 주장하게 되지 않겠는가? 이러한 가설에 입각해서 본다면 역사상의 사실은 아무것도 아니고 해석이 전부가 되어 버린다. 니체는 이미 이러한 원칙을 선언했었다. "우리가 보기에는 어떤 의견이 잘못 되었다고 하는 것은 그 의견에 대한 반박은 아니다…… 문제는 그 의견이 얼마나 생명을 촉진하고 생명을 보존하고 종족을 보존하는가, 혹은 더 나아가서 종(種)을 창조하는가 하는 것이다."[26] 미국의 실용주의자들도, 이와 같이 노골적이고 진지하지는 않지만 같은 방향으로 움직였다. 지식은 어떤 목적을 위한 지식이다. 지식의 유효성은 목적의 유효성에 의존한다. 그러나 이러한 이론을 공공연하게 내세우지 않는 경우에도 실제로는 이에 못지않게 불안한 경우가 많

---

26) *Beyond Good and Evil* 제1장

았다. 나 자신의 연구 분야에서도 사실을 거칠게 다룬 과도한 해석의 예가 허다하기 때문에 이러한 위험의 실제를 아니 느낄 수가 없다. 역사 기술에서 소비에트 학파 및 반(反)소비에트 학파의 가장 극단적인 산물을 몇 가지 정독하면, 때때로 순수한 사실적 역사라는 19세기의 환상적인 안식처에 일종의 향수를 느끼게 되는 것은 놀라운 일이 아니다.

역사가의 자세

그러면 20세기 중엽인 지금, 자기의 사실들에 대한 역사가의 의무를 어떻게 규정할 것인가? 최근 몇 년 동안 나는 많은 시간을 소비하여 문서를 추적하고 정독하고 역사 서술에서 충분한 사실을 주(註)로 채워 넣었으므로, 사실이나 문서에 대해 지나치게 오만한 태도를 취했다는 비난은 면할 수 있다고 믿는다. 사실을 존중해야 한다는 역사가의 의무는 그 사실의 정확성을 확인하는 것으로 끝나지는 않는다. 역사가는 자기가 연구하는 주제나 계획하는 해석에 어떠한 의미에서든 관련된 모든 사실 —— 알려진 또는 알려질 수 있는 —— 을 그려 내려고 노력하지 않으면 안된다. 역사가가 빅토리아 시대의 영국인을 도덕적이고 합리적인 인간으로 그리려고 한다면, 그는 1850년에 스탤리브리지 웨이크스(Stalybridge Wakes)에서 일어난 사건을 잊어서는 안된다. 그렇다고 해서 이번에는 역사의 생명인 해석을 제거해도 좋다고 말하는 것은 아니다. 비전문가들——학문에 관계하지 않는 분들이나 학문에 관계하더라도 전공이 다른 학자들——은 때때로

나에게 역사가는 역사를 쓸 때 어떻게 일을 진행시켜 나가느냐고 묻는다. 가장 흔한 가정은, 역사가가 그의 일을 분명히 구별될 수 있는 두 단계 또는 두 시기로 나누는 것인 듯하다. 우선 역사가는 오랜 준비 기간을 통해 사료(史料)를 읽고 사실을 노트에 가득 채워 넣으며, 다음에는 사료를 젖혀 놓고 노트만을 보면서 처음부터 끝까지 그의 책을 쓴다는 것이다. 이러한 광경은 나로서는 믿어지지 않고 또 그럴 듯하지도 않다. 나 자신의 경우를 말하면, 나 자신이 주요 사료(主要史料)라고 생각하는 것을 조금 읽자마자 나는 팔이 너무도 근질거려 집필을 시작해 버리는 것이다. ── 내가 쓰기 시작하는 부분은 반드시 첫 부분이어야 하는 것은 아니며 어느 부분이든 상관없다. 그 다음에는 읽기와 쓰기가 동시에 진행된다. 읽어 나아감에 따라 나는 써 놓은 것을 보충하여 쓰기도 하고, 삭제해 버리기도 하고, 고쳐 쓰기도 하고, 지워 버리기도 하는 것이다. 또 읽기는 쓰기에 의해 인도되고, 방향지어지고, 풍요로워진다. 쓰면 쓸수록 나는 내가 무엇을 찾고 있는가 하는 것을 잘 알게 되고, 내가 찾아낸 것의 의미와 중요성을 더 잘 이해하게 된다. 아마도 역사가 중에는 펜이나 종이나 타이프라이터를 사용하지 않고 머릿속에서 예비적인 집필을 마쳐 버리는 사람도 있겠지만, 이것은 마치 장기판이나 장기알 없이 머릿속으로 장기를 두는 사람과 같다. 이것은 부러운 재주이지만 나는 흉내낼 수가 없다. 그러나 역사가다운 역사가의 경우에는 경제학자가 '투입' 및 '산출'로 부르는 두 과정이 동시에 진행되며, 실제로 이것은 한 과정의 두 부분이라고 나는 확신한다. 이 두 부분을 떼어놓으려 하거나 어느 한쪽을 다른 한쪽의 우위에 놓으려 한다면, 두 이단설 중 어느 하나에 빠지게 될 것이다. 곧 아무 의미도 중요성도 없는 가위와 풀의 역사를 쓰거나, 그렇지 않다면 선전문이나 역사 소설을 쓰게 되며, 역사와는 전혀 관계가 없는 저술을 장식하기 위해 과거의 사실을 이용할 뿐일 것이다.

역사적 사실과 역사가

따라서 역사가와 역사상의 사실과의 관계를 검토한 결과로, 우리는 역사를 사실의 객관적 편집이라고 생각하고, 해석에 대한 사실의 무조건적 우월성을 주장하는 온당치 못한 이론과 역사를 역사가 ── 그는 역사의 사실을 확립하고 해석 과정을 통해 이러한 사실을 처리한다. ── 의 마음의 주관적 산물이라고 주장하는 역시 타당치 못한 이론 사이에서, 곧 역사의 중심은 과거에 있다고 하는 견해와 역사의 중심은 현재에 있다고 하는 견해 사이에서 진퇴유곡에 빠져 아슬아슬하게 항해하고 있는, 참으로 위험한 상태에 놓여 있다는 사실을 알게 된다. 그러나 우리의 상황은 보기보다는 덜 위험하다. 우리는 이 책에서 다른 형태 ── 특수와 보편, 경험적인 것과 이론적인 것, 객관적인 것과 주관적인 것 ── 로 나타나는 것을 보게 될 것이다. 역사가가 처한 이 곤경은 인간 본성의 한 반영인 것이다. 인간은 아주 어린 유아기나 극단적인 노년기를 제외하고는 전적으로 자기의 환경 속에 말려들거나 무조건 거기에 구속당하거나 하지는 않는다. 또 이와는 반대로 전적으로 환경으로부터 독립해 있거나 무조건 환경의 지배자일 수도 없다. 환경에 대한 인간의 관계는 테마에 대한 역사가의 관계와 같다. 역사가는 사실의 비천한 노예가 아니며 절대적인 주인도 아니다.

역사가와 그의 사실들은 평등의 관계에 있으며, 기브 앤드 테이크 (give and take)의 관계에 있다. 저술 중에 있는 역사가가 잠깐 일을 멈추고 자기가 생각하고 쓰고 있는 동안에 무엇을 했는가를 생각해 보면 다 알 수 있는 일이다. 역사가란 자기의 해석에 맞추어 사실을 형성하고 자기의 사실에 맞추어 해석을 형성하는 끊임없는 과정에 종사하는 사람이다. 양쪽 중의 어느 한쪽에만 우위를 둔다는 것은 불가능한 일이다.

역사가는 잠정적으로 선택한 사실과, 그런 사실 선택을 이끌어준 잠정적인 해석 —— 그것이 타인에 의한 것이든 자기 자신에 의한 것이든 —— 의 양편을 가지고 일을 시작한다. 일이 진행됨에 따라서 해석이나 사실의 선택 및 정리는 다 같이 쌍방의 상호 작용을 통하여 미묘한, 반쯤은 무의식적인 변화를 겪게 된다. 뿐만 아니라 역사가는 현재의 일부이고 사실들은 과거에 속한 것이기 때문에, 이 상호 관계에는 현재와 과거 사이의 상호 관계가 함께 내포된다. 역사가와 역사상의 사실은 서로를 필요로 한다. 사실을 가지지 못한 역사가는 뿌리를 박지 못한 무능한 존재이다. 역사가가 없는 사실이란 생명 없는 무의미한 존재이다.

그러므로 '역사란 무엇인가? 하는 질문에 대한 나의 첫 번째 대답은 이러하다. 즉, '역사란, 역사가와 사실들 사이의 상호작용의 부단한 과정이며, 현재와 과거와의 끊임없는 대화이다.'

2 사회와
개인

2 사회와 개인

사회를 떠난 개인은 존재하지 않는다

　사회가 먼저인가 개인이 먼저인가 하는 문제는, 닭이 먼저냐 달걀이 먼저냐 하는 문제와 같다. 이 문제를 논리적인 문제로 대하든 역사적 문제로 대하든 여러분은 어차피 이쪽이다 저쪽이다 말할 수 없고 똑같이 일방적인 또 하나의 의견에 의해 수정되기 마련이다. 사회와 개인은 불가분의 관계에 있다. 사회와 개인은 서로 필요한 상호 보완 관계에 있는 것이지 대립 관계에 있는 것이 아니다. "어떤 사람도 그 자신이 완전한 섬이 아니다. 모든 인간은 대륙의 한 조각이며 본토의 한 부분이다."[1] 이것은 존 던(John Donne, 1573~1631)의 유명한 시

---

1) *Devotions upon Emergent Occasions*, No.17

구로서, 진리의 일면이 거기에는 담겨 있다. 한편 고전적인 개인주의
자인 밀(J. S. Mill)의 말을 들어 보자. "사람들은 함께 모아 놓았다고 해
서 다른 종류의 실체로 바뀌지는 않는다."[2] 물론 그렇다. 그러나 모아
놓기 전에 사람들이 존재했다든지, 어떤 실체를 갖고 있었다고 가정
하는 것은 잘못이다. 우리가 태어나자마자 세계는 우리에게 작용하기
시작해서 우리를 단순한 생물적 단위로부터 사회적 단위로 바꾸어 놓
는다. 역사시대나 선사(先史)시대의 어떤 단계를 막론하고 모든 인간
은 한 사회 속에서 태어나는 것이고, 또 태어난 직후부터 사회에 의해
형성된다. 인간이 사용하는 언어는 개인적인 상속물이 아니라 그가
자라고 있는 집단에서 받은 사회적인 획득물이다. 언어와 환경은 다
같이 한 인간의 사고의 성격을 결정짓는 데 이바지한다. 뿐만 아니라
초년기의 관념조차도 우리는 타인에게서 받는다. 앞에서 언급했듯이,
만일 사회에서 유리된 개인이 있다면 그에게는 말도 없고 정신도 없
을 것이다. 로빈슨 크루소 이야기의 한결같은 매력은, 그것이 사회에
서 독립된 개인을 상상해 보려고 했다는 점이다. 그러나 그 시도는 깨
어지고 만다. 로빈슨은 추상적인 개인이 아니라 요크(York)에서 온 영
국인이었으며, 성서를 가지고 있으며, 자기 종족의 신에게 기도를 드
리고 있다. 그리고 그는 곧 프라이데이(Friday)라는 부하를 얻게 되고,
하나의 새로운 사회가 만들어지기 시작하는 것이다. 이에 관련된 다
른 또 하나의 이야기는 도스토예프스키의 《악령》에 나오는 키릴로프
(Kirillv)의 이야기다. 그는 자신의 완전한 자유를 입증하기 위해 스스
로 목숨을 끊는다. 개인에게 열려진 완전한 자유 행위는 자살뿐이며,

---

2) J. S. Mill, *A System of Logic*, vii, 1

그밖의 모든 행위는 어떤 형태로든 사회의 한 구성원으로서의 성격을 내포하고 있다.[3)]

미개인은 문명인보다는 개인적인 면이 덜하고 더 철저하게 사회에 의해 형성된다고 인류학자들은 말한다. 이 말에는 하나의 기본적인 진리가 들어 있다. 단순한 사회는 복잡하고 발달된 사회보다는 획일적이다. 단순한 사회에서는 개인의 다양한 기능이나 직업의 다양성을 요구하지도 않고 그럴 수 있는 기회를 제공하는 일도 훨씬 적기 때문이다. 이런 의미의 개인화의 증대란 발달된 근대 사회의 불가피한 산물이며, 이 같은 경향은 사회활동의 구석구석까지 뚫고 들어간다. 그러나 이 개인화의 과정과 사회의 능력 및 결합력의 증대 사이에 사회 관계를 설정한다면 그것은 큰 잘못이다. 사회의 발전과 개인의 발전은 병행하는 것이며 서로의 필요조건이 되는 것이다. 정말로 복잡하고 발달된 사회란 각 개인간의 상호 의존도가 진보되고 복잡한 형태로 이루어지고 있는 사회를 말한다. 근대 국가사회가 개개인 구성원들의 성격과 사상을 형성하는 힘에서나 그들간에 단결성이나 통일성을 이룩하는 힘에서 원시 부족사회보다 미약하다고 생각한다면 그것은 위험한 생각이다. 국민성을 생물학적 특성이라는 관점에서 보는 낡은 개념은 부서진 지 이미 오래이다. 그러나 국민성의 차이가 사회라든가 교육이라든가 하는 국민적 배경의 차이로부터 야기된다는 것은 부정하기 어렵다. '인간성'이라는 포착하기 힘든 실체는 국가와

---

3) 뒤르켐(Durkheim)은 유명한 《자살론》에서 '아노미(Anomie)'라는 말을 만들어 자기 사회로부터 고립된 개인의 조건——특히 감정적 불안과 자살을 유발하기 쉬운 상태——을 표현했다. 그러나 그는 자살이 결코 사회적 조건과 무관한 것이 아니라는 것도 밝혀 주었다.

시대에 따라 차이가 너무나 크기 때문에 지배적인 사회 조건이나 관습에 의해 형성된 하나의 역사적 현상이라고 할 수밖에 없다. 예컨대 미국인·러시아인·인도인들 사이에는 많은 차이가 있다. 그러나 이런 차이점 중의 일부 또는 아마도 가장 중요한 차이라고 할 만한 것은, 여러 개인들 사이에 성립되는 사회적 관계, 다시 말하면 사회 구성의 방법에 대해 서로 다른 형태를 띠고 있기 때문에, 미국·러시아·인도 사회 전체의 차이를 연구하기 위해서는 개별적인 미국인·러시아인·인도인의 차이점을 연구하는 최선의 방법이 될 것이다. 미개인과 마찬가지로 문명인도 실질적으로는 사회에 의해 형성되는데, 이것은 사회가 인간에 의해 형성되는 것과 다를 바 없다. 달걀 없이는 암탉이 없듯이 암탉 없이는 달걀도 있을 수 없는 논리와 같다.

개인 숭배의 시대

이와 같은 자명한 진리들은 서방 세계가 지금 빠져나오려 하고 있는 획기적이고 예외적인 역사적 상황 때문에 흐려지지만 않았던들 새삼스럽게 논의할 필요조차 없었을 것이다. 개인주의 숭배는 가장 널리 만연된 현대의 역사적 신화 가운데 하나이다. 부르크하르트(Burckhardt)의《이탈리아의 르네상스 문화(Civilization of the Renaissance in Italy)》의 제2부에는 〈개인의 발달〉이라는 부제가 붙어 있다. 이 책에 적힌 널리 알려진 기술에 따르면, 개인 숭배라는 것은 르네상스로부터 시작되었다는 것이다. 즉, 이전까지는 자기 자신을 '민족·국가·당파·가족·단체 등의 일원'으로만 생각하던 인간이, 이때에

와서 마침내는 '정신적인 개인이 되고, 자기 자신을 정신적 존재'로
서 자각하게 되었다는 것이다. 이 개인 숭배는 그후 자본주의와 프로
테스탄티즘의 대두와 결부되고, 다시 산업혁명의 시작 및 자유방임주
의와도 관계를 갖게 된다. 프랑스 혁명에 의해 선포된 인간과 시민의
권리라는 것은 바로 개인의 권리를 말하는 것이다. 또한 개인주의는
공리주의(Utilitarianism)라는 19세기의 위대한 철학의 토대가 되기도
하였다. 〈타협론(On Compromise)〉이라는 몰리(John Morley,
1838~1923)의 논문은 빅토리아 시대의 자유주의를 반영한 특이한 문
헌이다. 여기서는 개인주의와 공리주의를 가리켜 '인간의 행복과 복
지의 종교'라고 말하고 있다. '강렬한 개인주의'라는 것이 인간의 진
보의 바탕이었던 것이다. 이는 특정한 역사 시기의 이데올로기를 완
숙하고 타당하고, 유효하게 분석한 것이다. 그러나 내가 여기서 분명
히 밝히고자 하는 것은, 현대 세계의 발전에 수반되었던 개인화의 증
대라는 것도 전진하는 문명의 정상적인 한 과정에 불과하다는 점이
다. 사회 혁명은 새로운 사회 집단을 권력의 자리에 올려놓았다. 그것
은 늘 그래 왔듯이 개인을 통해서, 그리고 개인의 발전에 새로운 기회
를 줌으로써 이룩되었다. 자본주의의 초기 단계에서도 생산과 분배의
단위는 주로 단일한 개인의 손에 들어가 있었기 때문에 새로운 사회
질서의 이데올로기도 사회 질서에서의 개인의 선도 역할을 크게 강조
하였다. 그러나 모든 과정은 역사 발전의 특정 단계를 나타내는 하나
의 사회적 과정이었기 때문에, 개인의 사회에 대한 반역이라든가 사
회적 제약으로부터의 개인의 해방이라든가 하는 말로써는 설명될 수
없다. 이런 발전과 이데올로기의 중심이었던 서방 세계에서조차도 이
와 같은 역사 시기는 종국에 이르렀음을 시사하는 수많은 징후가 나

타났다. 여기서 새삼스럽게, 이른바 대중 민주주의(Mass Democracy)의 대두라든가, 경제적 생산 및 조직이 개인 위주의 형태로 바뀌고 있다든가 하는 점을 강조할 필요는 없을 것 같다. 그러나 이 길고 풍요한 시대가 생산한 이데올로기는 아직껏 서구와 영어 사용 국가에서 지배적인 세력을 가지고 있다. 우리들은 자유와 평등 사이의 긴장이나, 개인적 자유와 사회적 정의 사이의 긴장이란 문제를 추상적인 용어로 이야기할 때는, 자칫하면 그러한 싸움이 추상적인 관념의 싸움이 아니라는 것을 잊기 쉽다. 그것은 개인과 개인 간의, 그리고 사회와 사회 간의 싸움이 아니라 사회 속에 있는 개인들의 집단과 집단 상호 간의 투쟁이며, 각 집단은 자기편에 유리한 사회 정책을 추진시키려 하고 자기에게 불리한 사회 정책을 저지하려고 하는 것이다. 오늘날 개인주의는, 이미 하나의 도도한 사회적 조류가 아니라 개인과 사회와의 그릇된 대립이라는 의미를 지니며, 이해 집단이 내세우는 하나의 슬로건으로 전락하고 말았다. 뿐만 아니라 그것이 지니고 있는 성격이 불투명하기 때문에 우리가 세계의 움직임을 파악하는 데서도 한 장애물이 되고 있다. 개인을 수단으로 보고 사회나 국가를 목적으로 보는 도착적 사고방식에 대한 항의로서 하는 개인 숭배에 대해서는 나로서는 아무런 할 말이 없다. 그러나 사회 밖에 서 있는 추상적인 개인이라는 개념을 활용하려고 한다면, 과거나 현재를 올바로 이해할 수 없다.

이제 본류(本流)에서 이탈된 나의 긴 이야기도 마침내 종착점에 온 것 같다. 역사를 상식적으로 생각하는 사람들은 역사를 개인에 의해 씌어진 여러 개인에 관한 기록이라고 생각한다. 이러한 견해는 확실히 19세기의 자유주의 역사가들이 받아들이고 장려한 것으로, 본질적으로 오류라고 할 수는 없다. 그러나 이 견해에는 우리가 더 깊이 있게 검토해야 할 지나치게 단순하고 불충분한 데가 있는 듯하다. 역사가의 지식은 그 혼자만의 개인적 소유물이 아니다. 아마도 수많은 세대에 걸친 여러 나라 국민들이 그런 지식의 축적에 참가했을 것이다. 또 그 행위가 역사가들의 연구 대상이 된 사람들도 진공 속에서 행동하는 고립된 개인이 아니라, 과거의 어떤 사회의 맥락 속에서, 그 충동에 떠밀려 행동하고 있었던 것이다. 앞서의 강연에서 나는 역사를 현재 속에 있는 역사가와 과거의 사실과의 상호 작용의 과정이며 하나의 대화라고 말한 바 있다. 이제 나는 이 방정식의 양쪽에 있는 개인적 요소와 사회적 요소의 비중을 검토하고자 한다. 역사가는 어디까지가 단독적인 개인이고, 어디까지가 자신이 처한 사회와 시대의 산물인가? 역사상의 사실은 어디까지가 단독적인 개인에 관한 것이고, 어디까지가 사회적 사실인가?

과거는 현재를 통하여

그런데 역사가도 하나의 개체적 인간이다. 다른 개인들처럼 그 역시 한 사회 현상이며, 자기가 속한 사회의 산물인 동시에 의식적이든 무의식적이든 그 사회의 대변인이다. 바로 이런 자격을 가지고 역사가는 과거의 모든 역사적 사실에 접근하는 것이다. 우리는 종종 역사 과정을 '움직이는 행렬'과 같은 것이라고 한다. 그 비유는 대단히 탁월하다. 물론 이 비유가 역사가를 유혹해서 자기를 우뚝 솟은 바위 위에서 아래 경치를 내려다보는 독수리나, 사열대에 선 중요 인물과 같은 위치에 놓고 생각하는 위험성이 없는 한에서이다. 그렇게 생각한다면 그것은 가당찮은 이야기이다. 역사가도 행렬의 한구석에 끼어서 터벅터벅 걸어가는 또 하나의 보잘것없는 인물에 지나지 않는다. 게다가 행렬이 거꾸로 되돌아가다 보면 행렬 각 부분의 상대적인 위치도 항상 변하기 마련이다. 따라서 1세기 전에 우리 증조부들보다도 지금의 우리가 중세에 가깝다든가, 혹은 단테(Dante) 시대보다도 우리들이 시저(Caesar) 시대에 더 가깝다든가 하는 이야기가 그대로 맞아 들어갈 경우가 있을 수도 있다. 행렬——그와 더불어 역사가도——이 움직여 나아가는 데 따라 새로운 전망과 새로운 시각은 끊임없이 나타나게 된다. 역사가는 역사의 일부이다. 그가 속한 행렬의 지점에 따라 과거에 대한 그의 시각도 결정되는 것이다.

역사가가 다루는 시대가 자신의 시대로부터 멀리 떨어졌다고 해서 이 공리의 진실성이 감소되는 것은 아니다. 내가 고대사를 연구하고 있을 때 이 분야의 고전은——아마 지금도 그러할 것이다——그로트(George Grote, 1794~1871)의 《그리스사》와, 몸젠(Theoder Mommsen, 1817~1903 독일의 역사가, 고전학자)의 《로마사》였다. 개화된 급진적인 은행가로서, 1840년대에 저술 활동을 한 그로트는 진보적인 정치 의식을 가진 신흥 영국 중산 계급의 열망을 아테네 민주주의의 이념화된 모습 속에 구현하였다. 여기서는 페리클레스는 벤담의 공리주의적인 개혁자의 모습으로 묘사되었고, 아테네가 잠시 방심한 틈에 제국이 들어서 버린 것으로 되어 있다. 그로트는 아테네의 노예 제도를 무시해 버렸는데, 이것은 그가 소속한 집단이 영국에서 새로이 생겨난 공장 노동자 계급 문제의 대처에서 겪은 실패를 반영한 것이라고 해도 틀린 말은 아닐 것이다. 그리고 독일의 자유주의자였던 몸젠은

1848~9년 동안의 독일 혁명이 암담하게 실패한 굴욕으로 깊은 환멸을 맛본 사람이었다. 그는 현실정치(Realpolitik)라는 명칭과 개념이 나타났던 초기인 1850년대에 저술 활동을 하고 있었다. 당시 몸젠은 정치적 포부의 실현에 실패한 독일 국민이 남긴 혼란을 일소해 줄 강력한 인물이 필요하다는 생각에 사로잡혀 있었다. 잘 알려진 그대로 그가 시저를 이상화한 것은 독일을 멸망으로부터 구해 줄 강력한 인물에 대한 동경의 결과였다. 법률가이자 정치가인 키케로(Cicero)가 무능한 요설가요, 교활하고 우유부단한 인간이 되어 버린 것도, 그가 1848년 프랑크푸르트의 바울 교회의 헌법 토의장으로부터 방금 걸어나온 인물처럼 보였기 때문이다. 따라서 이상과 같은 점을 파악하지 못하고서는 몸젠의 역사의 진수를 파악할 수 없다. 만일 어떤 사람이 그로트의 《그리스사》가 오늘날 우리에게 시사하는 바는 기원전 5세기의 아테네의 민주주의에 관한 것뿐만 아니라, 이에 못지않게 1840년대의 영국의 철학적 급진주의자들의 사상에 관해서도 말해 주는 바가 있다든가, 1848년의 독일 혁명의 실패가 독일 자유주의자에게 미친 영향을 이해하려고 하는 사람이 몸젠의 《로마사》를 기본 서적의 하나로 택한다고 해도, 나는 그것을 터무니없는 역설이라고는 생각하지 않을 것이다. 이 같은 점들이 결코 위대한 역사책으로서의 지위를 손상시키지도 않을 것이다. 뷰리(Bury)가 그의 취임 강연에서 몸젠의 위대성은 그의 《로마사》에 있는 것이 아니라 그의 비문 집성(碑文集成)과 로마법 제도에 대한 업적에 있다고 말한 후 그것이 통념이 되고 있다. 그러나 나로서는 그에 반대한다. 이것은 역사를 편집이라는 수준으로 떨어뜨려 버린 것이다. 위대한 역사는 분명히 과거에 대한 역사가의 비전이 현재의 여러 문제들에 대한 통찰에 의해 빛을 받을 때

에만 씌어지는 것이다. 몸젠은 공화정 몰락 이후의 시대까지의 로마사를 집필하지 못했지만, 이 점에 대해 사람들은 종종 놀라움을 금치 못한다. 그에게 시간적 여유가 없었던 것도 아니고 기회가 없었던 것도, 지식이 없었던 것도 아니다. 다만 그가 역사 저술을 하고 있던 그 당시에는 아직 독일에서 강력한 인물이 나타나지 않았다. 그래서 만일 강력한 인물이 나타나 정권을 장악한다면 어떤 사태가 벌어질 것인가라는 문제는 그의 활동적인 시기 동안에는 현실적인 문제가 아니었다. 몸젠으로 하여금 이 문제를 로마의 무대로 투영케 할 만한 요소는 어디에도 없었다. 그래서 로마제국의 역사는 완결되지 못한 채 남을 수밖에 없었다.

보수주의자 네이미어

이와 같은 현상에 관한 실례는 현대사가들 가운데서도 얼마든지 찾아볼 수 있다. 앞서의 강연에서 나는 G. M. 트레벨랸의 《앤 여왕 치하의 영국》을 저자 자신이 그 속에서 자라난 휘그(Whig)적 전통의 기념비적 명저로서 찬양한 바가 있다. 그러면 이번에는 우리들 대다수가 제1차 세계대전 이후에 학계에 등장한 영국 최대의 역사가라고 인정하는 루이스 네이미어(Lewis Namier, 1888~1960) 경의 당당하고 의미 깊은 업적을 생각해 보기로 하자. 네이미어는 진정한 의미의 보수주의자였다. 껍질을 벗기면 75퍼센트 정도는 자유주의자의 성분이 드러나고 마는 그런 식의 전형적인 영국의 보수주의자가 아니라, 백여 년

이 지나도록 영국사가들 중에서는 유례를 찾을 수 없을 정도의 보수주의자였다. 전 세기의 중엽으로부터 1914년에 이르기까지는 영국사가의 입장으로서는 역사적 변화라는 것을 보다 진보해 가는 변화로밖에는 달리 볼 여지가 거의 없었다. 그러나 1920년대에 우리들은 변화라는 것이 미래에 대한 공포와 결부되기 시작한 시기, 변화가 보다 좋지 못한 쪽으로 행해지는 것을 의미할 수 있다고도 생각되는 시기 ──즉, 보수적인 사고가 재생하는 시기──로 들어서게 된 것이다. 액튼(Acton)의 자유주의처럼 네이미어의 보수주의는 그 힘과 깊이를 대륙적 배경이라는 근원에서 얻고 있었다.[4] 그리고 피셔(Herbert Albert Laurens Fisher, 1865~1940)나 토인비와는 달리, 네이미어는 19세기의 자유주의 사상에 뿌리를 박고 있었던 것도 아니었기 때문에 이에 대해 향수 같은 미련에 시달릴 까닭도 없었다. 제1차 세계대전이 끝난 후, 그리고 이룩되지 못한 평화가 자유주의의 파산을 명시한 후로 이에 대한 반발은 두 가지 형태 중 하나로, 즉 사회주의냐 보수주의냐 중의 하나를 취하여 나타날 수밖에 없었다. 그런데 네이미어는 보수적인 역사가로 등장한 것이다. 그는 두 개의 연구 분야를 택했지만, 그 선택은 모두가 의미심장한 것이었다. 그는 영국사에서 지배계급이 질서는 있으나 변동은 없는 사회 속에서 지위와 권력을 합리적인 방법으로 유지해 나갈 수 있었던 마지막 시기로 거슬러 올라갔다. 네이미어가 역사로부터 정신을 제거해 버렸다고 공격한 사람도 있었

---

4) 제1차 세계대전과 제2차 대전 사이의 시기에 영국의 또 하나의 탁월한 보수주의 작가인 T. S. 엘리엇에게도 비영국적 배경이라는 유리한 조건이 있었다는 것은 주목할 만한 일이다. 1914년 이전에 영국에서 자라난 사람이라면 누구나 자유주의적 전통의 억제력에서 완전히 벗어날 수 있었다.

다.[5] 이것은 아주 적절한 표현이라고 할 수는 없지만, 이 비평가가 말하고자 한 의도는 알 수 있겠다. 조지 3세(George Ⅲ, 1760~1820)의 즉위 당시만 해도 정치는 아직도 사상의 광신이라든가 진보에 대한 신앙이라는 광신의 요소에 물들지 않고 있었다. 이런 풍조가 세계를 휩쓸게 된 것은 프랑스 혁명 때부터이다. 이로 말미암아 자유주의의 승리의 세기가 열리게 된 것이다. 어떠한 사상도, 어떠한 혁명도, 어떠한 자유주의도 없는 시대, 네이미어가 우리에게 골라 보낸 것은 이 같은 모든 위험으로부터 아직도 안전했던——물론 언제까지나 안전할 수는 없지만——한 시대의 빛나는 초상화였다.

그러나 네이미어가 선택한 제2의 문제도 이에 못지않게 의미 있는 것이었다. 네이미어는 영국·프랑스·러시아 등의 거창한 근대 혁명에 대해서는 손도 대지 않고——이것들 중 어떤 것에 대해서도 그는 무게 있는 글을 쓴 일이 없다.——그가 선택해서 우리에게 보여 준 것은 1848년의 유럽 혁명에 대한 깊은 연구였다. 즉, 실패한 혁명, 전 유럽에 걸쳐서 부풀어 올랐던 자유주의에 대한 희망의 쓰라린 좌절, 무력에 맞부딪쳤을 때의 사상의 공허성과, 군대와 맞섰을 때의 민주주의자들의 공허성을 증명해 보인 그 혁명에 대해서만 썼다. 네이미어는 이 굴욕적인 실패를 '지식인의 혁명'이라고 부르면서 정치라는 심각한 일에 사상이 침입한다는 것은 무익하고 위험하다는 교훈을 되풀이 강조하였다. 네이미어에 대한 이상과 같은 우리들의 결론은 단지

---

5) 이 비판은 본래 1953년 8월 28일자 *The Times Literary Supplement*의 〈The Namier View of History〉라는 익명 논설로 실렸던 것으로서 다음과 같다. "다윈은 우주에서 정신을 제거해 버렸다는 비난을 받았지만, 루이스(Lewis)경은 정치사에서의 다윈 —— 한 가지 의미가 아니라 여러 가지 의미에서 —— 이었다."

추론에만 그치는 것이 아니다. 왜냐하면 네이미어는 역사철학에 관해서는 아무것도 체계적으로 기술한 것이 없으며, 2, 3년 전에 발표된 논문 가운데서 언제나 변함없이 명석하고 신랄한 어조로 다음과 같이 자기 견해를 말하고 있기 때문이다. '따라서 사람은 정치적인 사상이나 교리를 가지고 자기 정신의 자유로운 활동을 방해하지 않으면 않을수록 사고에는 더욱 유익한 것이다.'라고. 그리고 역사로부터 정신을 제거했다는 자신에 대한 공격에 대해서 부정하지 않고 다음과 같이 답하고 있다.

> 일부 정치 철학자들은 현재 이 나라에서 정치에 관한 전반적인 논의가 '따분한 침체' 속에 빠져 아주 텅 비다시피 되었다고 불평한다. 구체적 문제에 대한 실제적 해결책만이 추구되고 있을 뿐 두 정당은 다 같이 정강(政綱)이나 이념을 잊어버리고 있다는 것이다. 그러나 내가 보기에 이런 태도는 국민의 보다 높은 성숙도를 나타내는 것으로 여겨진다. 내가 바라는 바는 장차 이런 태도가 정치 철학의 영향에 의해 교란되지 않고 오래 지속되어 달라지는 것뿐이다.[6]

나로서는 지금 이 자리에서 위의 견해를 따지고 싶은 생각은 없고, 이에 대해서는 후일의 강의로 미루기로 하겠다. 지금 나의 목적은 두 개의 중요한 진실을 밝히는 데에 있을 뿐이다. 첫째로, 역사가가 문제에 접근하는 입장부터 파악하지 않고서는 역사가의 연구를 충분히 이해할 수도 평가할 수도 없다는 것이다. 둘째로는, 역사가의 관점 자체는 사회적 · 역사적 배경에 뿌리를 박고 있다는 사실이다. 언젠가

---

6) L. Namier, *Personalities and Powers*(1955), pp.5~7

마르크스가 말한 바와 같이, 교육자 자신이 먼저 교육을 받아야 한다는 것, 요즈음 말로 세뇌시키는 사람의 머리가 먼저 세뇌되어 있어야 한다는 사실을 잊지 말기 바란다. 역사가는 역사를 기술하기 전부터 이미 역사의 산물인 것이다.

시대의 흐름과 역사가

내가 지금 말한 역사가들——그로트와 몸젠, 트레벨랸과 네이미어——은 이를테면 단일한 사회적·정치적 틀 속에서 형성된 사람들이었기 때문에 초기 저작과 후기 저작 사이에 뚜렷한 관점의 차이가 생겨나는 일은 없었다. 그러나 격동기의 역사가들 중에는 그 저작에 하나의 사회, 하나의 사회 질서를 반영하지 않고 여러 질서의 계기를 반영하는 경우가 있다. 내가 아는 한 그 가장 좋은 예는 독일의 위대한 역사가 마이네케(Friedrich Meinecke, 1862~1954)라 하겠다. 그의 생애와 활동기는 이례적으로 긴 것이었으며, 그 사이 조국의 운명은 혁명적이고 파국적인 무수한 변동을 겪었다. 사실상 우리는 세 사람의 서로 다른 마이네케를 가지고 있는 셈이다. 그들은 서로 다른 역사 시기의 대변인인 동시에 그의 3대 저작의 하나하나를 통해 대변하고 있는 것이다. 1907년에 출간된 《세계 시민주의와 민족 국가(Weltbürgerthum und Nationalstadt)》의 마이네케는 비스마르크 제국에서의 독일의 민족적 이상의 실현을 확신하고——마치니(Mazzini) 이후의 19세기 사상가가 대부분 그러했듯이——민족주의를 세계주의의 최고 형태라고 생각하고 있다. 이것은 비스마르크 시대로 이어진 색

다른 속편이라고 할 수 있는 빌헬름 시대의 산물이다. 1925년에 출간된《국가적 이성의 개념(Die Idee der Staatsräson)》을 쓴 마이네케는 분열되고 혼란된 정신을 대변하고 있다. 즉, 정치의 세계는 국가적 이성(raison d'edat)과 정치 외적인 요소인 도덕과의 사이에 해결을 볼 수 없는 싸움터가 되었지만, 궁극에 가서는 도덕이라는 것도 국가의 생명과 안전을 무시할 수 있는 것은 아니라는 것이다. 마지막으로 나치의 물결 속에서 학문적인 영예를 잃어버린 1936년에 출간된《역사주의의 성립(Die Entstehung des Historismus)》의 마이네케는 '존재하는 것은 무엇이든 정당하다'는 주의라고 생각된 역사주의를 배척하고, 역사적 상대성과 초이성적 절대성 사이에서 불안하게 동요하며 절망을 부르짖고 있다. 그후 노령의 마이네케는 마침내 조국이 1918년보다도 더 참담한 군사적 패배 앞에 무너지는 것을 목격하게 되었다. 그리하여 1946년《독일의 파국(Die Deutsche Katastrophe)》에서는 역사란 맹목적이고 냉혹한 우연에 의해 좌우되는 것이라는 믿음으로 무력하게 빠져 들어가고 말았다.[7] 심리학자나 전기작가들 같으면 한 인간으로서의 마이네케의 발전이라는 면에 흥미를 느낄 것이다. 그러나 역사가에게 흥미로운 것은 마이네케가 목전에 당면한 세 개 —— 혹은 네 개 —— 의 시기, 날카롭게 대조를 이루며 계속된 이 시기를 어떤 형태로 역사적 과거 속에 반영시키고 있는가 하는 점이다.

---

7) 이 점에 대해서는 스타크(W. Stark) 박사의 마이네케(Meinecke)의 발전에 관한 탁월한 분석에 힘입은 바 크다. 그의 분석은 〈마키아벨리즘(Machiavellism)〉이라는 표제로 1957년에 출간된《국가 이성의 이념(Die Idee der Staatsräson)》의 영역본 서문에 나타나 있다. 그러나 스타크 박사는 마이네케의 제3기에 나타난 초이성적 요소에 대해 과장하고 있는 것 같다.

좀더 가까운 영국에서 분명한 예를 들어 보기로 하자. 우상 타파적인 1930년대의 영국 정계에서는 자유당이 막강한 정당으로서의 지위를 막 잃고 난 직후의 일이다. 당시 버터필드 교수는 《휘그적인 역사 해석(Whig Interpretation of History)》이라는 저서를 내고 이에 합당한 큰 성공을 거두었다. 이 책은 여러 의미에서 눈길을 끌 만한 책이었다. 눈길을 끌 만한 이유의 하나는, 이 책은 약 130페이지 이상에 걸쳐 휘그적 해석을 공격하고 있으면서도 (내가 색인의 힘을 빌지 않고 찾아낸 한도에서는) 역사가가 아닌 폭스(Fox)를 제외하고는 다른 휘그당원을 단 한 사람도 들먹이지 않았고, 마찬가지로 휘그당원이 아닌 액튼을 제외하고는 한 사람의 역사가도 들먹이지 않았기 때문이다.[8] 그러나 치밀성이나 명확성에 대한 이 책의 결함은 재치에 빛나는 독설로써 보완되고 있다. 독자는 적어도 휘그적 해석이라는 것이 나쁘다는 점만을 확신할 수 있었다. 그런데 그것이 나쁘다는 이유의 하나는 현재와 관련하여 과거를 연구하기 때문이라는 것이다. 이 점에 관한 한 버터필드 교수의 태도는 단호하고 엄격하다.

　　말하자면 현재에다가 한눈을 팔면서 과거를 연구하는 것은, 역사학에서의 모든 죄와 궤변의 근원인 것이다. 그것이야말로 '비역사적'이라는 말의 본질적인 의미인 것이다.[9]

　　그로부터 12년의 세월이 지났다. 우상 타파적인 풍조도 사라졌

---

8) H. Butterfield, *The Whig Interpretation of History*(1931). 이 책의 p.67에서는 '실체 없는 이론'에 대해 '건전한 불신'을 표명하고 있다.

9) H. Butterfield, *The Whig Interpretation of History*(1931), pp.11, 31~32

다. 버터필드 교수의 조국은, 말하자면 현재에 한눈을 팔면서 부단히 과거를 들추어내는 한 사람의 위대한 지도자 밑에서, 휘그적 전통 속에 구현된 입헌적 자유를 수호하기 위해 싸워야 한다는 명목을 내세운 전쟁에 뛰어들었다. 1944년에 출간된《영국인과 그 역사(The Englishman and His History)》라는 작은 책에서 버터필드 교수는 휘그적 역사 해석을 '영국적인' 해석이라고 단정했다. 뿐만 아니라 '영국인의 자기 역사와의 유대'에 대해서, 그리고 '현재와 과거의 결연'에 대해서 열정적으로 역설했다.[10] 이상과 같은 견해의 반전(反轉)에 주의를 환기시키려 하는 것은 악의로써 비판을 하자는 것이 아니다. 나의 본의는 제1의 버터필드를 제2의 버터필드로서 반박한다든가, 술 취한 버터필드를 맑은 정신의 버터필드와 대결시킨다든가 하는 데에 있지 않다. 나 자신도 잘 이해할 수 없는 일이지만, 만일 누가 내가 쓴 전쟁 전, 전쟁 중, 전쟁 후의 저술의 일부를 통독해 본다면 내가 남에게서 찾아낸 것에 못지않은 명백한 자가 당착을 찾아내어 나를 나무라기는 쉬운 일이기 때문이다. 과거 50년간의 지구를 뒤흔든 모든 사건을 겪어 왔으면서도, 자기 견해에 조그만 근본적인 변동이 없었다고 정직하게 주장할 수 있는 역사가가 있다고 해도 과연 내가 그를 부러워할 것인가는 의심스러운 일이다. 나의 목적은, 역사가의 연구가 자기가 그 속에서 일하고 있는 사회를 얼마만큼이나 정확하게 반영하는가를 분명히 하자는 데에 있을 뿐이다. 흐름 속에 있는 것은 사건만이 아니다. 역사가 자신도 역사 자체 속에 있는 것이다. 여러분이 역사책을 집어들 때에는 표지에 적혀 있는 저자의 이름을 찾아보는 것만으

---

10) H. Butterfield, *The Englishman and His History*(1944), pp.2, 4~5

로는 충분치 못하다. 출판사나 간행일자도 아울러 유념해 살펴보아야
한다.——경우에 따라서는 그것이 더 도움이 될 수도 있으니까. 동시
에 똑같은 강물 속에 두 번 들어가는 사람이 있을 수 없다고 한 철학
자의 말이 옳다면, 한 역사가가 두 책을 쓸 수 없다는 말도 똑같은 이
치에서 진실일 것이다.

역사의 산물로서의 역사가

잠깐 역사가 개개인의 문제를 떠나 역사 서술의 주요 경향이라고
할 수 있는 분야로 얘기를 돌려 보면, 역사가 어느 정도까지 사회적인
산물인가 하는 문제는 더욱 명백해진다. 19세기의 영국의 역사가들은
거의 예외 없이 역사 과정을 진보의 원리의 구현이라고 생각했다. 당
시 그들은 빠른 속도의 진보라는 조건이 사회의 이상이라고 표명하고
있었다. 역사의 진행이 우리들의 진로와 일치한다고 생각되던 동안에
는 영국의 역사가들에게 역사는 뜻 깊은 것이었다. 그러나 역사가 틀
린 방향으로 접어들게 되자 역사의 의미를 신봉한다는 것은 이단(異
端)이 되어 버렸다. 제1차 세계대전 이후로 토인비(Toynbee)는 직선
적 역사관 대신 순환론——몰락하는 사회의 특유한 이데올로기——을
수립하려고 필사적인 노력을 경주하였다.[11] 토인비가 그 작업에 실

---

11) 로마제국의 황혼기에 마르쿠스 아우렐리우스 황제는 "현재의 모든 사건이
어떻게 과거에도 일어났고 미래에도 일어날 것인가?"(*To Himself* 10장, p.27)를 성
찰하면서 스스로를 위안했다. 다 알고 있는 바와 같이 토인비는 이러한 사상을 슈펭글
러의 《서양의 몰락(Decline of the West)》으로부터 받아들였다.

패한 후, 영국사가들의 대부분은 손을 내던지고 역사에 일반적인 정형(定型)이란 존재하지 않는다고 선언함으로써 만족해 왔다. 같은 취지의 피셔(Fisher)의 진부한 말[12]은 전 세기의 랑케(Ranke)의 금언에 못지않은 인기를 끌었다. 영국사가들이 과거 30년간에 이상과 같은 심경의 변화를 체험하게 된 것도 결국은 자기 자신의 깊은 사색의 결과이다. 저마다 밤늦게까지 열심히 연구를 거듭한 결과라고 하는 사람이 있다고 하더라도 그 사실 여부를 따질 생각은 조금도 없다. 그러나 나로서는 개인적 사색이나 밤늦도록 연구하는 것도 모두 하나의 사회적 현상이라는 것, 즉 1914년 이후에 일어난 우리 사회의 성격과 형세의 근본적 변화가 초래한 소산 및 표현에 불과하다는 생각을 버리지 않겠다. 한 사회가 어떤 종류의 역사를 쓰고, 어떤 종류의 역사는 쓰지 못하는가 하는 것보다 그 사회의 성격을 뜻 깊게 암시해 주는 것은 없다. 네덜란드의 역사가 가일(Pieter Geyl, 1887~1966)은 《나폴레옹 시비(Napoleon For and Against)》라는 제목에 대해 내린 거듭된 판단들이 19세기 프랑스의 정치적 국면과 정치 사상의 진면목을 어떻게 반영하고 있는가를 밝혀 주고 있다. 역사가가 아니더라도 마찬가지겠지만, 역사가의 사상이란 시간적·공간적인 환경에 의해 형성되는 것이다. 액튼(Acton)은 이런 진리를 십분 이해하고 있었기 때문에 환경으로부터의 도피를 역사 속에서 구했던 것이다.

역사는, 다른 시대의 부당한 영향 때문만이 아니라 우리 자신의 시대의 부당한 영향으로부터, 그리고 환경의 압제와 우리가 숨

---

12) Preface, dated 4 December 1934, to *A Hisory of Europe*

쉬는 대기의 압력으로부터 우리를 구제해 주어야 한다.[13)

이것은 역사의 역할에 대해 지나치게 낙관적인 평가라는 인상을 줄 수도 있다. 그러나 자기는 어디까지나 한 개인이지 사회현상은 아니라고 소리쳐 항의하는 역사가보다, 자기 위치를 면밀하게 의식하고 있는 역사가일수록 그런 위치를 넘어설 힘을 소유하고 있는 것이며, 또한 시대와 나라가 달라짐에 따라 사회와 관점이 자기들과 어떻게 달라지는가 하는 차이에 대한 본질을 이해하는 데서 유능하다는 점을 나는 믿는다. 인간이 자신의 사회적·역사적 입장을 넘어설 수 있는 능력은 자기가 그러한 조건 속에 얼마나 깊이 사로잡혀 있는가를 각성할 수 있는 감수성의 여하에 달려 있다고 본다.

나는 첫 강연에서 역사를 연구하기 전에 먼저 역사가를 연구하라는 말을 했다. 그 뒤에 나는 다시 다음과 같은 말을 덧붙이고 싶다. "역사가를 연구하기 전에 먼저 그의 역사적·사회적 환경을 연구하시오. 역사가는 개인인 동시에 역사와 사회의 아들입니다. 따라서 역사를 공부하는 사람은 이와 같은 이중의 시선으로 역사가를 투시하는 안목을 길러야 합니다."

역사 연구의 대상

역사가에 대해서는 이 정도 해 두기로 하고 내가 제시했던 방정식의 반대편——역사상의 사실——을 같은 문제에 비추어 살펴보기로

---

13) Acton, *Lectures on Modern History*(1906), p.33

하겠다. 역사가의 연구 대상은 개인의 행동이어야 하는가, 사회적 힘의 작용이어야 하는가? 여기서 나는 큰길에 들어서는 셈이다. 이사야 벌린(Isaiah Berlin, 1909~1997)은 몇 년 전 〈역사적 불가피성(Historical Inevitability)〉이라고 이름 붙인 쉽고 재기 발랄한 논문을 발표했는데——논문의 요지에 대해서는 뒤에 다시 언급하겠다.——그는 그 논문의 서두에서 T. S. 엘리엇의 작품에서 인용한 '거대한 비인간적인 힘'이라는 모토를 내걸고, 역사에서 결정적 요인은 개인에게 있는 것이 아니라 '거대한 비인간적인 힘'에 있다고 믿는 사람들을 전편을 통하여 비아냥거리고 있다. 내가 '악의 왕 존 사관(史觀, Bad King John theory of history)'이라고 부르고자 하는 것, 역사의 문제점은 개인의 성격과 행동이라고 보는 견해는 오랜 내력을 가지고 있다. 역사의 창조력을 개인의 천재성에 돌리고 싶어하는 욕망은 역사적 의식의 원시적 단계의 특징이다. 고대 그리스 사람들은, 과거의 업적에다 그 일의 주인공격인 영웅의 이름을 붙이기를 좋아했다. 그리하여 서사시는 유랑 시인 호메로스의 업적으로 돌렸고, 법률과 제도는 리쿠르고스(Lycourgos, 기원전 1000~600 사이의 스파르타의 전설적인 입법자)나 솔론(Solon, 기원전 640?~559?, 아테네의 입법자)의 업적으로 돌렸다. 이와 같은 경향은 르네상스 시대에서도 재현되었다. 고전 부흥기인 당시에 인기와 영향력이 높았던 인물은 고대의 역사가들보다도 오히려 전기작가이면서 학자인 플루타르크(Plutarch) 쪽이었다. 더구나 영국에서는 우리들 모두가 어머니의 무릎 위에서부터 그들의 이론을 배워 왔다고 할 수 있지 않을까. 그러나 오늘의 우리의 눈으로 볼 때 거기에는 무언가 유치하고 어린애 같은 요소가 있다는 것을 알 수 있다. 사회가 좀더 단순하고 소수의 저명한 개인들이 나라를 다스려 나아갔다고 여겨지던 시대 같으면 이런 이론에도 얼마쯤의 타당성이 있을 것이다. 그러나 우리 시대의 복잡한 사회에 이를 적용한다는 것은 도저히 불가능하다. 19세기에 사회학이라는 새로운 학문이 탄생되었다는 것도 이와 같이 증대되는 복잡성에 대한 한 반응인 것이다.

그러나 오랜 전통은 쉽게 소멸되지 않는 법이다. 20세기 초에 이르러서도 여전히 "역사란 위인의 전기다."라는 말은 인기 있는 격언이었다. 10년 전만 해도 미국의 한 유명한 역사가는 그다지 진지한 기분으로 그 말을 한 것은 아니겠지만, 동료 역사가들을 역사적 인물을 '사회적인 힘과 경제적인 힘의 허수아비'로 취급하는 '역사적 인물의 대량 학살자'라고 비난했다.[14] 요즘에 와서는 이런 이론의 신봉자들도 위의 격언을 창피스럽게 여기는 기색을 보이고 있다. 그러나 아직도 힘들여 찾지 않고서도 웨지우드(Cicery Veronica Wedgwood, 1910~1997) 여사의 저서 서문 속에서 이 이론의 훌륭한 현대판 선언을 발견할 수 있다.

개인으로서 인간의 행위는 집단적인 행위나 계급적인 행위보다도 나에게는 더 흥미롭다. 역사라는 것은 꼭 일정한 경향에 휩쓸려서만 쓸 수 있는 것은 아니다. 또 이것이 더 잘못되었다거나 덜 잘못되었다거나 하는 것도 아니다……이 책은……그 인물들이 어떻게 느끼고, 그리고 자기의 독자적인 판단에 따라서 왜 그런 행동을 하게 되었는가를 알아보려고 하는 것이다.[15]

이 말이 의미하는 바는 명백하다. 또한 웨지우드 여사가 인기 있

---

14) *American Historical Review* I, vi, No.1(January,1951), p.270

15) C. V. Wedgwood, *The King's Peace*(1955), p.17

는 저술가라는 점으로 봐서 이와 같은 견해를 가진 사람이 많을 것도 분명하다. 예컨대 로우즈 박사(Dr. Rowse)가 말하는 바에 의하면 엘리자베스 체제는 제임스 1세가 그것을 이해할 능력이 없었기 때문에 붕괴되었으며, 17세기의 영국 혁명은 스튜어트(Stuart) 왕조의 처음 두 왕이 어리석었기 때문에 일어난 '우발적인' 사건이라는 것이다.[16] 로우즈 박사보다는 훨씬 엄격한 역사가인 제임스 니일(James Neale, 1890~) 경조차도 때로는 튜더(Tudor) 왕조의 성격을 설명하는 것보다는 엘리자베스 여왕을 찬양하는 데에 더 열중한 것 같은 인상을 준다. 그리고 앞에서 인용한 논문에서 이사야 벌린 경은, 역사가들이 혹시 칭기즈칸이나 히틀러를 악인으로 규탄하는 일을 게을리하지 않을까 몹시 걱정한다.[17] 존 왕은 나쁜 왕이라는 이론과, 엘리자베스 여왕은 훌륭한 여왕이라는 이론은 최근에 와서 특히 성행하고 있다. 공산주의의 기원과 성격을 분석하는 것보다는 공산주의를 '칼 마르크스의 두뇌의 소산'(나는 이 말을 요즈음의 주식 브로커의 팸플릿에서 빌어 왔다.)이라고 말하는 것이 더 쉽고, 볼셰비키 혁명도 그 심각한 사회적 원인을 연구하는 것보다는 니콜라이 2세의 어리석음이나 독일의 금력에 전가시키는 것이 더 쉽고, 20세기의 두 세계 대전도 국제 관계의 시스템에서 어떤 근본적인 붕괴의 결과로 생각하기보다는 오히려 빌헬름

---

16) A. L. Rowse, *The England of Elizabeth*(1950), pp.261~262, 382. 로우즈씨가 초기 논문에서 '부르봉 가문이 1870년 이후 프랑스에서 왕정을 재건하지 못한 이유는 바로 앙리 5세가 하찮은 백색기(부르봉가의 상징) 같은 것에 집착했기 때문이라고 생각하는 역사가들'을 규탄한 바 있었음을 밝히는 것이 공정하다.(*The End of an Epoch*, 1949, p.275) 아마도 그는 이러한 개인 중심의 설명을 영국사에 대해서만 허용한 모양이다.

17) Isaiah Berlin, *Historical Inevitability*(1954), p.42

2세나 히틀러의 개인적 악덕의 결과로 보는 것이 더 쉽다.

개인의 행동을 어떻게 취급할 것인가

그러니까 웨지우드 여사의 주장에는 두 가지 명제가 결합되어 있다. 첫째 명제는, 개인으로서의 인간의 행위는 집단 또는 계급의 구성원으로서의 인간의 행동과는 다르며, 역사가는 정당한 권리를 가지고 한쪽을 선택해서 다룰 수 있다는 것이다. 둘째 명제는, 개인으로서의 인간 행동의 연구는 그들의 행위의 의식적 동기의 연구라는 것이다.

위에서 이미 말한 바 있으므로 첫째 문제에 대해서는 힘을 기울일 필요가 없겠다. 인간을 개인으로 보는 것이 인간을 집단의 구성원으로 보는 것보다 오해를 덜 일으킨다든가 더 일으킨다든가 하지는 않는다. 오해를 일으키는 것은 양자를 분명히 구별하려는 태도에 있다. 개인은 원래 한 사회, 또는 아마도 하나 이상의 사회──그것을 집단·계급·종족·국민 또는 무엇이라고 부르든──의 구성원이다. 초기의 생물학자들은 새장이나 어항이나 진열장 속에 들어 있는 새·짐승·고기의 종류를 분류하는 것으로 만족하고, 생물과 그 환경의 관계를 연구하려고는 하지 않았다. 아마도 오늘날의 사회과학도 이러한 원시 상태로부터 완전히 벗어난 것 같지는 않다. 어떤 사람들은 심리학과 사회학을, 하나는 개인의 과학으로서 다른 하나는 사회에 관한 과학으로서 구별한다. 그리고 모든 사회 문제는 궁극에 가서는 개인적 행동의 분석으로 환원시킬 수 있다는 견해를 '심리주의'라고 불러 왔다. 그러나 개인의 사회적 환경을 연구할 줄 모르는 심리학자는 대단한 일을 하지는 못할 것이다.[18] 인간을 개인으로서 다루는 것은 전기(傳記)이며, 전체의 한 부분으로서 다루는 것은 역사라고 구별하는 것도 그럴 듯하며, 또한 좋은 전기는 나쁜 역사를 만들어 낸다고 생각하는 것도 그럴 듯하다. 일찍이 액튼은 다음과 같이 말했다. "개별적인 인물로 말미암아 갖게 된 관심만큼 인간의 역사관에 오류와 불공평을 초래하는 것은 없다."[19] 그러나 이러한 구별은 진실이 아니다. 그렇다고 해서 나는 영(George Malcolm Young, 1882~1959)이 그의 저서 《빅토리아 시대의 영국》의 속표지에 인용한 빅토리아 시대의 격언 "하인들은 사람들의 이야기를 하고 신사는 세상일을 말한다."라는 말의 뒤로 숨고 싶지는 않다.[20] 어떤 전기는 역사에 중요한 공헌을 한다. 나의 전공 분야에서는 아이작 도이처(Isaac Deutscher)의 스탈린 전

---

18) 현대 심리학자들 역시 이러한 잘못으로 공격을 받고 있다. '전체적으로 보아 심리학자들은 개인이라는 것을 움직이는 사회 체제 속의 한 단위로 다루지 않고, 우선 구체적인 인간이 있고 그 다음에 사회 체제를 형성하는 방향으로 나아간다는 식으로 취급해 왔다. 이리하여 그들은 자기들이 사용하는 범주가 특수한 의미에서 추상적임을 잘 파악하지 못했다.'(Professor Talkott Parsons in the Introduction to Max Weber, *The Therory of Social and Economic Organization*, 1947, p.27) 또한 본서(本書)의 p.214 이하의 프로이트에 관한 논평을 참조할 것.

19) *Home and Foreign Review*, January 1863, p.219

20) 허버트 스펜서는 *The Study of Sociology* ch.2에서 이 생각을 매우 엄숙한 문체로 논하고 있다. "만일 당신이 어떤 사람의 정신적인 능력에 대해 개략적이나마 평가를 내리려면 그 사람의 이야기 속에 일반적인 사물에 관한 내용과 개인 신상에 관한 내용의 비율이 어떻게 되어 있는가——하나하나의 사물에 관한 단순한 진리가 인간과 사물에 대해 많은 경험으로부터 추출된 진리로 어느 정도까지 대치되는가——를 관찰하는 것이 최선의 방법이 된다. 이러한 방법으로 많은 사람들을 측정해 본다면, 인간사에 관하여 전기적(傳記的)인 견해 이상의 것을 가지고 있는 사람은 극소수라는 사실을 알게 될 것이다."

기와 트로츠키 전기가 뛰어난 예다. 다른 전기들은 역사 소설과 마찬가지로 문학에 속한다. 트레버 로퍼 교수는 이렇게 말한다. "리톤 스트래치(Lytton Strachey)에게는 역사의 문제는 언제나 오로지 개인적 행동과 개인적 기행(奇行)의 문제였다……역사의 문제들, 곧 정치의 문제와 사회의 문제에 대해서는 그는 결코 대답하려 하지 않았고 묻지도 않았다."[21] 누구든 역사를 쓰거나 읽어야 할 의무가 있는 것은 아니며, 역사가 아닌 과거에 대해서도 훌륭한 책을 얼마든지 쓸 수 있다. 그러나 '역사'라는 말은 사회 속에 존재하는 인간의 과거에 대한 연구 과정에만 쓸 수 있다고——이 강연에서는 그러한 의미로 사용하려고 생각하지만——나는 생각하는 것이다.

역사는 왜 개인이, '자신의 독자적인 판단에 따라 그렇게 행동하게 되었는가'를 연구하는 것이라고 하는 두 번째 문제점은 얼핏 보기에도 이상한 것 같다. 그리고 내 생각으로는 웨지우드 여사도 다른 현명한 사람들과 마찬가지로 자신이 주장한 바를 실천하지 않은 듯하다. 만일 그녀가 그것을 실천한다면 그녀는 틀림없이 매우 괴상한 역사를 쓰게 될 것이다. 누구나 알고 있는 일이지만, 사람들은 언제나 또는 습관적으로 스스로 충분히 의식하거나 기꺼이 승인한 동기에 의해서만 행동하는 것은 아니다. 사람들이 무의식적인 동기나 또는 시인하지 않은 동기에 대한 통찰을 배제한다는 것은 일부러 한쪽 눈을 감고 일을 시작하겠다는 것이나 마찬가지다. 그럼에도 불구하고 어떤 사람들은 이것이 역사가 마땅히 해야 할 일이라고 말한다. 문제는 바로 여기에 있다. 존 왕의 나쁜 점은 폭군이 되려고 한 그의 탐욕, 또는

---

21) H. R. Trevor-Roper, *Historical Essays*(1957), p.281

어리석음, 또는 야망에 있었다고 말하는 것으로 만족하는 한 여러분은 개인의 선악을 가지고 역사를 이야기하고자 하는 것이며, 그것은 어린애들의 역사 지식 정도로서도 이해할 수 있는 것이다. 그렇다고 해서 여러분이 존 왕은 봉건 제후의 대두에 반대하는 기존 권익의 무의식적인 도구였다고 말하려 한다면, 그것은 존 왕의 악덕에 대한 보다 복잡하고 미묘한 견해를 끌어들이게 될 뿐 아니라, 역사적 사건은 개인의 의식적 행동에 의해 결정되지 않고 개인의 무의식적 의지를 이끄는, 외부의 전능적인 힘에 의해 결정됨을 암시하게 된다. 물론 이것은 난센스다. 내 경우를 말한다면, 나는 신의 섭리, 세계정신, 자명한 천명(天命, 1845년경부터 미국에서 많이 사용한 말로서, 합중국은 남반구를 지배할 사명을 갖고 있다는 것이다), 어마어마한 간판을 내건 역사, 그밖에 그 사건들의 방향을 인도한다고 생각되는 추상적 관념들을 믿지 않는다. 나는 마르크스의 다음과 같은 견해에 무조건 찬성하고 싶다.

> '역사'가 하는 일이란 하나도 없다. 거대한 재물을 얻지도 못하며, 어떠한 전투도 하지 않는다. 모든 일을 하고 차지하고 싸우는 것은 오히려 인간, 현실의 살아 있는 인간이다.[22]

이 문제에 대해 내가 해야 할 논평은 두 가지가 있는데, 그것은 역사에 대한 추상적 견해와는 전혀 관계가 없는 순수하게 경험적인 관찰에 바탕을 둔 것이다.

---

22) Marx-Engels, *Gesamtausgabe*, I, iii, p.625

역사에서 수(數)의 중요성

첫째, 역사는 상당한 정도가 수(數)의 문제라는 것이다. 칼라일(Carlyle)은 '역사란 위인들의 전기'라는 불행한 주장에 대해 책임이 있다. 그러나 그의 위대한 역사 저작 속에 나오는 대표적인 웅변에 귀를 기울여 보자.

2천5백만 명의 가슴을 무겁게 내리누르던 굶주림과 추위와 악몽 같은 억압——이것이야말로 철학적인 변호사, 돈 많은 장사꾼, 지방 귀족들의 상처받은 자존심이나 적대적인 철학 같은 것보다 더 프랑스 혁명의 원동력이었다. 이것은 어느 나라의 어떠한 혁명에서도 마찬가지일 것이다.[23]

또한 레닌은 "정치는 대중이 있는 곳에서 시작된다. 수천 명이 아니라 수백만 명이 있는 곳에서 진정한 정치는 시작되는 것이다."[24]라고 말했다. 그들에게는 비개인적인 것은 하나도 없었다. 이러한 문제를 논의할 때 흔히 익명성(匿名性)과 비개인성을 혼동한다. 우리가 그들의 이름을 모른다고 해서 사람들이 사람 이외의 것이 되거나, 개인이 개인 이외의 것이 되지는 않는다. 엘리엇(Eliot)이 말한 '거대한 비개인적 힘'은 보다 대담하고 솔직한 보수주의자 클라렌든(Edward Hyde Clarendon, 1609~1674)이 '이름도 없는 너절한 인간들'[25]이라고

---

23) *History of the French Revolution*, Ⅲ, iii, ch. Ⅰ.

24) Lenin, *Selected Works*, vii, p.295

25) Clarendon, *A Brief View & Survey of the Dangerous & Pernicious Errors to Church & State in Mr. Hobbes' Book entitled Leviathan*(1676), p.320

부른 개인이었다. 이 이름없는 수백만 명은 다소간에 무의식적으로 함께 사회적 힘을 이루며 행동하는 개인들이었다. 역사가는, 평범한 상황에서라면, 불만을 품은 한 농부나 불만을 품은 한 마을을 알 필요는 없을 것이다. 그러나 불만을 품은 수천 마을의 수백만 명의 농부들은 역사가가 무시할 수 없는 요소이다. 존(John)이 결혼을 망설이는 이유는, 그것이 존과 같은 세대의 수천 명의 다른 사람들에게 결혼을 망설이게 하고, 따라서 결혼율의 실질적인 저하를 초래하지 않는 한 역사가의 관심을 끌지 못한다. 그러나 그 반대의 경우라면 그 이유는 역사적으로 중요하게 될 것이다. 또한 우리는 '큰 변화는 소수의 사람들에 의해 시작된다'는 상투어와 마주치더라도 당황할 필요가 없다. 모든 효과적인 운동에는 반드시 소수의 지도자와 많은 추종자가 있지만, 이것은 운동의 성공에서 다수자는 필수적이 아니라는 뜻은 아니기 때문이다. 역사에서 수(數)는 중요하다.

인간의 행위가 만들어 내는 예측 못할 결과

나의 두 번째 고찰은 훨씬 잘 입증되어 있다. 여러 가지 다른 학파에 속한 저술가들은 다음과 같은 견해에서는 일치해 왔다. 즉, 개별적인 인간의 행동은 행위자나, 심지어 어떤 다른 개인에 의해 의도되거나 욕구되지 않은 결과에 이르는 경우가 많다는 것이다. 개인은 의식적으로는 자신의 이기적 목적을 위해 행동하지만 신의 목적을 위한 무의식적 대행자에 지나지 않는다고 기독교도는 믿는다. 맨더빌(Bernard de Mandeville, 1670~1733)의 '개인의 악덕은 사회의 복지'라는 말은 일찍부터 이러한 착상을 일부러 역설적으로 표현한 것이었다. 아담 스미스의 '보이지 않는 손'과 헤겔의 '이성의 간계'는, 비록 개인들은 스스로 자신의 개인적 욕망을 충족시키고 있다고 믿더라도 개인을 보이지 않는 손이나 이성을 위해 일하게 하고 그 목적을 위해 이바지하게 한다는 것으로, 군이 인용할 필요조차 없을 만큼 너무나 유명한 말이다. 마르크스는 《경제학 비판》 서문에서 이렇게 말하고 있다. "생산 수단의 사회적 생산에서 인간은 자신의 의지로부터 독립된 일정하고 필연적인 관계 속으로 끌려 들어간다." 아담 스미스를 본따 톨스토이는 《전쟁과 평화》에서 이렇게 말하고 있다. "인간은 의식적으로 자기 자신을 위해 살지만 인류의 역사적이고 보편적인 목표 실현을 위한 무의식적 수단에 지나지 않는다."[26] 이 명구집(名句集)도 이미 길어졌으므로 여기서 버터필드 교수의 말로 이 명구집을 마무리짓기로 하자. "역사적 사건의 본성에는 무엇인가 사람들이 의도하지 않은 방향으로 역사의 과정을 비틀어 놓은 것이 있다."[27] 1914년 이후, 즉 조그만 국부 전쟁밖에 없었던 백 년이 지난 다음 우리는 두 번의 세계대전을 겪었다. 19세기 후반의 75년 동안과 비교해 볼 때 20세기 전반에는 전쟁을 원하는 개인이 많았다거나, 또는 평화를 원하는 개인이 적었다고 주장하는 것은 이러한 현상에 대한 적절한 설명이 아닐 것이다. 마찬가지로, 어떤 개인이 1930년대의 경제 대공황을 일으키려 했다든가 원했다는 이야기는 믿기 어렵다. 그러나 경제 공황은 의식적으로 각기 전혀 다른 목적을 추구하고 있던 개인들의 행위

---

26) L. Tolstoy, *War and Peace*, iX. ch. I
27) H. Butterfield, *The Englishman and His History*(1944), p.103

에 의해 일어났다는 것은 분명하다. 또한 개인의 의도와 그 행위의 결과가 엇갈린다는 진단은 과거를 대상으로 하는 역사가에게 국한되는 것은 아니다. 1917년에 로지(Henry Cabot Lodge, 1850~1924)는 우드로 윌슨에 대해 다음과 같이 말했다. "그는 참전할 뜻은 없지만, 사건에 말려들게 될 것으로 나는 생각한다."[28] 역사는, 인간의 의도를 기본 조건으로 한 설명을 바탕[29]으로, 또는 행위자 자신이 말하는 '왜 그들은 그들의 독자적인 판단에 따라 그와 같이 행동하게 되었는가' 하는 동기에 대한 설명을 바탕으로 씌어질 수 있다고 생각하는 것은 모든 명백한 사실을 무시하는 것이다. 역사의 사실은 확실히 개인에 관한 사실이지만 개인이 고립해서 행한 행위에 관한 사실도 아니고, 또한 진실한 것이든 상상적인 것이든 개인이 자신의 행위의 동기에서였다고 생각하는 그런 동기에 관한 사실도 아니다. 역사의 사실은 사회 속에 있는 개인 상호간의 관계에 대한 사실이고, 또한 개인의 행위로부터 그들 자신이 의도하던 결과와는 다른, 때로는 정반대되는 결과를 일으키는 여러 가지 사회적 힘에 대한 사실이다.

콜링우드의 역사관에 관해서는 앞의 강연에서도 논한 바가 있지만, 그 중요한 오류의 하나는 역사가들이 해명의 과제로 삼아온 행동의 배후 사상을 행위자 개인의 사상이라고 생각했다는 점에 있다. 이것은 그릇된 억측이다. 역사가에게 맡겨진 일은 행위의 배후에 있는 무엇을 해명한다는 일이다. 그러나 행위자 개인의 의식적인 사상이나

---

28) B. W. Tuchman, *The Zimmermann Telegram*(N.Y.,1958), p.180에서 인용

29) 이 말은 Isaiah Berlin, *Historical Inevitability*(1954), p.7에서 인용한 것으로, 이러한 관점에서 역사를 쓸 것을 권고하고 있는 것 같다.

동기는 이와는 전혀 상치될 수도 있다.

반역자를 어떻게 볼 것인가

　여기서 잠깐 역사에서 반역자나 이단자의 역할에 대해 말해야겠다. 만일 사회에 반역하는 개인이라는 흔히 볼 수 있는 모습을 그려 놓는다면, 그것은 사회와 개인 간의 그릇된 대립을 다시 설정하는 결과가 되고 만다. 어떠한 사회이든 완전히 동질적인 사회라는 것은 없다. 모든 사회는 사회적 투쟁의 무대이며, 기존 권익에 대적하여 몸을 내던지는 개인이라고 할지라도 이를 지지하는 개인에 못지않게 그는 그 사회의 산물이며 반영이다. 리처드 2세나 캐서린(Catherine) 대제는 15세기의 영국과 18세기의 러시아의 강력한 사회적인 힘을 상징하는 사람들이다. 대 농노(農奴) 반란의 지도자인 와트 타일러(Wat Tyler)나 푸가초프(Pugachev)도 이 점에서는 다를 바가 없다. 국왕도 반역자도 다 같이 그들 시대와 국가의 특수 조건의 산물이다. 따라서 와트 타일러나 푸가초프를 사회에 반항하는 개인으로 그려 낸다면, 그것은 그릇된 견해이며 지나친 단순화이다. 그들이 그런 인간에 불과했다면 그들의 이야기가 역사가들에게 전해졌을 까닭이 없다. 그들의 역사상의 역할은 그들을 지지한 대중의 힘에 의한 것이며, 그것은 하나의 사회 현상이기 때문에 중요한 것이다. 그렇지 않다면 아무런 의미도 없는 것이다. 이보다 더 엄격한 수준에서 뛰어난 반역자이며 동시에 개인주의자였던 인물을 골라 보자. 자기 시대의 사회와 국가에 니체보다 더 난폭하고 철저하게 반항했던 인물은 찾아보기 힘들 것이다. 그러나 니체는 유럽 사회의, 아니 특히 독일 사회의 순수한 산물이었다. 중국이나 페루 같은 나라에서라면 도저히 나타날 수 없는 인물이었다. 니체 개인이 표현하고 있었던 사회적인 힘이 얼마나 강렬하게 유럽적이었으며 독일적이었던가는 동시대인들보다는 다음 세대에 이르러서 더욱 뚜렷해졌다. 그리하여 니체는 자신의 세대보다 후세 사람들에게 더욱 중요한 인물이 되었다.

위인(偉人)의 역할을 어떻게 볼 것인가

역사에서 반역자의 역할은 어딘가 위인의 역할과 유사한 점이 있다. 역사에 대한 위인 학설——그 특수한 예의 하나가 착한 여왕 엘리자베스 학파(Good Queen Bess School) 같은 것일 것이다.——은 근래에 와서 이미 유행에 뒤떨어져 버리기는 했지만, 가끔 그 못생긴 고개를 쳐들곤 한다. 제2차 세계대전 이후에 시작된 어떤 통속적인 역사 교과서 시리즈의 편집자는 집필자들에게 '중요한 역사 문제를 위인 전기의 수법으로 파헤쳐 주기를' 권했다. 또한 테일러(A. J. P. Taylor, 1906~1990)는 그의 논문 가운데서 "유럽의 근대사는 나폴레옹과 비스마르크·레닌의 3대 거인을 소재로 쓸 수 있다."[30]라고 했다. ——좀더 무게있는 글을 쓸 때에는 그도 이러한 무모한 계획을 실행하지는 않았지만. 도대체 역사에서 위인의 역할은 무엇일까? 위인도 개인이다. 그러나 탁월한 개인이기 때문에 역시 탁월한 중요성을 지닌 사회 현

---

30) A. J. P. Taylor, *From Napoleon to Stalin*(1950), p.74

상이다. 기번(Gibbon)은 "비상한 인물에게는 시대가 적합해야 한다는 것, 그리고 오늘날이라면 크롬웰이나 레즈(Geam Retz, 1937~) 같은 인물들도 존재조차 없었을 것이라는 점은 명백한 진실이다"[31]라고 말했다. 마르크스는 루이 보나파르트의 브뤼메르 18일(The Eighteenth Brumaire of Bonaparte)에서 이와 반대되는 현상을 다음과 같이 진단했다. '프랑스의 계급 전쟁은 형편없는 소인배들이 영웅의 탈을 쓰고 뻐기고 다닐 수 있는 환경과 관계를 만들어 냈다.' 만일 비스마르크가 18세기에 태어났더라면——물론 이것은 어리석은 가상이다. 왜냐하면 만일 그랬더라면 그는 결코 비스마르크가 아니었을 테니까.——그는 독일을 통일하지도 못했을 것이고 위대한 인물도 되지 못했을 것이다. 그러나 톨스토이처럼 위인이란 '사건에 이름을 달아 주는 꼬리표'에 불과한 것이라고 내리칠 필요는 없다. 물론 위인 숭배에는 불길한 의미가 있을 때도 있다. 니체의 초인(超人)도 기분 나쁜 인물이 아닌가. 히틀러의 경우라든가 소련에서의 '인물 숭배'의 무서운 결과 등은 다시 생각해 볼 필요조차 없다. 그러나 나 자신의 목적은 위대성을 깎아 내리는 데에 있지 않을 뿐더러 '위인이란 거의 예외 없이 악인이다.'라는 주장에 동조하고 싶은 생각도 없다. 내가 곤란하다고 생각하는 점은, 위인을 역사 밖에 앉혀 놓고서 그들은 위대하기 때문에 자신의 힘을 역사에 강요한다는 식으로 보는 견해이다. 마치 "요술상자에서 튀어나오는 듯 미지의 곳에서 기적처럼 튀어나와 위인은 역사의 진정한 연속성을 중단시킨다."[32]고 보는 견해가 그것이다. 오늘

---

31) Gibbon, *The Decline and Fall of the Roman Empire*, ch.70
32) V. G. Childe, *History*(1947), p.43

날에도 헤겔의 고전적인 기술에는 다시 손을 댈 여지가 없다.

　　한 시대의 위인이란, 시대의 의지를 표현해 주고 그것을 완성하는 인간을 일컫는 것이다. 그의 행위는 시대의 정수이자 본질이다. 그는 곧 자기 시대를 실현하는 것이다.[33]

리비스(Frank Raymond Leavis, 1895~1978) 박사는 위대한 저술가는 "인간의 자각을 유발한다는 점에서 중요하다."[34]고 말했는데, 이 말도 어느 정도 비슷한 취지의 이야기라고 하겠다. 위대한 인물은 항상 현존하는 세력의 대표자이거나, 그렇지 않으면 기존 권위에 도전하는 방법을 통하여 그가 돕는 창조 세력의 대표자이다. 그러나 나폴레옹이나 비스마르크(Bismarck)와 같이 기존 세력의 등에 업혀 위대하게 된 인물들보다는, 크롬웰(Cromwell)이나 레닌(Lenin)과 같이 자기를 위대하게 만들어 준 세력 그 자체의 형상을 도운 위인들의 창조력이 좀더 높이 평가될 수 있을 것이다. 또 자기 시대보다 너무 앞섰기 때문에 그 위대성이 후대에 가서야 인정받게 된 위인들이 있다는 사실도 잊어서는 안된다. 내가 중요하다고 생각하는 점은, 위인이란 역사적 과정의 산물이자 그 대행자이면서도, 동시에 세계의 형세와 인간의 사상을 변화시키는, 사회 세력을 대표하고 창조하는 특출한 개인을 가리키는 것으로 봐야 한다는 것이다.

그렇기 때문에 역사는 두 가지 의미의 어느 쪽으로 보나—— 역사가가 행하는 연구라는 뜻에서나, 역사가가 연구하는 과거의 사실이라

---

33) *Philosophy of Right*(영문판,1942), p.295
34) F. R. Leavis, *The Great Tradition*(1948), p.2

는 뜻에서나──하나의 사회적 과정이며, 개인은 사회적 존재로서 이
에 참여한다. 따라서 사회와 개인 간의 가상적 대립이란 것은 우리들
의 사고를 혼란시키는 함정에 불과하다. 역사가와 그의 사실과의 상
호작용이라는 상호과정은──나는 그것을 앞에서 현재와 과거의 대
화라고 말한 바 있다──추상적인 고립된 개인 사이의 대화가 아니라
현재의 사회와 과거의 사회와의 대화이다. 부르크하르트(Burckhardt)
의 말을 빈다면, 역사란 "한 시대가 다른 시대 속에서 주목할 만한 가
치가 있다고 생각한 일들에 관한 기록"[35]인 것이다. 과거는 현재의 빛
에 비쳐졌을 때에만 비로소 이해될 수 있다. 또 현재도 과거의 조명
속에서만 충분히 이해될 수 있다. 인간으로 하여금 과거 사회를 이해
할 수 있게 하고, 현재 사회에 대한 그의 지배를 증진시키는 것이 역
사의 이중적 기능이다.

---

35) J. Burckhardt, *Judgements on History and Historians*(1959), p.158

3 역사와 과학과 도덕

3 역사와
과학과 도덕

역사는 과학이다

나는 어렸을 때 고래는 모습은 물고기이지만 물고기가 아니라는 사실을 배우고 매우 깊은 감동을 받았다. 물론 지금에 와서는 이런 따위의 문제는 훨씬 덜 감동적이다. 따라서 역사는 과학이 아니라는 것이 확실하다 해도 크게 마음 상할 것까지는 없다. 이것은 영어에만 한정되는 용어상의 특수한 문제일 뿐 유럽의 다른 모든 언어에는 'Science'에 해당하는 말 속에는 어김없이 역사가 포함되어 있다. 그러나 영어 사용권 국가들에서는 이 문제는 긴 내역을 지니고 있어서, 여기서 생겨나는 논쟁점은 역사의 방법이라는 문제에 알맞는 서론이 될 것이다.

18세기 말기는 과학이 세계에 관한 인간의 지식과, 인간 자신의 심리적 속성에 관한 지식에 눈부신 공헌을 한 시기다. 과학이 사회에 대한 인간의 지식도 증진시킬 수 있을 것인가 하는 문제가 야기되기 시작한 것도 바로 이 무렵의 일이다. 그후 사회과학의 개념, 그리고 사회과학의 일부인 역사의 개념은 19세기를 거치며 점차 발전해 나갔으며, 자연계의 연구에 적용된 과학의 방법은 인간 문제를 연구하는 데에도 적용되기에 이르렀다. 이 시대의 전반부에서는 뉴턴의 전통이 지배적이었다. 자연계와 마찬가지로 사회도 메커니즘적인 것으로 생각되었다. 1851년에 출간되었던 허버트 스펜서(Herbert Spencer)의 《사회 정학(靜學)》(Social Statics)이라는 책의 이름은 아직도 우리들의 머릿속에 남아 있다. 버트란트 러셀(Bertrand Russell)도 이런 전통 속에서 자라난 사람이다. 훗날 그는 머잖아 '기계 수학처럼 정밀한 인간 행동의 수학'[1]이 탄생할 것으로 기대하고 있었던 시절을 회고하고 있다. 그런 시기에 다윈(Charles Darwin)은 또 하나의 과학 혁명을 일으켰고, 생리학에서 암시를 얻은 사회과학자들은 사회를 하나의 유기체로 생각하기 시작했다. 그러나 다윈 혁명에서 참으로 중요한 점은, 다윈이 라이엘(Charles Lyell, 1797~1875 영국의 지질학자)이 지질학에서 이미 시작했던 일을 완성시켜 역사를 과학 속으로 도입했다는 점이었다. 과학은 이미 정적(靜的)이고 무시간적인 것을 취급하는 것이 아니라[2] 변화와 발전의 과정을 다루는 것이 되었다. 그리하여 과학에서 진화가 역사의 진보를 확증하고 보완한 셈이 되었다. 그러나 내가 앞서의 강연에서 말한 바 있는 역사학의 방법에 관한 귀납적인 견해를 뒤집을 만한 일은 하나도 일어나지 않았다. 즉, 먼저 사실들을 수집하

---

1) B. Russel, *Portraits from Memory*(1958), p.20

2) 브래들리는 1874년에 와서야 무시간적이며 '항구적'인 것을 다루는 과학을 역사와 구별하고 있다.(F. H. Bradley, *Collected Essays*, 1935, i, p.36)

라, 그런 후에 그것들을 해석하라는 방법이 그것이다. 이것 역시 과학의 방법이란 것이 전제되고 있었던 것이다. 1903년 1월에 있었던 취임 강연의 마지막 말에서 뷰리(Bury)는 "역사는 하나의 과학으로서, 그 이상의 것도 그 이하의 것도 아니다."라고 했다. 그때 뷰리가 생각하고 있었던 견해도 틀림없이 이와 같았을 것이다. 그러나 뷰리의 취임 강연 뒤 약 50년간에 걸쳐 이 역사관에 대한 강렬한 반발이 일어났다. 콜링우드는 1930년대의 저술 기간 동안 과학 연구의 대상인 자연의 세계와 역사의 세계를 명확하게 구분하는 일에 특별히 열성을 보였다. 이 기간 중에는 뷰리의 의견은 조롱거리로밖에는 인용되는 일이 거의 없었다. 그러나 당시의 역사가들이 의식하지 못하는 사이에 과학 그 자체도 심오한 혁명을 겪었다는 것이다. 이유가 다르긴 하나, 이 사실은 뷰리의 견해가 우리들이 생각한 것보다는 훨씬 더 정당한 것으로 보이게 한다. 라이엘(Lyell)이 지질학을 위해서 한 일과, 다윈이 생물학을 위해서 한 일은 오늘날 천문학에서도 이루어져서 천문학은 우주가 어떻게 오늘날의 상태에 이르렀는가를 연구하는 과학이 되었다. 현대의 물리학자들도 역시 자기들이 연구하는 것은 사실이 아니라 사건이라는 말을 부단히 강조하고 있는 실정이다. 오늘날 역사가들이 백 년 전에 비해 과학의 세계에서 쾌적한 기분을 느끼는 데에는 상당한 이유가 있다.

역사 속에서 법칙의 개념

먼저 법칙의 개념부터 생각해 보기로 하자. 18, 9세기를 통해 과학자들은 자연에 관한 여러 법칙──뉴턴의 운동의 법칙, 인력의 법칙, 보일의 법칙, 진화의 법칙 등등──이 이미 발견되어 명확하게 논증되었다고 생각했다. 그리고 자기들이 할 일은 관찰된 사실을 귀납적 방법을 통해 이 같은 법칙을 더 많이 발견하고 증명하는 것이라고 생각했다. 갈릴레오(Galileo)와 뉴턴 이후 '법칙'이라는 말은 영광의 구름을 끌고 내려왔다. 사회학자들은, 의식적이든 무의식적이든 자기들의 연구에 대한 과학적 지위를 희구하여, 과학에서 쓰는 용어를 사용하고 과학과 같은 연구 방법을 따르고 있다고 믿었다. 경제학자들은 그레샴(Gresham)의 법칙, 아담 스미스(Adam Smith)의 시장의 법칙 등을 가지고 법칙이라는 것을 제일 먼저 발견했다고 생각했다. 버크(Edmund Burke, 1729~1797)는, '자연의 법칙이며, 따라서 신의 법칙이기도 한 상거래의 법칙'[3]에 조력을 호소하였다. 또 맬서스(Malthus)는 인구의 법칙을, 라살(Lassalle)은 임금의 법칙을 제시했다. 또 마르크스는 《자본론》의 서문에서 "근대 사회의 경제적 운동 법칙"을 발견했다고 주장했다. 버클(Henry Thomas Buckle, 1821~1862)은 그의 《문명의 역사(History of Civilization)》의 끝부분에서 인간사(人間事)의 진행 과정은 "규칙성이라는 보편적이고 변함없는 영광스러운 원리에 의해 관철되고 있다."는 소신을 밝히고 있다. 그러나 오늘에 와서 보면 이런 말투는 거만하고 낡아빠진 인상을 풍기고 있다. 이는 비단 사회과학자들에 대해서뿐만 아니라 자연 과학자들에게도 거의 같다.

---

3) *Thoughts and Details on Society*(1795) in *The Works of Edmund Burke*(1846). iv. p.270. 버크(Burke)는 "빈민들에게 그러한 생활품을 얼마 동안 주지 않는 것이 하느님의 뜻에 합당한 일이니까, 정부뿐만 아니라 부자들까지도 그것을 제공해 줄 권한은 있을 수 없다."고 추론하고 있다.

뷰리의 취임 강연이 있기 일 년 전에 프랑스의 수학자 앙리 푸앵카레(Henry Poincarese, 1854~1912)는 《과학과 가설(La Science et l'hypothèse)》이라는 조그만 책을 발표함으로써 과학적 사고에 대한 하나의 혁명을 일으켜 놓았다. 푸앵카레의 주요 논지는, "과학자들이 공언하는 일반 명제라는 것은 그것이 단순한 정의, 즉 용어 사용을 위한 일반 명제 약속에 불과한 것이 아니라면, 미래의 사고를 결정짓고 조직하기 위해 만들어 낸 가설들은 검증되고 논박받을 위치에 놓여 있다."는 것이다. 오늘날에서 와서는 이 모든 것이 상식으로 되어 버렸다. "나는 가설을 만들지 않는다.(Hypotheses non fingo)"라는 뉴턴의 장담도 오늘날에는 공허하게 들릴 뿐이다. 과학자들은 물론 사회 과학자들까지도 아직도 이따금 법칙에 대해 운운하지 않는 것은 아니지만, 이것은 이를테면 옛 정 때문이고, 18,9세기의 과학자들이 전반적으로 믿었던 그런 의미에서의 법칙의 존재를 믿는 사람은 아무도 없다. 과학자들의 발견이나 새로운 지식도, 정밀한 포괄적인 법칙을 확립함으로써 얻어지는 것이 아니라, 새로운 연구 분야를 열어 줄 여러 가설을 설정함으로써 획득된다는 것은 이미 인정된 사실이다. 미국의 두 과학자가 과학적 방법에 대해 쓴 표준적 교과서에 따르면, 과학적 방법은 '본질적으로 순환적인 것'이라고 되어 있다.

우리들은 경험적 자료, 즉 '사실'이라고 간주될 수 있는 것의 힘을 빌어 원리에 대한 증거를 얻고, 이 원리를 토대로 하여 경험적 자료를 선택하고 분석하고 해석한다.[4]

---

4) M. R. Cohen and E. Nagel, *Introduction to Logic and Scientific Method* (1934), p.596

순환적이라는 말보다 '상호적'이라는 말이 좀더 적절할 것이다. 왜냐하면, 그 결과는 다시 같은 장소로 돌아가는 것이 아니라 원리와 사실, 이론과 실제 사이의 상호작용의 과정을 통해서 새로운 발견을 향해 전진하는 것이기 때문이다. 모든 사고는 관찰에 토대를 둔 일정한 전제를 받아들이지 않으면 안된다. 과학적인 사고도 이러한 전제 위에서 비로소 가능한 것이다. 이 전제는 다시 사고 자체의 조명 아래서 고쳐져 나아가야 할 위치에 있다. 이 같은 가설은 일정한 관련 아래에서, 혹은 일정한 목적을 위해서는 유효성을 가질 수 있으되 그밖의 경우에는 무의미한 것이 되어 버린다. 유효성의 기준은, 어떤 경우에서나 경험적인 것으로서, 그 가설이 새로운 통찰을 증진시키고 우리의 지식을 증대하는 데 실제로 유효한가 아닌가에 달린 것이다. 최근에 러더퍼드(Ernst Rutherford, 1871~1937)의 방법을 그의 뛰어난 제자이자 동료 학자들 중 한 사람이 아래와 같이 기술하였다.

> 그는 핵 현상이 어떻게 작용하는가를 알고 싶은 억제할 수 없는 충동을 가지고 있었는데, 그것은 마치 사람들이 부엌에서 하는 일을 설명하는 것처럼 설명할 수 있는 그런 성질의 지식이었다. 내가 믿는 바로는, 그는 일정한 기본적 법칙을 사용하는 고전적인 이론 방식 아래에서 설명을 구하지는 않았다. 무엇이 일어나고 있는가를 아는 것만으로도 그는 만족이었다.[5]

이것은 역사가에게도 그대로 들어맞는 이야기이다. 그들 역시 기본 법칙을 탐구하는 것은 단념하고 사물의 동태를 연구하는 것만으로

---

5) Sir Charles Ellis in *Trinity Review*(Cambridge, Lent Term,1960), p.14

만족하고 있다.

도구로서의 가설(假說)

역사가가 연구 과정에서 사용하는 가설의 지위와 과학자가 사용하는 가설의 지위와의 사이에는 놀라운 유사성이 있는 것 같다. 가령 프로테스탄티즘과 자본주의와의 관계에 대한 막스 베버(Max Weber)의 유명한 진단을 예로 들어 보자. 오늘날 그것을 '법칙'이라고 부르는 사람은 아무도 없다. 그러나 예전이라면 이런 것도 법칙이라고 떠들어댈 수 있었을 것이다. 결국 그것은 하나의 가설에 지나지 않으며, 이 가설은 그것을 계기로 해서 비롯된 여러 연구의 진행 과정에서 어느 정도의 수정을 받기는 하지만, 그것이 위의 두 운동에 관한 우리들의 이해를 넓혀 준 것만은 의심할 여지가 없다. 또 하나의 예로서 마르크스의 다음과 같은 주장을 들어 보자. "맷돌은 우리에게 봉건 영주의 사회를 부여하고 증기 제분기는 우리에게 산업 자본가의 사회를 부여한다."[6] 아마 마르크스는 이것을 법칙이라고 주장하고 싶었겠지만 현대적 용어로서는 법칙이라고 말할 수 없을 것이며, 다만 앞으로의 연구와 새로운 이해에의 길을 제시해 주는 유효한 가설에 불과할 것이다. 이 같은 가설은 사상의 불가결의 도구이다. 1900년대 초기의 독일의 유명한 경제학자인 베르너 좀바르트(Werner Sombart, 1863~1941)는 마르크스주의를 버린 사람들에게 엄습하는 '불안감'을 다음과 같이 고백하였다.

---

6) Marx-Engels, *Gesamtausgabe*, I, vi, p.179

착잡한 현실 속에서 지금까지 우리를 이끌어 준 편안한 공식을 잃어버렸을 때에……우리들은 새로운 발판을 발견하거나 수영을 배울 때까지는 사실의 바다 속에 빠져 죽어가는 것 같은 기분을 맛보게 된다.[7]

역사의 시대 구분에 관한 논쟁도 같은 성질에 속하는 문제이다. 역사의 시대 구분이란 사실이 아니라, 하나의 필요한 가설 혹은 도구에 불과하다. 그것은 역사 해명에 도움이 되는 한에만 유효한 것이며, 그 유효성이란 것도 해석 여하에 딸린 문제이다. 중세의 끝이 언제인가라는 문제에 대해 시각이 다른 역사가들은 일정한 사건에 대한 해석에서도 입장을 달리하고 있다. 이것은 사실에 관한 문제는 아니지만 그렇다고 무의미한 것도 아니다. 역사를 지리적 단위로 구분 짓는 것도 또한 사실이 아니고 하나의 가설일 뿐이다. 이를테면 유럽사라는 것은 어떤 맥락에서는 타당하고 유익한 가설일 수도 있지만, 다른 맥락에서는 그릇되고 유해한 것일 수도 있다. 대부분의 역사가는 러시아를 유럽의 일부로 보지만, 어떤 역사가는 결단코 이에 반대한다. 역사가의 경향은 그가 택하는 가설에 의해 판단 지을 수 있다. 여기서 나는 사회과학의 방법에 대해 하나의 일반적인 선언을 인용해야만 하겠다. 조르쥬 소렐(Georges Sorel, 1847~1922)은 40대에 이르러 사회문제에 관한 저술을 하기 전까지는 기술자로서 일해 온 사람이다. 그는 어떤 상황 아래에서는 지나친 단순화라는 모험을 무릅쓰고라도 특정한 요소를 분리해 낼 필요가 있다고 강조했다.

---

7) W. Sombart, *The Quintessence of Capitalism*(영문판,1915), p.354

우리는 자기의 방법을 의식하면서 걸어 나가야 한다. 우리는 개연적이고 부분적인 가설을 시험해 봐야 하며, 발전할 수 있는 수정의 여지가 언제나 남아 있게끔 잠정적 근사치로 만족해야 한다.[8]

이것은 과학자나 액튼 같은 역사가가 잘 검증된 사실을 수집함으로써 모든 논점을 한꺼번에 해결할 수 있는, 명확한 지식의 일대 체계를 수립할 수 있는 날이 언젠가는 오리라고 기대했던 19세기와는 거리가 먼 이야기이다. 오늘날의 과학자와 역사가가 품고 있는 희망은 좀더 온건한 것이다. 즉, 하나의 단편적인 가설로부터 또 하나의 단편적인 가설을 찾아서 점진적으로 전진한다. 해석을 매개로 사실을 추출하고, 추출된 사실로써 해석을 테스트하겠다는 훨씬 겸허한 희망밖에 가지고 있지 않다. 나로서는 그들이 따르고 있는 이상의 연구 방법에서 과학자나 역사가가 본질적으로 다르다고 생각하지 않는다. 첫번 강연에서 나는 "역사는 결코 사실 자체가 아니라 인정된 판단의 체계"라는 배러클러프(Barraclough) 교수의 말을 인용한 바 있다. 내가 이 강연을 준비하고 있을 때, 이 대학 출신인 한 물리학자는 BBC방송을 통해서 과학적 진리란 "전문가들에 의해 널리 인정되어 온 주장이다."[9] 라고 정의했다. 그렇다고 해서 위에 열거한 정의들이 아주 만족스럽다는 것은 아니지만——그 이유에 대해서는 객관성의 문제를 논할 기회에 언급하기로 하겠다.——역사학자와 물리학자가 같은 문제를 거의 똑같은 말로 규정하고 있다는 사실은 놀라운 일이다.

---

8) G. Sorel, *Matériaux d'une Théorie du Prolétariat*(1919), p.7
9) Dr. J. Ziman in *The Listener* 1960년 8월 18일자

과학과 역사의 차이

주지하는 바와 같이, 유추란 부주의한 인간에게는 위험한 함정과도 같은 것이다. 그래서 나는 다음과 같은 믿음을 가진 사람들의 의견을 신중하게 고려해 볼까 한다. 즉, 그들의 견해에 의하면 같은 자연 과학 중에서도 수리(數理)에 관한 과학과 자연계에 관한 과학과의 사이에는 큰 차이가 있다. 또 동일한 과학 분야 안에서도 각 학문 간에 큰 차이가 있다. 따라서 과학과 역사 사이에는 근본적인 구분이 설정될 수 있다. 이와 같은 차이점으로 봐서 역사를——역사 이외의 소위 사회과학들도 마찬가지이겠지만——과학이라고 부르는 것은 잘못이라는 것이다. 이러한 반론——그들 간에도 설득력의 차이는 있지만——을 요약하면 다음과 같다. 1) 역사는 오직 특수한 것을 취급하지만 과학은 일반적인 것을 취급한다. 2) 역사는 아무것도 가르치지 않는다. 3) 역사는 예견할 수 없다. 4) 역사는 불가피하게 주관적일 수밖에 없다.——인간이 자신을 관찰하는 것이기 때문에. 5) 역사는 과학과는 달리 종교와 도덕의 문제를 내포한다. 그러면 이상의 논점을 차례로 검토해 보기로 하겠다.

일반화의 의미

첫째, 역사는 특수한 것, 개별적인 것을 취급하고, 과학은 일반적인 것, 보편적인 것을 취급한다고 주장하고 있다. 이 견해는 원래 아리스토텔레스에서부터 시작되었다고 할 수 있다. 그는, 역사는 개별적인 것을 취급하나 시(詩)는 일반적 진리를 취급하기 때문에, 시가 역사보다 '더욱 철학적'이고 '더 심오'하다고 말했다.[10] 콜링우드에 이르기까지[11] 후세의 많은 저술가들도 대체로 이와 비슷한 방법으로 과학과 역사를 구분해 왔다. 그러나 이는 오해에 기인하고 있다. "이 세상에는 명칭 이외에 보편적인 것이라고는 아무것도 없다. 같은 이름을 가진 사물도 그 하나하나는 모두가 개별적이고 단일한 것이다."[12] 라고 한 홉스(Hobbes)의 명언은 지극히 타당하다. 이것은 자연과학에서도 진실임이 분명하다. 지질학에서 똑같은 두 개의 지층은 있을 수 없다. 같은 종류의 동물일지라도 똑같은 두 마리의 동물이 있을 수 없으며, 두 개의 원자(原子)가 동일할 수는 없다. 동일한 두 역사적 사건이 있을 수 없다는 것도 이와 다를 것이 없다. 그러나 역사적 사건의 특수성에 대한 고집은 일종의 마비적 효과를 지니는 것이다. 이러한 효과는 버틀러(Joseph Butler, 1692~1752) 주교로부터 무어(George Edward Moore, 1873~1958)가 물려받아, 한때는 특별히 언어 철학자들이 애용한 바 있는 '모든 사물은 있는 그대로이지 그밖의 무엇이 아니다.'라는 상투적인 말에서도 엿볼 수 있다. 만일 여러분이 이런 방향으로 나간다면 머잖아 철학 일반의 경지에 도달해서 어떤 일에 대해서나 의미 있는 말은 한마디도 할 수 없게 될 것이다. 우선 언어를 사용한다는 그 자체부터가 역사가로 하여금 과학자와 마찬가지로 일반화를 불가피하게 하고 있다. 펠로폰네소스 전쟁과 제2차 세계대전은 엄청나게 다른 전쟁이며, 아울러 양쪽이 다 특수하다. 그러나 역사

---

10) *Poetics* 제9장

11) R. G. Collingwood, *Historical Imangination*(1935), p.5

12) *Leviathan* I. iv.

가는 이 양자 모두를 전쟁이라고 통칭하는데, 오직 현학적인 인간만이 이에 반대할 것이다. 기번(Gibbon)이 콘스탄티누스 대제에 의한 그리스도교의 공인과 이슬람교의 발생을 둘 다 함께 혁명이라고 기술했을 때,[13] 그는 두 특수 사건을 일반화한 것이었다. 현대의 역사가들도 영국 · 프랑스 · 러시아 · 중국 등 각 국가의 혁명을 논할 때에도 마찬가지 일을 하고 있다. 역사가들이 진실로 흥미를 가지는 것은, 특수한 것이 아니라 특수한 것 속에 들어 있는 일반적인 것이다. 1920년대 역사가들 간에는 1914년의 전쟁 원인에 관한 논의가 벌어지고 있다. 당시에는 이 전쟁이 여론의 견제를 받지 않고 비밀리에 활동한 외교관들의 실책에 따른 것이거나, 그렇지 않다면 불행하게도 세계가 지역적 주권 국가로 분할되어 있었기 때문에 일어났다는 주장이 일반적이었다. 그러나 1930년대에 와서는 이 전쟁은 몰락기에 자본주의의 세계 분할 충동에 밀려나간 제국주의 열강 사이의 적대 관계 때문에 일어났다는 주장이 지배적이었다. 이상과 같은 논의는 모두가 전쟁의 원인, 적어도 20세기의 조건 아래에서 전쟁의 원인에 대한 일반화를 내포하고 있었다. 역사가란 언제나 자신의 증거를 시험해 보기 위해서는 일반화를 이용하는 법이다. 만일 리처드 3세(Richard III, 1452~1485)가 런던탑 속에서 왕자들을 죽였다는 사실에 대한 증거가 충분치 못하다면, 역사가는 왕위를 노리는 유력한 경쟁자를 없애 버리는 것이 그 당시 지배자들의 일반적인 습성이었는가——의식적이라기보다는 무의식적으로——를 자문해 볼 것이다. 그리고 나서는 극히 당연한 이야기이지만, 역사가의 판단은 이 일반화에 따라 결정될 것이다.

---

13) *The Decline and Fall of the Roman Empire*, ch.20, ch.50

역사를 쓰는 사람은 물론이고 역사를 읽는 사람도 일반화에 만성화된 자들이다. 그들은 역사가들의 관찰 결과를 자기에게 익숙한 그 밖의 역사 상황에——아마도 자기 자신의 시대에——적용시켜 볼 것이다. 나는 칼라일(Carlyle)의 《프랑스 혁명》을 읽었을 때에, 나 자신이 칼라일이 내린 판단을 러시아 혁명의 특별히 관심이 있는 대목에 적용하면서 일반화하고 있다는 사실을 몇 번이나 의식하였다. 그 한 예로서 테러에 관한 대목을 들어 보겠다. 테러는 "공정한 재판이 시행되고 있던 국가에서는 무서운 일이지만, 그렇지 않은 국가에서는 그다지 부자연스러운 것이 아니었다." 좀더 의미 있는 예를 들어 보겠다. "이 시대의 역사는 그 대부분이 히스테릭한 모양으로 서술되었다는 것은 지극히 당연하다고 하겠지만 불행한 일임에 틀림없다. 과장·증오·비탄이 충만되어 있고, 말하자면 전체가 암흑으로 가득 차 있는 것이다."[14] 또 하나를 16세기의 근대국가 발전을 논한 부르크하르트의 글에서 찾아보겠다. "새로 일어난 강대국가일수록 멈추어 있기가 어렵다. 그 첫째 이유는, 그런 국가의 건립자들은 급격한 전진의 습성이 붙어 있기 때문이고, 또 그들의 본질은 현재나 미래나 개혁자로서의 면모를 지닐 것이기 때문이다. 둘째로는, 그들이 형성했거나 정복한 모든 세력은 새로운 폭력 행위를 통해서만 발휘될 수 있기 때문이다."[15]

일반화는 역사와는 인연이 없다는 주장은 난센스일 뿐이다. 역사는 일반화 위에서만 생장할 수 있기 때문이다. 엘턴(Geoffrey R. Elton,

---

14) *History of the French Revolution*, I, V, ch. 9; III, i, ch. 1.

15) J. Burckhardt, *Judgements on History and Historians*(1959), p.34

1921~)이 신판《케임브리지 근대사》중의 한 책에서 멋있게 밝히고 있듯이, "역사가를 역사 사실의 수집가와 구별해 주는 것은 일반화이다."[16] 엘턴이 자연 과학자를 박물학자나 표본 수집가와 구별해 주는 것도 이 같은 일반화라는 말을 덧붙일 수도 있을 것이다. 그렇다고 해서 일반화라는 것이 개개의 사실을 맞추어 끼워 넣을 수 있는 역사의 대체계의 구성을 허용한다고 생각해서는 안된다. 마르크스는 이 같은 체계를 세웠다거나 믿고 있었다거나 해서 흔히 비난을 받게 된 사람들 중의 하나다. 그의 편지 속에서 이 문제를 올바르게 제시해 줄 만한 한 구절을 요약 인용해 보겠다.

놀랍도록 유사한 사건도 다른 역사적 환경에서 일어나면 전연 다른 결과를 낳게 된다. 이와 같은 사건의 진행을 각각 따로 연구한 다음에 이를 서로 비교한다면 이 현상을 이해할 수 있는 열쇠를 쉽게 찾아낼 수 있다. 그러나 역사를 초월하는 것을 최대의 덕으로 삼는, 역사철학의 이론이 제공하는 열쇠를 가지고서는 결코 그것의 이해에 도달할 수 없다.[17]

역사는 특수한 것과 일반적인 것의 관계를 취급한다. 여러분이 역사가인 이상 사실과 해석을 분리시킬 수 없듯이, 특수한 것과 일반

---

16) *Cambridge Modern History* ii(1958), p.20

17) Marx and Engels, *Works*(Russian ed.), XV, p.378. 이 구절이 발췌된 편지는 러시아의 잡지 *Otechestvennye Zapiski*(1877년)에 실린 것이다. 포퍼 교수는 역사의 경향이나 추세는 '보편적인 법칙으로부터만 직접 도출될 수 있다'는 믿음, 즉, 그가 말하는 '역사주의의 핵심적 오류'라는 것과 마르크스를 관련시키고 있는 것 같다.(*The Poverty of Historicism*, 1957, pp.128~129) 그러나 이것은 마르크스가 분명히 부정한 점이다.

적인 것도 서로 분리시킬 수 없다. 또 양자 중 하나를 우위에 올려놓을 수도 없다.

역사와 사회학의 관계

여기서 역사와 사회학의 관계에 대해 간단히 언급해 두는 것이 좋을 것 같다. 오늘날 사회학은 상반되는 두 가지 위험——지나치게 이론화한다는 위험과, 경험에 너무 치우친다는 위험——에 직면하고 있다. 앞의 것은 사회 일반에 대해 추상적이고 무의미한 일반화에만 몰두하여 자기 상실을 초래할 위험성을 말한다. 사회(Society)를 대문자 S를 사용하여 표기하는 것은 역사(History)를 대문자 H를 사용하여 표기하는 것과 똑같이 우리를 오류로 이끈다. 역사가 기록하는 특수 사건들을 일반화한다는 것이 사회학의 특별한 임무라고 여기는 사람들 때문에 이 위험성은 더욱 심각하다. 심지어는 사회학에는 '법칙' 이 있다는 점에서 역사학과 구별된다는 주장까지 하고 있는 형편이다.[18] 두 번째의 위험은 약 30년 전에 칼 만하임(Karl Mannheim,

---

18) 이것은 포퍼 교수의 견해로 생각된다.(*The Open Society*, 2nd ed., 1952, ii, p.322) 불행하게도 그는 사회학적 법칙의 예로 다음의 것을 들고 있다. '사상의 자유와 사상 교류의 자유가 법적 제도에 의해서, 그리고 토론의 공개성을 보장하는 제도에 의해서 효과 있게 보장되고 있는 곳에서는 과학의 발전이 이루어 질 것이다.' 이것은 1942년엔가 1943년에 쓴 것으로서 서구 민주주의가 그 제도적인 조건 때문에 계속해서 과학 발달의 선두에 설 것이라는 신념에 의해서 고무되었음이 분명하다. 그러나 이러한 신념은 소련에서의 발전 때문에 소멸되었거나 결정적으로 약화되어 버렸다. 결국 그것은 법칙은커녕 유효한 일반화 정도도 못되었던 것이다.

1893~1947)이 이미 예견한 것으로서, 사회학이 "사회 재조정이라는 일련의 단편적인 기술 문제로 분해되어 버린다."[19]는 것으로, 이 위험성은 오늘날에 와서는 더욱 현저해지고 있다. 사회학은 역사적 사회를 취급하는 것이며, 각 사회는 특수한 역사적 원인과 조건에 의해 형성된 독자적인 것이다. 그러나 계산이라든가 분석이라든가 하는 이른바 '기술적'인 문제에만 자기를 한정시키고, 일반화와 해석을 회피하는 것은 정적(靜的)인 사회의 무의식적인 옹호자가 될 뿐이다. 사회학이 풍부한 연구 영역이 되려 한다면, 역사학과 마찬가지로 특수한 것과 일반적인 것의 관계를 취급해야 한다. 뿐만 아니라 그것은 동적(動的)인 학문──정지한 사회(이런 사회란 존재하지 않으니까)에 대한 연구가 아니라 사회의 변화 및 발전에 대한 연구──이 되어야 할 것이다. 결국 내가 하고 싶은 말은, 역사학이 사회학적인 것으로 되면 될수록, 그리고 사회학이 역사적인 것으로 되면 될수록 쌍방을 위해 더욱 이롭다는 것뿐이다. 양자간의 경계선을 개방하여 확대해 가야 한다.

역사의 교훈에 대하여

일반화의 문제는 역사의 교훈이라는 나의 제2의 문제와 밀접한 관계가 있다. 일반화라는 문제의 진정한 핵심은 이를 통해 역사로부터 교훈을 얻으려는 데에 있다. 즉, 어떤 사건의 경우에서 얻은 교훈

---

19) K. Mannheim, *Ideology and Utopia*(영문판,1936), p.228

을 다른 사건에 적용시킨다는 것이다. 일반화를 할 때에는 의식적이든 무의식적이든 이런 일을 시도하고 있는 것이다. 일반화를 거부하고 역사란 특수한 것만을 취급한다고 주장하는 사람들은 논리적으로 따져서 분명히 역사에서는 아무것도 배울 수 없는 사람들이라고 하겠다. 그러나 인간이 역사로부터 아무것도 배우지 않는다는 것은 우리들의 눈앞에서 일어나는 많은 사실들에 의해 부정되고 있다. 1919년 나는 영국 대표단의 하급 단원으로 파리 강화회의에 참석하였다. 당시 대표단의 전원은 유럽 최대의 강화회의였던 백 년 전의 비엔나(Vienna) 회의에서 교훈을 얻을 수 있으리라고 생각했다. 그 당시에는 육군성에 근무중이었던 웹스터(Webster) 대령이라는 사람, 즉 지금의 저명한 역사가 찰스 웹스터(Charles Webster) 경은 한 편의 논문을 써서 그 교훈이 무엇인가를 우리에게 보여 주었다. 그중 두 가지를 지금도 나는 잊지 않고 있다. 그 하나는 민족 자결의 원칙을 무시하고 서유럽의 새 지도를 만든다는 것은 위험하다는 것이다. 또 하나는 비밀문서를 휴지통에 버리는 행위는, 버린 휴지들을 다른 나라 대표들의 정보원이 틀림없이 가져가기 때문에 위험하다는 것이다. 이런 역사적 교훈은 복음과도 같이 우리들의 행동에 영향을 끼쳤다. 이것은 하찮은 실례에 지나지 않는다. 그러나 좀더 먼 역사 속에서도 그보다 앞선 과거가 남긴 교훈의 영향을 찾아내는 것은 어렵지 않다. 고대 그리스는 로마에게 큰 충격을 주었다는 것은 누구나 다 아는 사실이다. 그러나 로마 사람들이 헤라스의 역사로부터 얻은 교훈, 또는 얻었다고 생각되는 교훈에 대해서 명확한 분석을 해본 역사가가 있었는지는 나로서는 아는 바가 없다. 17~19세기 서유럽 사람들이 구약성경에서 어떤 교훈을 끌어냈었는지를 조사한다면 적지 않은 성과를 얻을 수 있을 것이다. 이런 요소를 제쳐 놓고서 영국의 청교도 혁명을 충분히 이해한다는 것은 불가능한 일이다. 또 선민사상(選民思想)은 근대의 내셔널리즘의 대두에서도 하나의 중요한 원인이 되었다. 고전 교육은 19세기 영국의 새로운 지배 계급의 머릿속에 깊은 각인(刻印)을 찍어 놓았다. 이미 위에서 본 바와 같이 그로트(Grote)는 새로운 민주주의 모범으로서 아테네를 논하였다. 대영제국의 건설자들이 의식적으로나 무의식적으로 로마제국의 역사로부터 물려받은 광범하고도 중요한 교훈에 대해 연구한 바가 있다면 한번 읽어 보고 싶다. 나의 전공 분야에서 찾는다면 러시아 혁명을 수행한 사람들은 프랑스 혁명, 1848년의 혁명, 1871년의 파리코뮌(Paris Commune)의 교훈으로부터 깊은 감명을 받고 있었다. 아니, 그것에 사로잡혔다고 해도 과언이 아니다. 그러나 나는 여기에서 역사의 이중적인 성격이 부과하는 조건을 생각하게 된다. 역사에서 교훈을 얻어 낸다는 일은 결코 단순한 일방적 과정이 아니다. 과거의 빛에 비추어 현재를 배운다는 것은 동시에 현재의 빛에 비추어 과거를 배운다는 것을 의미한다. 역사의 기능은 과거와 현재 간의 상호 관계를 통해 양자를 좀더 깊게 이해시키려는 데에 있다.

미래에 대한 예언

나의 제3의 논점은 역사에서 예측의 역할이다. 역사는 과학과 달라 미래를 예견할 수 없기 때문에 역사로부터는 어떤 교훈도 얻어낼 수 없다고 한다. 이 문제에는 무수한 오해가 엉켜 있다. 위에서 본 바와 같이 현대에 와서는 과학자들도 이미 자연의 법칙을 옛날처럼 열심히 역설하지 않게 되었다. 우리의 일상생활과 관계있는 소위 과학적인 법칙이란 것도 사실인즉 하나의 경향성, 이를테면 다른 조건이 같을 경우나 실험적 조건 아래에서만 일어나게 될 일들을 이야기함에 지나지 않는다. 그것들은 구체적인 경우에 무엇이 일어날 것인가를 예언하지는 않는다. 인력의 법칙은 저기에 있는 특정한 사과가 땅에 떨어지리라는 것을 보증하지 않는다. 누군가가 바구니로 받을지 모르기 때문이다. 광선은 직선으로 뻗는다는 광학(光學)의 법칙은, 특정한 광원(光源)이 어떤 방해물 때문에 굴절되거나 분산되지 않으리라는 보증이 되는 것은 아니다. 그렇다고 해서 이런 법칙이 무가치하다거나 원리상으로 불확실하다는 것을 의미하지는 않는다. 현대 물리학의 이론은 사건 발생의 개연성만을 취급한다고 한다. 오늘날 과학은, 논리상 귀납이 끌어낼 수 있는 것이 개연성이나 합리적인 확신 정도에 불과하다고 다짐하는 쪽으로 더욱 기울어지고 있다. 따라서 그 성과를 취급하는 데서도 그것을 일반적인 규칙이라든가 지침 같은 것, 즉 그 유효성이 특정의 행동에 의해서만 시험될 수 있는 것으로 보려는 태도가 강하게 나타나고 있다. 콩트(Auguste Comte, 1798~1857)가 말했듯이 "과학으로부터 예견이 나오고, 예견으로부터 행동이 나온다.(Science, d'où prévoyance; prévoyance, d'où action)"[20]고 할 수 있다. 역사에서 예언의 문제를 풀 수 있는 단서는 일반적인 것과 개별적인 것, 보편적인 것과 특수한 것 사이의 차이점에 놓여 있다. 위에서 본 것처럼 역사가에게는 일반화란 불가피한 것이며, 일반화를 통해 비록

---

20) *Cours de Philosophie Positive* i, p.51

개별적인 예언은 아니더라도 미래의 행동을 위한 타당하고 유용한 일반적인 지침을 마련할 수 있다. 그러나 역사가는 특정한 사건에 대한 예언은 할 수가 없다. 왜냐하면 특정한 것이란 유니크한 것이고, 거기에는 우연의 요소가 끼어들기 때문이다. 이런 구분은 철학자들을 괴롭힐 것이지만 보통 사람들에게는 아주 명백하다. 가령 어떤 학교에서 몇 명의 아이들이 홍역에 걸렸다면 여러분은 홍역이 퍼질 것이라고 단정할 것이다. 또 여러분의 의향에 따라 이것을 예언이라고 부르기로 한다면, 예언은 과거의 경험으로부터 일반화를 근거로 한 것이다. 이것은 행동 지침으로서 타당하고 유용한 것이다. 그렇다고 여러분이 어떤 특정인이 홍역에 걸릴 것이라는 구체적인 예언은 할 수 없다. 역사가도 이와 같은 과정을 걷고 있는 것이다. 사람들은 다음 달에 루리타니아(Ruritania)라는 나라에서 혁명이 일어날 것이라는 예언을 역사가가 할 수 있으리라고 기대하지 않는다. 역사가는 루리타니아의 사태에 대한 약간의 개별적인 지식을 가지고, 또 얼마쯤은 역사의 연구로부터 끌어내려고 하는 결론으로서 루리타니아의 정세는 이러이러하니까 만일 누군가가 일을 일으킨다든가, 정부 측에서 손을 써서 이를 저지하지 못한다면 가까운 장래에 혁명이 일어날 가능성이 짙다는 정도로 말할 수 있을 뿐이다. 또 이상과 같은 결론에서 전망까지도 뒤따를 수는 있다. 그러나 그 전망은 다른 여러 혁명으로부터 유추한 것이거나, 국민 각층이 취하리라고 생각되는 태도에 근거를 두고 있다. 만일 이런 것을 예언이라고 부를 수 있다면, 예언은 그 자체로서는 예언할 도리가 없는 개별적인 여러 사건의 발생을 통해서만 실현될 수 있는 것이다. 그렇다고 해서 역사에서 끌어낸 미래에 대한 추론이 가치가 없다거나, 그것이 행동의 지침으로서나 사건의 추이를 이해하는 열쇠로서 조건부의 타당성도 없다거나 하는 의미는 아니다. 나는 사회과학자나 역사가의 추론이 그 정밀성에서 자연과학자의 추론에 맞설 수 있다고 주장하고 싶지 않다. 혹 이런 점이 뒤떨어진다고 해서 그것을 단순히 사회과학자의 큰 후진성 때문이라고 주장하고 싶지도 않다. 우리가 알고 있는 한 인간이란 어떤 점으로 보나 가장 복잡한 자연적 존재이다. 따라서 인간 행동에 대한 연구는 자연과학자들이 직면하는 난점과는 성질이 다른, 여러 가지 난점에 맞부딪치게 될 것이다. 내가 분명히 하고 싶은 것은, 역사가와 자연과학자들은 그 목적과 방법이 근본적으로는 서로 다른 것이 아니라는 점뿐이다.

역사 연구의 주체와 객체

나의 제4의 논점은, 역사를 포함한 사회과학과 자연과학의 경계선을 명백히 긋는 데 훨씬 더 명확한 논점을 제기한다. 이것은 사회과학에서는 주체와 객체가 같은 범주 내에 있고, 또 서로가 상호작용을 한다는 논의이다. 인간은 자연적 존재물 중에서 가장 복잡하고 가변적인 존재일 뿐만 아니라, 인간을 연구할 수 있는 것은 인간 이외는 독립된 관찰자란 있을 수 없고, 인간에 대한 연구는 대상자를 제외한 인간들만이 할 수 있기 때문이다. 인간은 생물학의 연구에서처럼 자기 자신의 신체적 구조나 반응만을 연구하는 것으로 만족하지 못한다. 사회학자나 경제학자나 역사학자들은 의지가 작용하는 인간 행동의 여러 형태를 연구하고, 자기의 연구 대상인 인간이 왜 그렇게 행동하려고 하였는가를 밝힐 필요가 있다. 이리하여 역사학과 사회과학에서만 특유한 관찰자와 피관찰자 사이의 관계가 이루어지는 것이다. 역사가의 모든 관찰 속에는 역사가의 관점이 불가피하게 들어가게 마련이다. 역사에는 어디까지나 상대성이 뒤따르게 마련이다. 칼 만하임(Karl Mannheim)의 말을 따르면 "경험을 가다듬고 수집하고 정리하는 범주조차도 관찰자의 사회적 위치에 따라 달라진다."[21]는 것이다. 그렇다고 해서 사회과학자들의 모든 관찰에는 반드시 그들의 편견이 들어간다는 것만이 진리인 것은 아니다. 관찰 과정 자체가 관찰 대상에게 영향을 주고 변화를 일으킨다는 것 역시 진리이다. 이상의 현상은 서로 상반되는 두 가지 방식으로 일어날 수 있다.

자기 행동이 분석과 예측의 대상이 된 당사자들은 결과에 대한 불길한 예측으로 미리 경계할 수 있으며, 따라서 이에 따른 행동의 수정이 이루어지고, 설사 그 예측이 아무리 정확한 분석에 따른 것이라 해도 결국 적중되지 않는 일도 생길 수 있다. 역사 의식이 풍부한 사람들에게는 역사의 반복이라는 것이 있기 어려운데, 그것은 연극의 등장인물들이 두 번째 상연 때에는 첫 번째 상연 때의 종막을 알고 있어서 그들의 행동이 지식의 영향을 받는 것과 같은 이치이다.[22]

볼셰비키 당원들은, 프랑스 혁명이 나폴레옹이라는 인물의 등장으로 끝장이 났다는 것을 알고 있었기 때문에, 자기들의 혁명도 같은 식으로 끝나지 않을까 두려워했다. 그래서 그들은 자기들의 지도자 가운데서 나폴레옹에 가장 흡사한 트로츠키(Trotsky)를 불신하고, 가

---

21) K. Mannheim, *Ideology and Utopia*(1936), p.130
22) 저자는 이 논점에 대해서 *The Bolshevik Revolution*, 1917~1923, i(1950), p.42에서 평론한 바 있다.

장 닮지 않은 스탈린을 신임했던 것이다. 이런 과정은 반대 방향으로 작용할 수도 있다. 어떤 경제학자가 경제적 현황에 대한 과학적인 분석에 입각하여 다가오는 호경기나 불경기를 예측했다고 하자. 그가 경제의 권위자이고 그의 주장이 타당하다면, 그것이 그의 예언이라는 사실 자체가 예측한 사태의 도래를 조장하게 되는 것이다. 역사적 관찰에 의거하여 전제정치는 오래갈 수 없다는 확신을 조성하는 정치학자들은 전제정치의 타도에 도움을 줄 수도 있다. 누구나 아는 바와 같이 선거에 나간 입후보자들은 자기 승리를 예언하는데, 이러한 예측은 승리를 더욱 쉽게 실현시키기 위한 의도적인 목적에서 나온 것이다. 그래서 경제학자나 정치학자나 역사가들이 예언을 할 때, 때에 따라서는 그들이 예측의 실현을 촉진하려는 무의식적인 희망에 사로잡혀 있지나 않나 하는 의심을 받는 것이다. 이같이 복잡한 관계에 대해 분명히 말할 수 있는 것은 관찰자와 그의 대상, 사회과학자와 그의 자료, 역사가와 그의 사실들과의 상호 관계는 연속적인 것이고 부단히 변화한다는 것이다. 이 점이야말로 역사와 사회과학의 두드러진 특징이라고 생각된다.

물리학적 세계와의 유사점

여기서 일부 물리학자들이 최근에 와서 물리 세계와 역사 세계와의 뚜렷한 유사성을 암시하는 듯한 어조로 자기 학문을 논하고 있는 점을 주목해야 할 것 같다. 첫째로, 그들의 연구 결과에는 불확실성의 원리가 내포되어 있다는 점이다. 역사에서 소위 결정론이라는 것의 본질과 한계에 대해서는 다음 강연으로 미루겠다. 그러나 현대 물리학의 불확실성이란 것도, 그것이 과연 우주의 본질 자체에 내재한 것인지, 아니면 우주에 대한 지금까지의 우리의 이해력이 부족했기 때문인지 단정하기는 어렵다.(이 문제는 아직 논쟁 중이다.) 어쨌거나 물리학에서 이런 불확실성과 역사에 대한 우리들의 예측 능력을 결부시켜서 그 사이에 의미심장한 유사성을 찾아본다는 데에 대해서는 의혹을 금할 수 없다. 몇 년 전에도 일부 광신자들은 우주 내에 자유 의지가 작용하고 있다는 증거를 이 같은 불확실성에서 찾을 수 있다고 해서 마찬가지로 의혹을 느꼈었다. 둘째로, 현대 물리학에서는 공간적인 거리도 시간적인 간격도 '관찰자'의 운동에 좌우되는 척도를 가지고 있다는 말을 우리는 듣고 있다. 현대 물리학에서는 모든 측정은 피할 수 없는 편차를 가지고 있는데, 그것은 관찰자와 그 대상 사이에 고정된 관계를 설정할 수 없다는 데에 기인한다. 즉, 관찰자와 그 대상——주체와 객체——은 다 같이 관찰의 최종 결과에 속하게 된다는 것이다. 이런 이야기를 약간 바꾸면 역사가와 그의 관찰 대상과의 관계에 그대로 적용될 수 있는 것이기는 하지만, 나로서는 이런 관계의 본질이 진정한 의미에서 물리학자와 그의 우주와의 관계의 성질과 비슷한 것이라는 주장은 납득할 수 없다. 물론 원칙적으로는 나도 역사가의 연구 방법과 과학자의 연구 방법의 틈새를 넓히기보다 좁히고 싶다. 그러나 불완전한 유사성을 이용해서 그 차이를 은폐하려 한다고 해도 아무 소용 없는 일이 된다.

　사회과학자나 역사가가 연구 대상 속에 말려들게 되는 그 관련성이란 것은, 자연과학자들의 경우와는 종류부터 다른 것이며, 주체와 객체와의 관계에서 발생하는 문제들도 훨씬 더 복잡한 것이지만, 이것으로써 이 문제가 끝나 버리는 것은 아니다. 17, 18, 19세기를 통하여 지배적이었던 고전적 인식론은 모두가 지각하는 주체와 지각되는 객체 사이에 명확한 이분법(二分法)을 전제로 하고 있었다. 그 과정이 어떻게 구상되었든 간에 철학자들에 의해 구성된 모델에서는 주체와 객체, 인간과 세계가 서로 분리된 것으로 제시되었다. 당시는 과학이 태어나고 발전하여 간 위대한 시기였으므로 인식론도 선구적인 학자들의 견해로부터 깊은 영향을 받았다. 인간은 외계와 날카롭게 대립하고 있었다. 그는 다루기 힘들고 적대적인 성질을 지닌 외계와 투쟁하고 있었던 것이다. 여기서 다루기 힘들다는 것은 이해하기 어렵기 때문이며, 적대적인 성질을 지녔다는 것은 정복하기 어려웠기 때문이다. 현대 과학의 성공과 함께 이러한 관점도 근본적으로 바뀌었다. 오늘날의 과학자들은 자연의 힘을 맞서 싸워야 할 상대라기보다는 협력하고 이용해야 할 대상으로 여기게 되었다. 고전적인 인식론은 이미 새로운 과학에는 적합치 않으며, 그중에서도 물리학의 경우는 특히 그러하다. 지난 50년 동안 철학자들이 고전적 인식론을 의심하기 시작하여, 인식의 과정은 주체와 객체를 아주 갈라놓는 것이 아니라 어느 정도까지는 양자간의 상호 관계와 의존 관계를 내포하는 것임을 인정하게 되었다는 것은 결코 놀라운 일이 아니다. 그러나 이것은 사회과학에서는 매우 중요한 일이다. 첫 번째 강연에서 나는 역사 연구가 전통적인 경험론에 입각한 인식론과는 조화되기 어렵다는 점을 말한 바 있다. 여기서 내가 주목하고 싶은 것은, 사화과학은 모두 다 주체와 객체의 엄격한 분리를 선언하는 어떠한 인식론과도 양립할 수 없다는 것이다. 그것은 사회과학이 보는 인간이란 주체인 동시에 객체이고, 연구자인 동시에 연구의 대상이기 때문이다. 사회학은 일관된 이론 체계를 갖춘 학문적 지위를 확립하려고 노력하는 동안——지극히 당연한 일이지만——지식 사회학이라는 부문을 만들어 냈다. 그러나 이 부문이 아직도 이렇다 할 성과를 보이지 못하고 있는 것은 아마도 전통적인 인식론의 울타리를 맴도는 데 만족하고 있기 때문이 아닌가 생각된다. 처음에는 현대 물리학의 충격 아래서, 오늘날에는 현대 사회과학의 충격 아래서 철학자들은 그 울타리를 뛰어넘기 시작했다. 피동적인 의식에 상황이 부딪친다는 인식 과정의 낡은 당구(撞球)식 모델보다도 새로운 모델을 구성하기 시작한 것이다. 이것은 사회과학, 특히 역사학에 대해서는 아주 길조였다. 이것은 상당히 중요한 문제이기 때문에, 역사에서 객관성이란 무엇을 의미하는가를 살필 때에 다시 논하기로 하겠다.

역사에서 신(神)에 대하여

마지막으로, 그러나 결코 소홀히 할 수 없는 것을 논해야겠는데, 그것은 역사는 종교와 도덕의 여러 문제들과 깊이 연계되어 있는 까닭에 과학 일반과는 물론 그밖의 사회과학과도 다를 수밖에 없지 않겠는가라는 견해에 대한 것이다. 종교에 대한 역사의 관계에 대해서는 나 자신의 입장을 밝히는 데 필요한 정도의 말로써 그치려 한다. 진지한 천문학자라도 신이 우주를 창조하고 지배한다는 것을 믿는 것은 가능하다. 그러나 신이 마음대로 유성(遊星)의 궤도를 바꾸어 놓고, 일식이나 월식을 늦추고, 우주의 운행규칙을 변경시킨다는 것은 믿을 수 없다. 같은 이치로서 종종 언급되는 바와 같이, 진지한 역사가란 신이 역사 전체의 행로를 명령하고 의미를 부여한다고 믿을 수는 있겠지만, 신이 아말레크인(Amalekites)의 학살에 참여한다든지, 여호수아(Joshua)의 군대를 돕기 위해 달력을 속여서 낮 시간을 연장시킨다든지 하는 구약성경식의 신을 믿을 수는 없다. 또한 개개의 역사 사실을 설명하기 위해 신을 끌어들일 수도 없다. 다아시(M.C.D' Arcy, 1888~) 신부는 그의 최근 저작에서 이상의 구분을 다음과 같이 시도해 보고 있다.

> 그것은 신의 섭리였다는 말을 가지고 역사의 모든 문제에 답하는 것은 연구자들의 취할 태도가 아니다. 우리들은 세속의 일이나 인간 세계의 드라마에 대해 그것을 완전히 처리한 후가 아니고서는 더 넓은 사고를 끌어들일 자격이 없다.[23]

이 같은 견해가 어색한 것은 종교를 트럼프의 조커(joker)처럼 다루면서, 다른 방법으로는 해 낼 수 없는 아주 중요한 속임수를 위해 남겨 놓았다는 점에 있다. 루터파 신학자인 칼 바르트(Karl Barth)가 신성한 역사와 세속적 역사의 완전한 분리를 선언하고, 후자를 속세 사람들에게 맡겨 놓았을 때 그의 태도는 썩 훌륭했다. 버터필드 교수도——내가 잘못 이해한 것이 아니라면——기술적인(technical) 역사라는 같은 뜻의 말을 하고 있다. 기술적인 역사란, 여러분이나 내가

---

23) M. C. D'Arcy, *The Sense of History : Secular and Sacred*(1959), p.164. 폴리비우스(Polybius)는 그보다 앞서서 다음과 같이 말하고 있다. "사건의 원인을 찾아낼 수 있는 경우에 신에 의지해서는 안된다." 〔K. von Fritz, *The Theory of the Mixed Constitution in Antiquity*(N.Y.,1954), p.390에서 인용.〕

항상 쓰기를 좋아하고, 버터필드 교수 자신이 지금껏 써 온 유일한 역사이다. 그러나 그는 이처럼 별스러운 명칭을 사용함으로써 우리로서는 관심을 둘 필요가 없는 밀교적인, 혹은 섭리적인 역사를 믿을 권리를 남겨두고 있다. 베르댜예프(Berdyaev)나 니부어(Niebuhr)나 마리탱(Maritain) 같은 저술가들은 역사의 자율적 지위를 유지한다는 뜻에서 그렇게 주장하는 것이겠지만, 역사의 목적이나 목표는 역사 밖에 있다고 주장한다. 내 개인적인 소견으로는 역사의 통합성을 그 의미와 중요성을 의존하는 어떤 초월적인 힘——그 힘이 선택받은 백성의 신이든, 그리스도교의 신이든, 자연신론자들의 보이지 않는 손이든, 헤겔의 세계 정신(World Spirit)이든간에——에 대한 신앙과는 조화시키기 어렵다고 여겨진다. 이 강연의 목적을 살리기 위해서라도 나는 역사가란 자기의 문제를 신의 신통력 따위에 의지하지 않고 풀어 나가야만 한다는 것, 그리고 역사란 이를테면 조커 없이 하는 트럼프 놀이와 같은 것이라고 생각하기로 하겠다.

도덕에 대한 역사의 관계는 더욱 복잡한 문제이며, 이 문제에 대한 지난날의 논의에는 몇 가지의 애매한 점이 내포되어 있다. 역사가는 자신이 다루는 역사적 인물의 사생활에 대해 도덕적 판단을 내릴 필요가 없다는 주장은 오늘날 새삼스러울 것이 없다. 역사가와 도덕가는 그 입장이 다른 것이다. 헨리 8세는 불성실한 남편이면서도 훌륭한 국왕이었다. 그러나 역사가는 헨리 8세의 불량한 남편이라는 자질에 관한 것은, 그것이 역사적 사건에 영향을 준 한계 안에서만 관심을 가질 뿐이다. 만일 그의 도덕적인 비행이 헨리 2세의 경우에서처럼 공적인 문제에 이렇다 할 영향을 끼치지 않았다면 역사가는 그것에 마음을 쓸 필요가 없다. 이 점은 미덕도 악덕도 마찬가지이다. 파스퇴르(Pasteur)나 아인슈타인은 사생활에서 모범적이라기보다 성자와 같은 인물이었다고 한다. 그러나 설사 그들이 불성실한 남편, 잔인한 아버지, 절제 없는 동료였다고 한들 그들의 업적이 손상받겠는가. 역사가들이 중점을 두는 것은 이런 점이다. 스탈린은 두 번째 아내에게 잔인하고 무정했다고 한다. 그러나 나는 소비에트 문제를 연구하는 역사가의 한 사람으로서 나 자신이 이런 점에 마음이 팔려 있다고는 생각지 않는다. 그렇다고 개인적 도덕은 무시되어도 무방하다거나, 도덕의 역사는 역사의 중요한 부분이 아니라는 뜻은 아니다. 다만 역사가들은 자기 책 속에 나타나는 개인들의 사생활에 도덕적 판단을 내리기 위해 옆길로 비켜나갈 수는 없다는 것이다. 그에게는 따로 할 일이 있는 것이다.

역사가는 재판관이 아니다

공적(公的)인 행위에 대해 도덕적 판단을 내린다고 할 때에는 좀 더 중대한 애매성이 나타나게 된다. 역사가에게는 자기가 취급하는 등장 인물에 대해 도덕적 판단을 내릴 의무가 있다는 믿음에는 오랜 유래가 있다. 아마도 19세기의 영국에서처럼 이 신앙이 돈독했던 유래는 없을 것이다. 당시의 도덕주의적인 시대 풍조와, 개인주의에 대한 무제한의 숭배열이 다 같이 이를 굳혀 주었기 때문이다. 로즈베리(A. P. P. Rosebery, 1847~1929)는, 영국인들이 나폴레옹에 대해 가장 알고 싶어했던 것은 그가 '선인'인가 아닌가 하는 점이었다고 말한 바 있다.[24] 액튼은 크레이튼(Mandell Creighton, 1843~1901 영국의 역사가)

에게 보낸 편지 속에서, "도덕적 규범의 확고부동함이야말로 역사의 권위와 품위 및 효용의 숨은 비결이다."라고 천명하고, 역사를 "분쟁의 중재자, 길 잃은 자에 대한 안내자, 세속적 권력과 종교적 권력에 의하여 끊임없이 깎아내리려 하는 도덕적 기준의 선양자"[25]로 만들어야 한다고 주장했다.——이 견해는 역사적 사실의 객관성과 우월성에 대한 액튼의 신비적이라고도 할 만한 신앙에 토대를 둔 것이며, 동시에 이는 역사가들에게 역사적 사건에 등장하는 개인들에 대한 도덕적 판단을 일종의 초역사적 권력인 역사의 이름 아래로 끌어내릴 수 있는 의무와 자격을 분명히 부여하고 있다. 이 태도는 오늘날에도 종종 의외의 형태로 재현되는 것을 보게 된다. 토인비 교수는 무솔리니의 1935년의 아비시니아(Abyssinia) 침략을 "고의로 범한 개인적인 죄악"[26]이라고 기술했다. 또 이사야 벌린 경은 위에서 인용한 논문에서 "찰스 대제, 나폴레옹, 칭기즈칸, 히틀러, 스탈린 등을 그들이 범한 학살 행위를 단죄하는 것"[27]이 역사가의 의무라고 열렬히 주장하고 있다. 이런 견해에 통렬한 반박을 가한 것이 노울즈(David Knowles, 1896~1974) 교수였다. 그는 취임 강연에서 모틀리(John Lothop Motley,

---

24) Rosebery, *Napoleon: The Last Phase*, p.364

25) Acton, *Historical Essays and Studies* (1907), p.505

26) *Survey of International Affairs*(1935) ii, 3.

27) Isaiah Berlin, *Historical Inevitability*, pp.76~77. 이사야 경의 태도는 19세기의 완고한 보수적 법률가 피츠제임스 스테반(Fitzjames Stephen)의 다음과 같은 견해를 생각나게 한다. "이와 같이 형법은 범죄자를 미워한다는 것이 도덕적으로 정당하다는 원리로부터 출발한다.……바람직한 일은 범죄자가 미움을 받아야 한다는 것, 그리고 그들에게 가해지는 처벌은 건전한 자연 감정을 표출하고 충족시키기 위한 수단인 법률 조문으로써 이를 정당화하고 고취할 수 있는 한도까지 그 증오를 표시

1814~ 1877)가 필립 2세에게 가한 공격인 "만일 악덕치고 그가 범하지 않은 것이 있다면, 그것은 인간성은 악에서조차도 완전에 도달할 수 없다는 이유 때문이다."와, 스텁스(William Stubbs, 1825~1901)의 존 왕에 대한 기술, "한 인간을 욕되게 할 수 있는 온갖 죄악으로 더럽혀진"을 인용하여 역사가의 권한 내에 들어 있지 않은 개인의 도덕적 판단의 예로 삼았다. "역사가는 재판관이 아니며, 사형 선고만을 내리는 가혹한 재판관은 더욱 아니다."[28]라는 것이다. 그러나 이 점에서는 크로체(Croce)도 훌륭한 구절을 남기고 있으므로 그것을 인용하기로 하겠다.

비난할 때 우리들이 잊어버리는 것은 우리들의 법정(법률상의 것이건 도덕상의 것이건 간에)은 현재 살아서 활동하고 있는 위험한 사람들을 위하여 마련된 현대의 법정인데, 피고들은 이미 당시의 법정에서 심판되었고 두 번이나 유죄라든가 무죄라든가의 판결을 받을 수는 없다는 커다란 차이이다. 어떤 법정이건 지금 그들이 책임을 질 수는 없다. 왜냐하면 그들은 과거의 평온 속에 사는 역사의 국민이어서 그들의 행적에 숨겨진 정신을 파악하고 이해하려는 판결 이외에는 어떤 판결도 받을 수 없기 때문이다.……역사를 쓴다는 구실 아래 마치 재판관이나 된 듯이 여기서는 유죄, 저기서는 무죄 판결

하고 정당화하도록 안출되어야만 한다는 것이다."(*A History of the Criminal Law of England*, 1883, ii , pp.81~82. 인용은 L. Radzinowicz, *sir James Fitzjames Stephen*, 1957, p.30에서) 이상의 견해는 이미 범죄학자들의 광범한 지지를 잃고 있다. 그러나 여기에서 내가 밝히려는 점은, 그것이 다른 분야에서 아무리 타당하더라도 역사의 판결에는 적용될 수 없다는 점이다.

28) D. Knowles, *The Historian and Character*(1955), pp.4~5,12,19

을 내리는 식으로 법석을 떨며, 이것이야말로 역사가의 직책이라고 생각하는 사람이 있는데……이런 사람은 일반적으로 역사적 감각이 결여되어 있다고 인정된다.[29]

그리고 히틀러나 스탈린——만일 원한다면 매카시(McCarthy) 상원의원——에 대해 도덕적 판단을 내리는 것은 우리의 할 일이 아니라는 주장에 대해서 혹 이의를 제기하는 분이 있을지도 모르지만, 그것은 그들이 우리들 중의 대부분과 동시대인이기 때문이며, 그들의 행위로 인해 직접 간접으로 피해를 받은 수십만의 사람들이 아직도 생존해 있기 때문이다. 또한 분명히 이런 이유로, 우리가 역사가로서 그들에게 접근하기가 어렵고, 또 그들의 행위에 판결을 내린다는 일을 정당화할 수 있는 역사가와는 별개의 자격을 포기한다는 것도 쉽지 않기 때문이다. 이것은 현대사가들이 당면한 하나의 난점, 아니 최대의 난점이라고 해도 무방할 것이다. 그러나 그렇다고 하더라도 오늘날 샤를마뉴 대제나 나폴레옹의 죄를 규탄해서 누가 어떤 이득을 얻을 수 있겠는가.

도덕적 판단의 기준

그러므로 역사가는 엄격한 재판관이라는 사고를 버리도록 하자. 그리고 과거의 개인에 대해서가 아니라 사건·제도·정책에 대해서

---

29) B. Croce, *History as the Story of Liberty*(영문판 1941), p.47

도덕적 판단을 내리는, 좀더 어렵기는 하나 좀더 이득 있는 문제로 눈을 돌리기로 하자. 이것은 역사가의 중요한 판단이다. 개인에 대한 도덕적인 단죄를 열을 올려 주장하는 사람들은 때로 무의식중에 집단이나 사회 전체를 위한 알리바이를 제공해 줄 수 있다. 프랑스의 역사가 르페브르(Georges Lefebvre, 1874~1959)는 프랑스 혁명을 나폴레옹 전쟁의 참화와 유혈의 책임에서 벗어나게 해 주기 위해, 그런 참화와 유혈은 "그 기질이…… 평화와 온건을 달갑게 받아들일 줄 모르는 ……… 한 장군의 독재" 때문이라고 했다.[30] 오늘날 독일 사람들은 히틀러의 개인적인 부도덕성에 대한 단죄는 환영한다. 이것은 히틀러를 배출한 사회에 대한 역사가들의 도덕적 판단의 만족할 만한 대용물이다. 러시아인 · 영국인 · 미국인들도 스탈린이나 체임벌린(Neville Chamberlain, 1898~1940)이나 매카시에 대한 개인적인 공격에 잘 합세한다. 그러나 그들 역시 자기들의 집단적 과오에 대한 희생물에 불과하다.

게다가 개인에 대한 도덕적 판단에서 찬미적인 태도를 취한다는 것도 개인에 대한 도덕적인 규탄과 꼭 같이 잘못되고 유해한 것일 수도 있다. 일부 노예 소유주들은 고결한 인사들이었다고 인정하는 것은, 노예제도를 비도덕적인 것이라고 단죄하지 않게 하기 위한 구실로서 늘 이용되어 왔다. 막스 베버(Max Weber)는 '자본주의란 노동자와 채무자들을 몰아넣고 있는 주인 없는 노예제'라는 것을 말하면서 역사가는 도덕적 판단을 제도에 대해 내려야지, 그것을 만들어 낸 개인에게 내려서는 안된다고 주장하는데, 이것이 정당한 태도이다.[31]

---

30) *Peuples et Civilisations* vol. xiv : *Napoléon*, p.58

역사가는 동방의 전제 군주 개개인에 대한 판결에 끼어들지 않는다. 그렇다고 해서 동방의 전제 군주 제도와 페리클레스 시대의 아테네의 제도와의 차이에 무관심해도 좋다든가, 어느 쪽도 두둔하지 말아야 한다는 것은 아니다. 그는 노예 소유주 개인에게는 심판을 내리지 않을 것이다. 그러나 그로 말미암아 노예 소유제 사회를 단죄하는 일에 방해가 되지는 않는다. 이미 본 것처럼, 역사적 사실이란 어느 정도까지는 해석이라는 것을 전제하고 있으며, 역사적 해석은 언제나 도덕적 판단, 그리고——여러분이 좀더 온건한 어감의 용어를 좋아한다면——가치 판단을 내포하는 것이다.

그러나 이상은 우리들의 어려움의 시작에 불과하다. 역사란 하나의 투쟁과정으로서, 그로부터 나타나는 여러 결과는 그것을 좋게 판단하든 나쁘게 판단하든 직접 간접적으로——간접적인 경우보다는 직접적인 경우가 많다——한 집단이 다른 집단을 희생시켜서 성취한 것이다. 결국 지는 편이 손해를 보는 것이다. 역사에는 고난이 따르게 마련이다. 모든 위대한 역사 시기에는 승리와 더불어 희생이 뒤따르는 법이다. 이는 아주 복잡한 문제이다. 왜냐하면 우리에게는 한쪽의 증대된 행복을 다른 쪽의 희생과 대비시켜 결산할 수 있는 척도가 없기 때문이다. 그러나 어떤 식으로든 그런 척도는 만들어져야 한다. 또 이것은 역사에만 한정된 문제도 아니다. 일상생활에서도 좀더 적은 악을 택해야 한다든가, 장차 선을 이끌어 낼 조짐이 있는 악을 택하지 않으면 안되는 불가피한 경우는, 우리가 때때로 기꺼이 수용하려는 경우보다 더 자주 있다. 역사에서는 이 문제가 〈진보의 대가〉라든가 〈혁명의

---

31) *From Max Weber: Essays in Sociology*(1947), p.58에서 인용

대가)라는 제목 아래 논의되곤 한다. 그러나 이것은 우리를 오류로 이끈다. 베이컨(Bacon)이 《혁신에 대하여》라는 논설집에서 언급하고 있듯이 "관습의 완강한 지속력은 혁신과 같이 난폭한 것"이다. 특권 없는 사람들이 치르는 보수의 대가는 특권을 박탈당한 사람들에게 부과되는 혁신의 대가만큼이나 무거운 것이다. 어떤 사람의 불행은 다른 사람의 행복으로서 정당화될 수 있다는 주장은 모든 정치 속에 깃들여져 있는 것인데, 이것은 똑같이 보수적이기도 하고 급진적이기도 한 명제이다. 존슨(Samuel Johnson, 1709~84 영국의 문학자) 박사는 '보다 작은 악'이라는 이론을 내세워 현존하는 불평등의 유지를 정당화한 일이 있다.

모두가 평등한 상태가 되면 아무도 행복한 사람이라고는 없을 테니까 차라리 일부 사람들이 불행한 편이 낫다.[32]

그러나 이 문제가 가장 극적인 형태를 띠고 나타나게 되는 것은 격렬한 변혁기이다. 따라서 이 문제에 대한 역사가들의 태도를 가장 쉽게 연구할 수 있는 것도 이런 시기이다.

---

32) Boswell, *Life of Doctor Johnson*(1776, Everyman ed., ii, p.20) 이것은 솔직하다는 것이 장점이다. ; 부르크하르트(*Judgements on History and Historians*, p.85)는 '일반적으로 자기 소유물 이외에 아무것도 바라지 않았던' 진보의 희생자들의 '묵살된 비탄'에 대해서는 눈물을 흘렸으나, 일반적으로 간직할 것이란 아무것도 없었던 앙시앵 레짐(ancien régime)의 희생자들에 대해서는 그 자신 아무 말도 안하고 있다.

시체의 산을 넘어서

1780년 무렵에서 1870년에 걸쳐 일어난 대영제국의 산업화의 이야기에서 예를 끌어내 보자. 사실상 모든 역사들은 산업혁명을 아마도 아무런 이의 없이 하나의 거대한 진보적인 업적으로 취급할 것이다. 또 역사가들은 토지로부터 농민들을 쫓아내고 불건강한 공장과 비위생적인 거주지에 노동자를 무더기로 수용하고 어린이들까지 노동시키는 이야기를 기술할 것이다. 아마도 그들은 폐단이 생긴 것은 제도의 운영이 잘못되었기 때문이고, 어느 고용주가 다른 고용주보다 더 무자비했기 때문이라고 말할 것이다. 그들은 또 일단 이 제도가 확립되고 난 뒤로는 인도주의적인 양심이 점점 성장하게 되었다는 점을 열렬히 주장할 것이다. 그럼에도 불구하고, 아마 말로는 하지 못할망정 강제와 착취의 여러 방책이 적어도 초기 단계에서는 산업화에 따른 대가의 불가피한 부분이었음을 인정할 것이다. 대가라는 점에 치중해서 차라리 진보의 발길을 멈추고 공업화를 하지 않은 편이 좋았다고 하는 역사가를 나는 들어본 적이 없다. 만일 그런 역사가가 있다면 그는 틀림없이 체스터턴(Gilbert Keith Chesterton, 1874~1936)이나 벨록(J. H. P. Belloc, 1870~1953)의 계열에 속한 사람일 것이다. 지극히 당연한 이야기이지만 제대로 된 역사가 치고 이런 사람을 상대해 줄 사람은 없다. 이 예는 나에게는 특별히 흥미가 있다. 왜냐하면 머지않아 나는 소비에트 러시아에 대한 나의 역사적 연구에서 농민의 집단화 문제를 공업화에 따른 대가의 일부분으로서 취급하려고 마음먹고 있기 때문이다. 그러면서도 나로서 충분히 감지하는 것은, 만일 내가 영국의 산업혁명에 대한 역사가들의 모범을 본받아서, 한편으로 집단화에서의 잔인 행위와 그 악폐를 한탄하면서도, 그 과정을 바람직하고 필요하기도 한 산업화 정책에 뒤따른 불가피한 대가의 일부분으로 논한다면, 나는 시니시즘(Cynicism)과 악행에 관대하다는 비난을 받게 될 것이라는 점이다. 역사가들은 19세기에 서양 제국이 감행한 아시아·아프리카의 식민지화를 세계 경제에 끼친 그 직접적인 영향 때문만이 아니라, 양 대륙의 후진 여러 민족에 대한 장기적인 결과를 이유로 이를 관용하고 있다. 결국 현대의 인도는 영국 지배가 낳은 자식이며, 현대 중국도 19세기 서구 제국주의에 러시아 혁명의 영향을 섞어놓은 것이라는 이야기가 된다. 그러나 지금까지 살아남아 중국 혁명에서 쟁취한 영광과 이익을 누리는 사람들은, 불행하게도 조약항(條約港)의 서양인 소유의 공장이나 남아프리카의 광산이나, 제1차 대전 때의 서부전선에서 일하던 중국 노동자들이 아니다. 대가를 지불한 사람들이 혜택을 받는 것은 드문 일이다. 엥겔스(Engels)의 유명하고 화려한 다음 구절은 기분 나쁠 정도로 적절하다.

> 역사는 모든 여신들 가운데서도 가장 잔인한 여신일 것이다. 전쟁에서뿐만 아니라 '평화적인' 경제 발전에서도 이 여신은 시체더미를 넘어서 승리의 전차를 몰고 다닌다. 불행하게도 너무나도 우둔한 우리 남녀들은 견딜 수 없을 정도의 고난에 시달리지 않고서는 진정한 진보를 위한 용기를 불러일으키려고 하지 않는다.[33]

이반 카라마초프의 유명한 반항적인 제스처는 과장된 오류이다. 우리들은 사회 속에서 태어났고, 역사 속에서 태어났다. 우리에게는

---

33) 1893년 2월 24일자, Danielson에게 보낸 서간(Karl Marx and Friedrich Engels: *Correspondence*, 1846~1895, 1934, p.510)

받아들이는 것과 거부하는 것의 선택이 허용되는 입장권이 주어지는 경우가 없다. 역사가는 고난이라는 문제에 대해서는 신학자 이상의 결정적인 대답을 가지고 있지 못하다. 그 역시 결국에는 좀더 작은 악과 좀더 큰 선이라는 명제 위에 주저앉게 마련이다.

초(超)역사적 가치라는 것이 있는가

역사가는 과학자와는 달리, 다루는 자료의 성질로 말미암아 이들 도덕적 판단의 문제 속에 끌려들어 가게 된다는 사실은, 역사가 가치라고 하는 초역사적인 기준의 지배를 받는다는 뜻이 되지 않을까? 나는 그렇다고 생각하지 않는다. '선'이나 '악', 혹은 이들을 더욱 복잡하게 발전시킨 추상적 개념 같은 것이 역사의 영역 밖에 놓여 있다고 가정해 보자. 그러나 그렇다고 해도 이런 추상 개념은 수학 공식이나 논리학의 공식이 자연과학에 대해 하는 것과 동일한 역할을 역사적 도덕의 연구 분야에서 하고 있는 것이다. 그것들은 사고의 불가결한 범주이기는 하나 거기에 특수한 내용이 담겨지기 전에는 아무런 의미도 쓸모도 없다. 여러분이 좀 색다른 비유를 좋아한다면, 우리가 역사나 일상생활에서 적용하고 있는 도덕적 기준이란 수표와도 같은 것이라고 말할 수도 있겠다. 거기에는 인쇄된 부분과 적어 넣는 부분이 있다. 인쇄된 부분은 자유와 평등, 정의와 평등, 정의와 민주주의 같은 추상적인 말로 되어 있다. 이런 것은 필수불가결의 범주이리라. 그러나 우리가 어느 정도의 자유를 누구에게 주려고 하는가, 누구를 우리와 동등하게 인정하려 하는가, 그것은 또 어느 정도까지인가 하는 것들을 다른 공백 부분에 적어 넣기 전에는 그 수표는 쓸모없는 것이다. 우리가 그때그때의 경우에 따라 수표의 내용을 기입해 나가는 방식이야말로 바로 역사의 문제인 것이다. 즉, 추상적인 도덕관념에 특수한 역사적 내용이 담겨져 가는 과정이 하나의 역사적 과정인 것이다. 사실 우리의 도덕적 판단은 그 자체가 역사의 창조주인 하나의 관념적인 틀 속에서 내려지는 것이다. 도덕적 문제에 관해서 오늘날 유행되고 있는 국제적 논쟁의 형태는 자유와 민주주의에 대한 요구의 싸움이다. 관념이란 추상적이고 보편적인 것이다. 그러나 그 속에 담겨지는 내용은 시간과 장소의 차이에 따라 역사를 통해 변해 내려왔다. 따라서 이런 관념을 적용하는 실제적인 문제는 역사적인 조건 아래서만 이해될 수 있고 논의되어야 한다. 이에 대해 약간은 통속적인 예를 들어 보자. 경제 정책의 여부를 검토하고 객관적이고도 확고한 기준으로서 '경제적 합리성'이라는 개념을 사용해 보려는 시도가 계속되어 왔다. 그러나 이 시도는 즉시 좌절되고 말았다. 고전 경제학의 법칙 아래서 자란 이론가들은 원칙적으로 계획이라는 것을 합리적인 경제 과정에 대한 일종의 불합리한 침범이라고 비난한다. 예를 들면, 계획의 입안자들은 가격정책에서 공급과 수요의 법칙에 따를 것을 거부했기 때문에 계획적 가격이란 합리적인 근거가 없다는 것이다. 물론 계획자들이 종종 비합리적으로, 따라서 어리석게 행동하는 것도 사실일지 모른다. 그러나 그들을 판정할 기준은 고전 경제학의 낡은 '경제적 합리성'이 아니다. 나 자신으로서는 반대편의 견해, 즉 본질적으로 비합리적이었던 것은 통제도 없고 조직도 없는 자유방임의 경제이고, 계획이란 것은 이런 과정 속에 '경제적 합리성'을 도입하려는 것이라는 견해에 동감이다. 여기서 내가 강조하고 싶은 단 한 가지의 논점은, 추상적이고 초역사적인 기준을 세워 놓고서 그것에 의해 역사적 행동을 판가름할 수는 없다는 것이다. 양편 모두가 이런 기준 속에 자기들의 역사 조건과 욕망에 알맞는 특별한 내용을 담아 넣고 보게 마련인 것이다.

가치의 역사적 피제약성(被制約性)

이것은 역사적 사건이나 상황에 판정을 내려 줄 수 있는, 초역사적인 기준이나 표준을 세워 놓으려고 하는 사람들에 대한 정직한 비판이다.──그 기준이 신학자들이 신봉하는 신의 권능에서 나온 것이든 계몽주의 철학자들이 신봉하는 정적(靜的)인 이성이나 자연에서 나온 것이든 그런 것은 상관할 것 없다. 기준을 적용할 때 결함이 생겼다거나, 기준 그 자체에 결점이 있다든가 하는 것도 아니다. 기준을 설정하려는 시도 그 자체가 비역사적이고 역사의 본질에 어긋나는 것이다. 이것은 역사가가 그 직책상 끊임없이 제기해야 할 모든 문제에 대해서도 도그마틱한 해답을 제공하는 것이다. 이런 문제들에 대한 해답을 미리 받아들이는 역사가는 눈감고 일에 착수하는 것이며, 그것은 자기 직무를 포기하려는 것이나 다름없다. 역사는 운동이고, 운동에는 비교가 내포된다. 역사가들이 도덕적 판단을 표현할 때에 '선'이나 '악' 등의 타협의 여지가 없는 결정적 용어보다는 '진보적'이라든가 '반동적'이라든가 하는 등의 비교적인 성질을 가진 말을 사용하는 경향이 있는 것은 바로 그 때문이다. 이것은 여러 가지 사회나 역사 현상을 어떤 절대적 기준과의 관련 아래서 규정짓자는 것이 아니라 서로서로의 상호 관계에서 규정하려는 기도이다. 뿐만 아니라 이른바 절대적이고 초역사적인 가치라고 하는 것들도 일단 검토해 보면 사실상 그 뿌리는 역사에 박혀 있다는 것이 밝혀진다. 특별한 가치나 이상이 일정한 시간과 장소에 나타나게 된다는 것은 장소와 시간이라는 역사적 조건에 의해 설명된다. 평등·자유·정의·자연법 등의 가설적인 절대자들도 그 실제 내용은 시대에 따라 변하고 대륙에 따라 달라진다. 모든 집단은 역사에 뿌리박은 자신의 가치를 가지고 있다. 모든 집단은 이질적인 부당한 가치의 침입으로부터 자기를 보호하고 있다. 이런 것에 대해 부르주아적이고 자본주의적이라든가, 비민주적이고 전체주의적이라든가, 좀더 조잡한 경우에 비영국적이고 비미국적이라든가 하는 치욕적인 별명으로 낙인을 찍어 놓는 것이다. 사회로부터 유리되고 역사로부터 유리된 추상적 기준이나 가치는 추상적인 개인과 마찬가지로 하나의 환상에 지나지 않는다. 성실한 역사가란 모든 가치의 역사적 피제약성(被制約性)을 가려 볼 줄 아는 사람을 일컫는 것이지, 자기 자신의 가치에 대해 역사를 초월한 객관성을 요구하는 사람을 말하는 것이 아니다. 우리가 가진 믿음이나 우리가 설정하는 판단 기준이라는 것도 역사의 일부분이기 때문에, 역사적 연구의 대상이라는 점에서는 인간 행위의 다른 측면과 조금도 다를 바가 없다. 오늘날 완전한 독립성을 주장할 수 있는 과학이란 거의 없고, 사회과학의 경우는 특히 그렇다. 그러나 역사는 외부적인 어떤 사물에 대해서도 근본적인 의존 관계를 갖고 있지 않다는 점에서 그밖의 과학과 구별된다.

좀더 과학적으로

그러면 여기서 역사를 과학 속에 포함시켜야 한다는 주장에 대해 내가 말하고자 한 바를 요약해 보겠다. 과학이란 용어는 이미 자주 여러 가지 방법과 기술을 사용하고 있는 각양각색의 지식 분야를 총칭하는 말이다. 그렇기 때문에 역사를 과학에 포함시키려는 사람들보다도 오히려 역사를 과학에서 제외시키려는 사람들 쪽에서 그 책임을 짊어지게 될 것이다. 역사를 과학에서 제외하자는 논의가 자기들의 선택된 집단으로부터 역사가들을 쫓아내고 싶어하는 과학자들 편에서 나온 것이 아니라, 인문학의 일부분으로서의 역사학의 지위를 옹호하기에 급급한 역사가나 철학자들에서 나왔다는 것은 의미심장한 사실이다. 이 논의에는 인문학과 과학 사이의 옛날식 구분에 따른 편견이 반영되어 있다. 이에 따르면, 인문학은 지배 계급의 넓은 교양을 말하는 것이고, 과학이란 이들에게 봉사하는 기술자들의 기능을 말했던 것이다. 따라서 이 같은 의미에서 인문학이나 ‘인문’이라는 말 자체는 낡은 편견의 산물이다. 과학과 역사학의 대립이라는 것도 영어 이외의 언어에서는 전연 뜻을 이룰 수 없다는 사실만을 보더라도 이 편견이 얼마나 옹졸한 섬나라 근성에서 나온 것인가를 알 수 있다. 역사는 과학이 아니라는 주장에 대해 내가 반대하는 주된 이유는 그것이 이른바 ‘두 문화’ 사이의 균열을 정당화하고 영구화하는 것이 되기 때문이다. 나로서는 역사가와 지질학자를 갈라놓고 있는 간격이 지질학자와 물리학자를 갈라놓고 있는 간격보다 더 깊다거나 메우기 어렵다고는 믿지 않는다. 그러나 내 소견으로는 역사가에게 초보 과학을 가르친다든가, 과학자에게 초보 역사를 가르치는 것이 아니라고 본다. 우리가 이런 막다른 골목에 끌려 들어가게 된 것은 사고방식의 혼란 때문이다. 하여간 과학자들 자신은 이런 식의 일은 하지 않는다. 기술자들에게 식물학의 초급 강의를 들으라고 권했다는 이야기는 들어 본 적도 없다.

내가 말하고자 하는 구제책의 하나는 우리의 역사학의 수준을 높이는 것——감히 말한다면——그것을 좀더 과학적인 것으로 만드는 것, 역사를 연구하는 사람들에 대한 우리들의 요구를 좀더 엄격히 하는 것이다. 이 대학 '케임브리지'에서도 교과 과목의 하나가 되어 있는 역사 과목은, 때로는 고전은 너무 어렵고 과학은 너무 딱딱하다고 생각되는 경우가 없지 않다. 이 강연을 통해 내가 여러분에게 전하고 싶은 하나의 감상은, 역사학이란 고전보다도 훨씬 어렵고 어떤 과학에도 못지않게 딱딱한 학과라는 것이다. 하여간 이상의 구제책은 역사가들 자신부터가 자기가 하고 있는 일에 대한 좀더 강한 신념을 가져야 한다는 것을 뜻한다. 찰스 스노우(Charles Percy Snow, 1905~1980)경은 이 주제를 취급한 최근의 강연에서 과학자들의 '성급한' 낙관주의를, 소위 말하는 '문학적 지식인'들의 '소곤거리는 목소리'나 '반사회적 감정'에 대조시키고 있다.[34] 역사가들 중에도 —— 역사가가 아니면서 역사에 관한 것을 쓰는 사람들 중에는 더 많다 ——이러한 '문학적 지식인'의 부류에 속하는 사람들이 있다. 그들은 역사는 과학이 아니라든가, 역사는 무엇일 수 없고 무엇이어서는 안된다든가, 역사는 무엇을 할 수 없고 해서는 안된다든가 하는 설명이나 이야기에 너무 바빠서, 실제로 역사 연구를 성취하거나 역사의 가능성을 살릴 시간적 여유조

---

34) C. P. Snow, *The Two Cultures and the Scientific Revolution*(1959), pp.4~8

차 가지지 못할 지경이다.

과학과 역사의 간격을 메우기 위한 또 하나의 해결 방법은, 과학자나 역사가나 그 목적하는 바는 동일하다는 좀더 깊은 이해를 증진하는 것이다. 과학사(科學史)와 과학 철학에 대한 새로운 관심이 고조되고 있는데, 그 중요한 가치도 이러한 점에 있다. 과학자·사회과학자·역사가는 모두가 동일한 연구의 다른 분야에 종사하고 있다. 즉, 인간과 그 환경에 관한 연구, 다시 말해 환경에 대한 인간의 작용과 인간에 대한 환경의 작용을 연구하고 있다. 연구의 목적은 동일하다. 즉, 자기 환경에 대한 인간의 이해력과 지배력을 증대시키는 것이 그 것이다. 물리학자·지질학자·심리학자·역사가의 전제와 방법은 세부적으로는 큰 차이가 있다. 그렇다고 해서 나는 역사가들이 좀더 과학적으로 되려고 더욱 충실하게 자연과학의 방법에 따라야만 한다는 주장을 받아들이는 것은 아니다. 그러나 역사가와 자연과학자는 설명을 구하는 근본 목적에서나, 문제를 제기하고 이에 답하는 근본 절차에서나 모두 마찬가지라는 것이다. 역사가도 그밖의 과학자들과 마찬가지로 '왜'라는 의문을 부단히 제기하는 동물이다. 다음 강연에서는 역사가가 문제를 제기하고 그 문제에 답해 나아가는 모든 방법에 대해 검토해 보기로 하겠다.

4 역사의 인과관계

4 역사의 인과관계

역사의 연구는 원인의 연구

우유를 냄비에 넣고 끓이면 끓어 넘친다. 나는 그것이 왜 그렇게 되는가를 알지 못하며, 또한 알아보려고 한 일도 없다. 만일 꼭 대답해야만 한다면, 우유에는 끓어 넘는 성질이 있기 때문이라고나 할까. 이것은 틀림없는 사실이기는 하지만, 아무것도 설명했다고는 할 수 없다. 결국 이런 경우에 나는 자연과학자는 아니다. 이와 마찬가지로, 사람들은 과거의 사건에 대해서 그것이 왜 일어났는가를 알려고 하지도 않은 채로 그것에 관한 것을 읽을 수도 있고, 심지어는 쓸 수도 있고, 혹은 제2차 세계대전은 히틀러가 전쟁을 원했기 때문에 일어났다고 말하고 만족할 수도 있다. 다만 이런 사람들은 자기가 역사를 연구하는 사람, 혹은 역사가라고 자칭하는 실례만은 삼가 주어야 하겠다.

역사의 연구는 원인의 연구이다. 역사가는 내가 첫 번 강연의 마지막 대목에서 말한 것처럼 '왜?'라는 물음을 부단히 추궁하는 것이며, 해명의 희망이 있는 한 쉴 수는 없는 것이다. 위대한 역사가──아니 좀 더 넓은 의미에서는 위대한 사상가──란 새로운 사물에 대해서, 혹은 새로운 상황에 처했을 때에 '왜?'라는 의문을 제기하는 사람을 말한다.

　　역사의 시조인 헤로도토스(Herodotos)는 자기 저작의 첫머리에서, 그리스인들과 야만인들의 행위에 관한 기억을 보존하는 것, "그리고 특히 그들이 서로 왜 싸우게 되었는가의 원인을 밝히는 것"이 그의 목적이라고 규정하고 있다. 고대 세계에서는 헤로도토스의 뒤를 이은 제자는 거의 없었다. 투키디데스(Thucydides)조차도 인과 관계에 대한 뚜렷한 관념이 결여되고 있다는 비난을 받아 왔을 정도이다.[1] 그러나 18세기에 이르러서 근대적인 역사 서술의 기초가 잡히기 시작했을 무렵에 몽테스키외는 《로마인들의 위대성과 성쇠의 원인에 대한 고찰》 속에서 "모든 왕조에 작용하여 그 흥기와 유지와 몰락을 초래하는 도덕적 및 물질적 일반 원인이 있다."는 원리와 "발생되는 모든 사건은 이러한 모든 원인에 의해 좌우된다."는 원리를 자신의 발생점으로 삼았다. 그는 수년 후에 《법의 정신》에서도 이 관념을 발전시켜서 일반화한 바 있다.

　　즉, '우리가 이 세상에서 보는 모든 결과는 맹목적인 운명의 산물이다.'라고 생각하는 것은 어리석은 일이며, 인간이라고 해서 '특별히 환상적인 세계의 지배 밑에서 사는 것은 아니며', 그들의 행동도

---

1) F. M. Cornford, *Thucydides Mythistoricus, Passim*

'사물의 본질'에 입각한 일정한 법칙이나 원리를 따른다는 것이었다.[2] 그로부터 근 2백 년 동안이나 역사가와 역사 철학자들은 역사적 사건의 원인과 이를 지배하는 법칙을 발견하고, 그것을 가지고 인류의 과거 경험을 조직해 보는 일에 몰두해 왔다. 이러한 원인과 법칙은 기계적인 혹은 생물학적인 견지하에서 때로는 형이상학적인 것으로, 때로는 경제적인 것으로, 때로는 심리적인 것으로 생각되었다. 그러나 역사란 과거의 여러 사건의 원인과 결과라는 정연한 질서하에 정돈함으로써 이루어질 수 있다는 것은 공인된 학설이었다. 볼테르는 백과사전의 역사 항목 속에서 "만일 옥수스(Oxus)와 자크사르테스(Jaxartes) 유역에서 야만족들의 성쇠 교체의 이야기 같은 것을 빼놓고서는 아무런 할 이야기도 없다고 한다면, 그런 것이 우리들에게 무슨 소용이 있겠는가."라고 기술했다. 그러나 근래에 와서 사정은 좀 달라졌다. 오늘날에 와서는 전번 강연에서도 말씀드린 바 있는 여러 이유 때문에 역사적 '법칙'이라는 말은 이미 통하지 않게 되었고, 심지어는 '원인'이라는 말조차도 유행에 뒤떨어진 것이 되고 말았다. 이에 대한 원인의 일부는 여기서는 언급될 성질이 아닌 일종의 철학적인 애매성에 기인하는 것이며, 또 다른 원인의 일부는 그러한 말이 결정론과 연결되고 있다는 생각에 기인하고 있는 것이다. 지금 이 자리에서는 후자의 경우를 논의하기로 하겠다. 위에서도 언급했지만, 일부 사람들은 역사를 말할 때에 '원인'이라는 말을 사용하지 않고 그 대신 설명, 해석, 상황의 논리, 사건의 내적 논리──이것은 다이시(Albert Venn Dicey, 1835~1922 영국의 법학자)가 처음 사용한 말인데──

---

2) *De l'esprit des lois*, Preface and ch. I.

등의 말을 사용하는가 하면, '왜 그러한 일이 일어났는가'라는 원인 추구의 방향을 배격하고 '그것은 어떻게 일어났는가'라는 기능적 방향을 택하기도 한다. 그러나 이러한 경우에도 그 일은 왜 일어나게 되었는가 하는 문제는 불가피하게 따라다니게 마련이고, 따라서 우리는 또다시 '왜?'라는 문제로 되돌아갈 수밖에 없는 것이다. 또 그런가 하면 여러 가지의 원인을 종류에 따라서——기계적 원인, 생물적 원인, 심리적 원인 등으로——구분해 놓고 역사적 원인도 특수한 범주의 원인으로 취급하려는 사람들이 있다. 물론 이러한 구분 방법에도 어느 정도의 유효성이 없는 것은 아니겠지만, 당면한 목적을 위해서 그들 사이의 차이를 강조하는 것보다는 모든 종류의 원인에 공통된 점을 강조하는 편이 좀더 유익할 것이다. 나 자신의 경우만 해도 역시 '원인'이라는 말은 보통의 의미대로 사용하는 것으로 만족하고, 이상과 같은 특별한 기교 같은 것은 무시해 버리기로 하겠다.

원인의 다양화와 단순화

그러면 우선 사건의 원인을 규명해야 할 입장에 직면하게 될 때에 역사가들은 실제로 어떠한 일을 하게 되는가를 알아보기로 하자. 원인이라는 문제에 대한 역사가들의 연구 방식의 제1의 특징은 같은 사건에 대해서 보통 몇 가지의 원인을 들게 된다는 점이다. 경제학자 마샬(Marshall)은 언젠가 다음과 같은 말을 한 적이 있다. "우리는 어느 한 원인의 작용만을 중시하고, 그 원인에 힘입어 영향력을 발휘하고 있는 그밖의 여러 원인을 무시해 버리는 짓은 어떤 일이 있어도 삼가야 한다."[3] '왜 1917년에 러시아에서 혁명이 일어났는가?'라는 질문에 대해서 단 한 가지 원인만을 들어서 답하는 수험생이 있다면, 운이 좋아야 보통 가(可) 정도의 점수밖에는 못받을 것이다. 역사가는 많은 원인의 복합체를 취급하는 것이다. 만일 그가 볼세비키 혁명의 원인을 생각해야 할 입장에 놓인다면, 그는 러시아의 계속적인 군사적 패배, 전쟁의 중압에서의 러시아 경제의 붕괴, 볼세비키 당원들의 효과적인 선전, 농업 문제 처리에서의 차르(Tsar) 정부의 실패, 가난과 착취에 몰린 프롤레타리아트들의 페트로그라드 공장 지대로의 집중, 다른 진영에는 레닌과 같은 결단성을 지닌 인물이 없었다는 사실 등을 열거할 것이다.──결국 그것은 장기적인 것이건 단기적인 것이건 경제적 · 정치적 · 사상적 · 개인적인 모든 원인을 닥치는 대로 모아 놓은 것같이 된다.

그러나 이 문제는 동시에 우리를 역사가들의 탐구 방법의 제2의 특징으로 이끌어 준다. 만일 우리의 질문에 답하는 수험생이 러시아 혁명에 대한 원인을 열두 가지 정도 열거하고 그것으로 끝내고 만다면, 그 학생은 아마도 양(良) 정도의 성적을 받을 수는 있겠지만 우(優)는 어려울 것이다. 결국 '알기는 많이 알지만 상상력이 부족하다'는 것이 시험관들의 평가가 될 것이다. 진정한 역사가라면, 자기가 작성한 여러 원인의 목록을 앞에 놓고서는, 그것을 체계 있게 정리해야 하겠다. 여러 원인의 상호 관계를 결정할 수 있도록 거기에 상하 관계를 설정해야 하겠다. 혹은 (역사가들이 즐겨 쓰는 말투를 따른다면) '결국에 가서는', '궁극적으로는' 어떤 원인과 어떤 종류의 최종 원인, 즉

---

3) *Memorials of Alfred Marshall*, ed., A. C. Pigou(1925), p.428

모든 원인 중의 원인이라고 보아야 할 것인가를 결정지어야 하겠다는 직업적인 강박감 같은 것을 느끼게 될 것이다. 이것이 주제에 대한 역사가의 해석이라는 것이다. 그가 어떠한 원인을 내세우는가에 따라 어떠한 역사가인가도 알 수 있게 되는 것이다. 기번(Gibbon)은 로마제국의 쇠퇴와 몰락의 원인을 야만과 종교의 승리로 돌렸다. 19세기의 영국의 휘그(Whig)사가(史家)들은 영국의 힘과 번영의 상승을 입헌적인 자유 원리에 구체화된 정치 제도의 발달 때문이었다고 보았다. 기번이나 19세기의 영국사가들은 오늘날에 와서는 모두 구식 냄새가 나는 사람들이다. 왜냐하면 그들은 현대사가들이 가장 중요시하는 경제적 원인을 소홀히 했기 때문이다. 모든 역사적 논의라는 것은 우선 원인이라는 문제의 주위를 맴돌게 마련이다.

앙리 푸앵카레(Henri Poincaré)는 지난 강연에서 인용한 저작 속에서, 과학은 '다양성을 향하여' 그리고 '통합성과 단일성을 향하여' 동시적으로 전진해 나가는 것이고, 이 이중적이고 명백히 모순되는 과정이야말로 지식에 대한 필수적인 조건이라고 지적했다.[4] 이 말의 진실성은 역사에서도 마찬가지이다. 역사가는 그 연구를 넓히고 심화함에 따라서 '왜?'라는 의문에 대한 해답을 더욱더 많이 축적해 나가는 것이다. 근래의 경제사·사회사·문화사·법제사(法制史) 등의 분화 발전——정치사의 복잡한 여러 문제에 대한 새로운 통찰이라든가, 심리학과 통계학에서의 새로운 기술 등에 대해서는 새삼스러운 언급이 필요없을 것이다——은 우리들의 해답의 수(數)와 영역을 놀라울 정도로 넓혀 놓았다. 버트란드 러셀은 "과학에서의 모든 전진은 최초에

---

4) H. Poincaré, *La Science et l'hypothèse*(1902), pp.202~203

관찰된 조잡한 획일성을 벗어나서 원인과 결과의 좀더 큰 분화에로, 그리고 관련되었다고 인정되는 원인의 범위의 부단한 확대에로 우리들을 이끌어 나간다."[5]라고 말했거니와, 이것은 역사학의 상황을 정확하게 표현한 말이다. 역사가에게는 과거를 이해하겠다는 충동이 있기 때문에 과학자와 마찬가지로 다양한 해답을 단순화하고 어떤 해답을 다른 해답에 종속시키고, 모든 사건의 혼돈과 특정된 모든 원인의 혼돈 속에 질서와 통합성을 도입하는 일을 동시에 해야만 하는 것이다. '하나의 신, 하나의 법, 하나의 원소, 먼 옛날의 하나의 성스러운 사건'[6]이라든가, 헨리 아담스(Henry Brooks Adams, 1838~1918 미국의 문학자, 역사가)가 추구한 '교화되고자 하는 열망을 일거에 해결지어 줄 수 있는 어떤 위대한 일반화' ——이런 것들은 오늘날에 와서는 이미 낡아빠진 헛소리로밖에는 들리지 않는다. 그러나 역사가가 원인을 다양화하는 동시에 원인을 단순화해 나가는 작업을 해야만 한다는 사실에는 변함이 없다. 과학과 마찬가지로 역사도 이러한 이중적이고 분명히 상반되는 과정을 통해서 전진하는 것이다.

칼 포퍼와 이사야 벌린

여기서 나로서는 별로 마음이 내키지는 않지만, 방향을 바꾸어서 우리의 길목에 가로놓여 있는 두 개의 매력적인 함정에 대해서 논해

---

5) B. Russell, *Mysticism and Logic*(1918), p.188
6) *The Education of Henry Adams*(Boston,1928), p.224

야 하겠다. 그 하나는 '역사의 필연'이라는 것으로서, 여기에는 '헤겔의 간계'라는 딱지가 붙어 있고, 다른 하나는 '역사의 우연'이라는 것으로서, 여기에는 '클레오파트라의 코'라는 딱지가 붙어 있다. 먼저 이러한 문제가 왜 제기되었는가에 대해서 한두 마디 말해야 하겠다. 칼 포퍼(Karl Popper) 교수란 사람은, 1930년대에 비엔나에서 과학의 새로운 견지에 관한 대저(大著)를 낸 바 있고(이 책은 근래에《과학적 연구의 논리》라는 제목으로 영역되었다.), 대전 중에는 좀더 대중적인 성격의 두 책《열려진 사회와 그 적》,《역사주의의 빈곤》[7]을 영어로 출판한 사람이다. 이 책들은, 헤겔에 대한 반발 ──저자는 헤겔을 플라톤과 더불어 나치즘의 정신적 원조로서 취급하고 있다. ──과, 1930년대 영국에서 우익의 지적 풍조였던 다소간 천박한 마르크스주의에 대한 반발에서 나온, 강한 감정적인 기분 속에서 집필된 것이다. 이들 책에서 주된 공격 대상이 되고 있는 것은 소위 말하는 헤겔 및 마르크스의 결정론적인 역사철학이라는 것인데, 이들은 '역사주의'라는 욕된 이름으로 일괄 분류되고 있다.[8] 1945년에 이사야 벌린(Isaiah Berlin) 경은 '역사적 불가피성'에 대한 논문을 발표했다. 그는 플라톤

───────────────

7) *The Poverty of Historicism*이 책으로 나온 것은 1957년이지만, 거기에 실린 논문들은 원래 1944년과 1945년에 발표되었던 것이다.

8) 나는 엄밀성이 요구되지 않는 두세 군데 외에는 '역사주의'라는 말을 피해 왔다. 왜냐하면 포퍼 교수의 이 문제에 관해 널리 읽혀지고 있는 저작들이 이 말의 정확한 의미를 공허하게 만들었기 때문이다. 용어의 정의를 끊임없이 고집하는 것은 현학적인 태도이다. 그러나 자기가 무엇을 말하고 있는가는 알아야 한다. 포퍼 교수는, 자기가 싫어하는 역사관은 무엇이나 쓸어 담아 버리는 잡물주머니처럼 '역사주의'라는 말을 쓰고 있다. 그중에는 나로서 정당하게 여겨지는 것도 있는가 하면 오늘날 진지한 저술가치고 누가 그런 견해를 가지고 있겠는가 하고 의심스럽게 생각되는 것들도

에 대한 공격은 피하고 있지만, 아마도 그것은 옥스퍼드 대학을 떠받쳐 온 오랜 지주에 대한 약간의 존경심이 남아 있었기 때문이라고 짐작된다.[9] 그러나 그는 포퍼 교수의 비난에 덧붙여 그에게서는 볼 수 없었던 논의를 펴고 있다. 즉, 헤겔과 마르크스의 역사주의는 규탄되어야만 하는데, 그것은 인간 행위를 인과적인 관점에서 설명함으로써 인간의 자유 의지를 부정하고, 따라서 찰스 대제나 나폴레옹이나 스탈린과 같은 역사상의 인물을 단죄한다는 당연한 의무(이 점에 관해서는 이미 지난 강연에서 말씀드린 바 있다.)에 대한 역사가들의 도피 태도를 조장하기 때문이다. 이 점을 내놓고서는 그밖에 달라진 점이라곤 별로 없다. 이사야 벌린 경이라면 인기 있고 널리 읽혀지고 있는 저술가이다. 하여간 지난 5, 6년 동안에 영국이나 미국에서는 역사에 관해서 논문 하나라도 썼다든가, 하다못해 역사책에 대한 제대로 된 서평 하나라도 썼다는 사람이라면 누구나 할 것 없이 헤겔과 마르크스와

있다. 포퍼 교수 자신이 인정하고 있는 바와 같이(*The Poverty of Historicism*, p.3) 그는 지금까지 어떠한 저명한 '역사주의자'에서도 볼 수 없었던 '역사주의적' 논의를 고안해 내고 있다. 그의 저서는, 역사주의는 역사를 과학과 동일시하는 학설과 이 양자를 명확히 구분하는 학설을 모두 포함하고 있다. *The Open Society*에서는 예언을 피한 헤겔이 역사주의의 주요 창도자로 취급되고 있는가 하면, *The Poverty of Historicism*의 서문에서는 역사주의는 "역사적 예언을 주요 목표로 삼는 사회과학의 연구 태도"라고 말하고 있다. 지금까지 'historicism'은 흔히 독일어의 'Historismus'의 영역어로서 사용되어 왔다. 그런데 포퍼 교수는, 'Historicism'과 'Historism'을 구별하여, 그렇지 않아도 혼란한 말의 용법에 새로운 혼란을 첨가하고 있다. M. C. D'Arcy는 *The Sense of History : Secular and Sacred*(1959), p.11에서 '역사주의'라는 말을 '역사철학'과 동일한 것으로서 사용하고 있다.

9) 그러나 플라톤을 최초의 파시스트라고 공격하기 시작한 것은 한 옥스퍼드 출신인이 방송 연속 강연에서였다. R. H. Crossman, *Plato Today*(1937)

결정론에 대해서 잘 안다는 듯이 멸시의 태도를 드러내 보이고 역사에서 우연의 역할을 간과한 데 대한 어리석음을 지적했다. 아마도 이 사야 벌린 경에게 그 제자들의 책임까지를 들씌운다면, 그것은 불공평한 이야기가 될 것이다. 그는 난센스를 말할 때에도 애교 있고 매력 있는 말투를 쓰기 때문에 참고 들어 줄 수가 있다. 그러나 그의 제자들은 난센스를 되풀이할 뿐 애교 있는 말 한마디 할 줄 모르는 사람들이다. 하여간 통틀어 봐야 새로운 것이란 아무것도 없다. 찰스 킹즐리(Charles Kingsley)라고 하면 영국 근대사의 흠정강좌(欽定講座) 담당 교수들 가운데서 각별히 뛰어난 사람도 아니겠고, 아마도 헤겔을 읽어 본 일도, 마르크스에 대해서 들어 본 일도 없었으리라고 생각되는 사람이다. 그는 1860년의 취임 강연에서 인간은 '자기 자신의 존재의 모든 법칙을 무너뜨릴 수 있는 신비로운 힘'을 가지고 있다고 말하면서, 그것이 역사에는 여하한 '불가피한 연속성'도 있을 수 없다는 증거라고 하였다.[10] 다행히도 우리는 킹즐리에 대해서는 이미 잊어버렸다. 그런데 이미 송장이 된 말 등허리에 채찍질을 하면서 산 말의 외관을 꾸며 온 것이 바로 포퍼 교수와 이사야 벌린 경이었던 것이다. 이 혼란을 지워내기 위해서는 약간의 인내가 필요하다.

---

10) C. Kingsley, *The Limits of Exact Science as Applied to History* (1860), p.22

자유 의지와 결정론

그러면 우선 결정론부터 다루어 보기로 하겠는데, 이론이 없기를 바라면서 결정론이란 것을 다음과 같이 정의해 보기로 하겠다. 즉, 결정론이란, 모든 일에는 하나 혹은 몇 개의 원인이 있고, 원인들 중 하나 혹은 몇 개에 변화가 없는 한 그 일에도 변화가 있을 수 없다는 신념을 말하는 것이다.[11] 결국 결정론이란 역사의 문제가 아니라 모든 인간 행위에 관한 문제이다. 행동에 원인이 없고 따라서 행동이 결정지어져 있지 않은 인간이란, 앞의 강연에서도 말했다시피, 사회 밖에 존재하는 개인처럼 하나의 추상에 불과하다. "인간사에서는 모든 것이 가능하다."[12]라는 포퍼 교수의 주장은 무의미하거나 거짓이다. 일상생활에서는 아무도 그런 말을 믿지도 않고 믿을 수도 없다. 모든 일에는 원인이 있다는 공리는 우리의 주위에서 진행되는 일들을 이해하기 위한 인간 능력의 하나의 전제 조건이다.[13] 카프카(Kafka) 소설의 환각적인 성격은, 모든 일에 명백한 원인, 확장될 수 있는 원인이 없다

---

11) "결정론이란……다음과 같은 것을 의미한다.……데이터가 동일한 경우엔 틀림없이 동일한 사건이 일어나게 마련이고 그와 다른 사건은 일어날 수 없다. 다른 사건이 일어날 수 있다고 생각한다는 것은 데이터가 다른 경우에는 그리 될 것이라는 의미에 불과하다."(S. W. Alexander in *Essays Presented to Ernst Cassirer* (1936), p.18)

12) K. R. Popper, *The Open Society*(2nd ed., 1952), ii, p.197

13) "인과 법칙은, 세계가 우리에게 강요하는 것이 아니라 우리를 세계에 적용시키는 가장 편리한 방법일 것이다."[J. Rueff, *From the Physical to the Social Sciences*(Baltimore,1929), p.52] 포퍼 교수 자신도(*The Logic of Scientific Enquiry*, p.248) 인과 관계에 대한 신념을 '매우 정당한 방법론적 규칙의 형이상학적 실체화(實體化)'라고 말하고 있다.

는 사실에서 오는 것이다. 이것은 인격의 전적인 붕괴를 가져온다. 왜냐하면 인격이란, 사건에는 원인이 있다는 전제, 그리고 이러한 원인의 대부분은 확실하게 가려질 수도 있고, 그렇기 때문에 인간의 마음속에는 행동의 지침으로 삼을 수 있는 과거와 현재의 연관이 닿는 원형이 형성될 수 있다는 전제를 바탕으로 하는 것이기 때문이다. 인간 행동은 원칙적으로 확실히 분별할 수 있는 원인에 의하여 결정된다는 전제 없이는, 일상 생활은 불가능할 것이다. 옛날에는 자연 현상을 지배하는 것은 바로 신이기 때문에 자연 현상의 원인을 탐구하는 것은 신을 모독하는 것이라고 생각한 사람들이 있었다. 이사야 벌린 경은 인간 행동은 인간의 의지에 의하여 지배된다는 이유 때문에 인간 행동의 원인을 설명하려는 것을 반대하지만, 이것 역시 동일한 사고방식에 속하는 것이다. 또한 이것은 오늘날의 사회과학이 아마도 이상과 같은 논의는 자연과학의 연구를 가로막고 있었을 당시의 자연과학의 수준밖에는 못미친다는 사실을 말하는 것이라고도 할 수 있다.

그러면 실제로 일상생활에서 우리는 이 문제를 어떻게 처리하고 있는가를 생각해 보기로 하자. 여러분은 매일매일 일을 시작할 무렵에 스미스를 만나게 된다. 그럴 때마다 날씨나 대학 형편에 대해서 친절하기는 하나 의미는 별로 없는 말로써 대답할 것이다. 그러나 어느 날 아침, 스미스의 인사 대답이 심상한 태도가 아니라 여러분의 용모나 성격에 대해 지독한 욕설을 퍼부었다고 가정하자. 그럴 경우에 여러분은 알 수 없다는 표정을 지으면서, 이것이야말로 스미스의 의지가 자유롭다는 확실한 증거로구나, 인간사에서는 모든 일이 가능하다는 확실한 증거로구나라고 하겠는가? 아마 그렇지는 않을 것이다. 오히려 여러분은 이 비슷한 말을 할 것이다. '가엾은 스미스! 이 친구의 아버지는 정신병원에서 돌아가셨지.' '가엾은 스미스! 마누라와 또 싸웠구나.' 말하자면 여러분은 여기에는 반드시 무슨 원인이 있을 것이라고 굳게 믿고서, 스미스의 분명히 원인 없어 보이는 행동에 대해 원인 진단을 내려 보려고 할 것이다. 그러나 내가 걱정하는 것은, 여러분이 그러한 일을 해서 이사야 벌린 경의 격노를 사게 되지나 않을까 하는 점이다. 즉, 당신은 스미스의 행동을 인과적으로 설명함으로써 헤겔과 마르크스의 결정론적인 역설을 맹목적으로 받아들였고, 결국 스미스를 비열한 인간이라고 비난할 의무를 저버렸다는 점을 그는 대단히 못마땅하게 생각할 것이기 때문이다. 그러나 일상생활에서는 이러한 견해를 취할 사람이란 있을 리 만무하고, 결정론이냐 도덕적 책임이냐 하는 것이 크게 문제된다고 생각할 사람도 없다. 자유의지와 결정론에 관한 논리적 딜레마는 실제 생활에서는 일어나는 것이 아니다. 인간의 행동 중 어떤 것은 자유롭고 어떤 것은 결정되어 있는 것은 아니다. 사실은 모든 인간 행동이 그것을 보는 견지에 따라서 자유롭기도 하고 결정되어 있기도 한 것이다. 여기에서도 실제적인 문제는 또 한번 달라진다. 스미스의 행위에는 하나나 혹은 몇 개의 원인이 있었다. 그러나 그것이 어떠한 외부적 강제에 의해서 일어난 것이 아니라 자기 자신의 인격적 강제에 의해서 일어난 것이니만큼 그에게는 도덕적 책임이 있었다. 왜냐하면 정상적인 성인은 자기 자신의 인격에 대해서 책임을 진다는 것이 사회 생활의 하나의 전제 조건이기 때문이다. 이상의 특정된 경우에서 그에게 책임이 있다고 보건 말건 그것은 여러분의 실천적인 판단의 문제이다. 그러나 여러분이 스미스에게 책임을 물었다고 해도, 그것은 여러분이 그의 행동에는 아무런 원인도 없다고 인정하는 것과는 다른 것이다. 원인과 도덕적 책임은 서로 다른 카테고리에 속한 것이다. 근래에 본 케임브리지 대학에는 범죄학에 관한 연구소와 강좌가 신설되었다. 그러나 아무리 범죄의 원인을 연구하는 분들이라고 해도 범죄에는 도덕적 책임이라는 것이 있을 수 없다고 생각할 사람은 없으리라고 확신한다.

　그러면 역사가의 경우는 어떠할까? 역사가들도 일반 사람들과 마찬가지로 인간 행위에는 원칙적으로 밝혀낼 수 있는 원인이 있다고 믿고 있다. 만일 이러한 전제가 성립되지 않는다면, 일상생활과 마찬가지로 역사도 불가능하게 될 것이다. 이와 같은 원인을 연구하는 것이 바로 역사가의 특수한 직능이다. 역사가가 인간 행동의 결정된 측면에 대한 특별한 관심을 가지게 되는 것은 아마도 이 때문이 아닌가 생각된다. 그렇다고 해서 역사가가 자유 의지를 거부한다는 것은 아니다. 다만 자의에 의한 행동에는 원인이 없다고 하는 당치도 않은 가설을 거부한다는 것뿐이다. 뿐만 아니라 불가피성이라는 문제도 역사가에게는 큰 골칫거리가 되지는 않는다. 다른 사람들과 마찬가지로 역사가들도 때로는 과장된 말을 써서 어떤 사건을 '불가피했다'고 표현하기도 하지만, 그것은 여러 요인의 결합 관계가 사람들로 하여금 그러한 사건을 기대하게 할 만큼 압도적으로 강했다는 것을 뜻함에 불과하다. 최근에 나 자신의 역사책 속에 이 불쾌한 말이 없는가를 조사해 봤지만, 결국 나 자신에 대해서도 완전한 건강 증명서는 줄 수 없었다. 가령 어떤 대목에서 나는 1917년 혁명 후에 볼셰비키와 그리스 정교회와의 충돌은 '불가피했다'고 쓰고 있는 것이다. 물론 '가능성이 지극히 컸다'라고 썼던 편이 더 현명했을 것이다. 그러나 이러한 정정(訂正)에는 약간의 현학적인 냄새가 풍기지 않을까. 사실 역사가란 사건이 실제로 일어나기 전까지는 그것이 불가피하다고는 생각하지 않는 법이다. 역사가들은 선택은 자유라는 가정에 서서 이야기의 주인공들이 택할 수 있었던 다른 코스에 대해서도 논의할 때가 많다. 그러나 결국에 가서는 왜 딴 코스는 취하지 않고 특정한 코스를 취하게 되었는가를 설명한다는 정당한 태도에서 빗나가지는 않는다. 역사에서는 어떤 일이건 그것이 틀린 결과를 초래하려면 선행되는 원인 자체부터가 달랐어야만 했다는 정칙적(定則的)인 의미에서가 아니라면 불가피한 일이라곤 없는 것이다. 역사가인 이상 나 자신만 하더라도 '필연적인', '불가피한', '빠져나갈 수 없는', '모면할 길 없는' 정도의 말까지도 일체 쓰지 않고 일을 해 나갈 용의는 얼마든지 있다. 그렇게 되면 인생은 더욱 단조로운 것이 될 것이다. 그러나 이런 말들은 시인이나 형이상학자들에게 맡겨 놓기로 하자.

사상상(思想上)의 미련(未鍊)학파

불가피성에 대한 이상과 같은 공격은 그야말로 무익하고 무의미하기 짝이 없는 것이지만, 근래에 와서 그 기세는 더욱 대단한 열기를 띠고 나타난다. 그렇다면 그 배후에는 어떠한 동기가 숨어 있는가를 찾아내 봐야 하겠다는 생각이 들게 된다. 내 생각 같아서는 그 원천을 미련학파(未鍊學派; might-hare-been school)라고나 이름 지을까 하지만, 그것은 사상적인 것이라기보다는 오히려 감정적인 성질의 것이다. 또한 그것은 거의 전적으로 현대사에만 관련되어 있다. 지난 학기의 일인데, 나는 본 케임브리지 대학에서 '러시아 혁명은 불가피하였는가'라는 제목이 붙은 그 강연회의 의도가 진지한 것이었다는 점은 조금도 의심치 않는다. 그러나 만일 여러분이 '장미전쟁은 불가피하였는가'라는 강연회의 광고를 본다면, 대번에 이것은 무슨 농담이 아닌가 하고 생각할 것이다. 노르만 콩퀘스트(Norman Conquest)나 미국의 독립전쟁에 대해서 기술할 때에 역사가는 사실에서 그러한 일들이 일어날 수밖에는 없었다는 태도로, 그리고 무엇이 일어났고, 왜 일어났는가를 그래도 설명하는 것만이 역사가의 직무라는 태도로써 나간다. 그렇다고 해서 그를 결정론자라고 비난한다든가, 윌리암 정복왕이나 미국의 반도(叛徒)들이 패배했을지도 모를 그밖의 가능성을 논하지 않았다고 해서 비난할 사람은 없다. 나 역시── 역사가로서 유일 타당한 방법을 택해서──이상과 똑같은 방법으로 1917년의 러시아 혁명을 기술하고 있지만, 그럼에도 불구하고 우연히 일어난 일을 그렇게 될 수밖에 없었다는 투로 암시적인 서술을 하고 있다든가, 일어났을지도 모를 그밖의 모든 일들을 검토하지 못했다든가 하는 비평가들의 규탄을 받고 있는 것이다. 스톨리핀(P. A. Stolypin, 1862~ 1911 러시아의 정치가, 1906년 이후 수상으로서 자유주의 정책을 쓰다가 암살됨)이 농업 개혁을 완수할 만한 시간이 있었다고 가정해 보라. 러시아가 참전을 안했다고 가정해 보라. 그랬더라면 혁명은 안일어났을 것이다. 또는 케렌스키 정부가 성공했다고 가정해 보라. 혁명의 주도권을 쥔 것이 볼셰비키가 아니라 멘셰비키나 사회혁명당이었다고 가정하여 보라는 등등의 이야기들이 있다. 이러한 가정은 이론상으로는 생각해 볼 수도 있는 일이겠고, 또한 사람이란 언제나 역사상의 과거에 대한 가상을 즐거운 이야깃거리로 삼을 수도 있기는 하겠지만, 이것은 결정론과는 아무런 관련도 없다. 결정론자로서 대답할 수 있는 것은, 이러한 일들이 일어나기 위해서는 원인도 달랐어야만 했다는 것뿐이다.

뿐만 아니라 그러한 가정들은 역사와도 아무런 관련이 없다. 문제는 오늘날 노르만 콩퀘스트나 미국 독립의 결과를 뒤집어엎겠다든가, 이러한 사건을 열렬히 항의할 사람은 아무도 없다는 점, 그리고 역사가들이 이러한 사건을 완결된 장으로 취급한다는 데 대해서 반대할 사람도 있을 수 없다는 점에 있는 것이다. 그러나 직접 혹은 간접적으로 볼셰비키의 승리로 피해를 입었거나, 앞으로의 먼 결과에 대해서 아직도 공포를 품고 있는 많은 사람들로서는 볼셰비키 혁명에 대한 자기들의 항의를 기록하고 싶어하는 것이다. 따라서 그들이 역사를 읽을 때에는, 일어났을지도 모를 온갖 기분 좋은 일들을 제멋대로 공상도 해보게 되고, 역사가들이, 무엇이 일어났는가, 왜 그러한 기분 좋은 일들은 꿈으로밖에는 실현될 수 없었는가를 담담하게 설명해 나가는 데 대해서도 화를 내는 일이 생기게 되는 것이다. 현대사의 두통거리는, 사람들이 선택의 여지가 모두 남아 있었던 때를 기억하고 있기 때문에, 그러한 여지가 기정사실에 의하여 모두 끝나 버렸다고 보는 역사가들의 태도를 받아들이기 곤란하다고 여긴다는 점에 있다. 이것은 순전히 감정적이고 비역사적인 반동이다. 그리고 이것이야말로 소위 말하는 '역사적 불가피성'의 학설에 대한 최근의 반대 운동을 가장 크게 조장해 온 것이다. 우리는 이러한 함정에서 빠져나와야 하겠고, 또한 다시는 이 함정에 걸려들지 않아야만 하겠다.

클레오파트라의 코

공격의 또 하나의 근원이 되고 있는 것은 '클레오파트라의 코'라는 유명한 수수께끼이다. 이것은 역사의 대부분이 우연의 집합체이고, 우연의 일체에 의하여 좌우될 뿐만 아니라, 전연 돌연적인 원인의 소치라고밖에는 볼 수 없는 사건의 연속이라는 이론이다. 이에 의하면, 악티움 해전의 결과도 역사가들이 일반적으로 주장하는 종류의 원인에 의한 것이 아니라, 안토니오가 클레오파트라에게 빠져 버렸기 때문이라는 이야기가 된다. 바쟈제트(Bajazet Ⅰ, 1347~1403 터키의 황제)가 통증 때문에 중앙 유럽에의 진격을 중지하였을 때에 기번(Gibbon)은 "일개인의 단 한 개의 힘줄에 통증이 생겼다는 일이 여러 국민들의 불행을 막아 줄 수도 있고 지연시킬 수도 있다."라고 말했다.[14] 1920년 가을에 그리스 왕 알렉산더는 자기가 총애하던 원숭이에게 물려서 죽었다. 이 불상사는 연달은 사건을 일으키게 되어, 윈스턴 처칠 경으로 하여금 "원숭이가 물었다는 것 때문에 25만 명의 사람들이 목숨을 잃었다."[15]라고 말하게 하였다. 또한 1923년 가을, 트로츠키는 지노비에프(Zinoviev), 카메네프(Kamenev), 스탈린 등과 다투고 있었던 중대한 시기에 오리 사냥을 하다가 열이 나서 활동을 못하게 된 일이 있었는데, 이에 대한 트로츠키의 말을 들어 보자. "혁명이나 전쟁을 예견하는 일은 가능하다. 그러나 가을철 산오리 사냥의 결과를 예견하는 일은 불가능하다."[16] 우선 여기서 우리가 밝혀 두어야 할 것은, 이 문제가 결정론의 문제와는 아무런 관련도 없다는 점이다. 안토니오가 클레오파트라에게 빠졌다는 일, 바쟈제트의 통증, 트

---

14) *The Decline and Fall of the Roman Empire*, ch. 54

15) W. Churchill, *The World Crisis : The Aftermath*(1929), p.386

16) L. Trotsky, *My Life*(영문판, 1930), p.425

로츠키의 몸살 등은 그밖의 다른 일들과 마찬가지로 인과적으로 결정된 일들이었다. 만일 안토니오가 클레오파트라에게 빠져 들어갔다는데에는 아무런 원인도 없었다고 한다면, 그것은 클레오파트라의 미색에 대한 공연한 실례가 될 것이다. 여성의 아름다움과 남성이 매혹된다는 것과의 관련성은 일상생활에서 언제나 볼 수 있는 가장 정상적인 인과 연쇄의 하나이다. 역사에서 우연이라고 말하는 것은, 역사가들의 중심 규명 대상이 되고 있는 인과 연쇄를 중단하면서——말하자면 그것과 충돌하면서——또 하나의 인과 연쇄가 나타날 때에 그것을 가리켜 말하는 것이다. 뷰리(Bury)의 '두 개의 독립된 인과 연쇄의 충돌'[17]이라는 말은 지당한 말이다. 이사야 벌린 경은 〈역사적 불가피성〉이라는 논문의 서두에서, '우연사관'이라는 버나드 버렌슨(Bernhard Berenson, 1865~1959 리투아니아 출신의 미술평론가)의 논문을 찬사와 더불어 인용하고 있지만, 그는 이상과 같은 의미의 우연이라는 것과 인과적 필연성이 없다는 것을 혼동하고 있는 사람들 중의 한 사람이다. 그러나 이러한 혼동은 고사하고라도 여기에는 정말 중요한 문제가 있다. 즉, 그것은 우리가 다루는 인과 연쇄가 자신의 견해로서는 이와는 아무런 관련도 없는 다른 인과 연쇄에 의해서 언제든지 단절될 수도 있고, 빗나갈 수도 있는 것이라면 역사에서 원인과 결과의 일관된 연속성은 어떻게 발견될 수 있을 것이며, 또한 그 속에서 어떠한 의미를 찾아볼 수 있겠는가라는 문제이다.

---

17) 이 문제에 대한 뷰리(Bury)의 논점은 *The Idea of Progress*(1920), pp.303~304에 나타나 있다.

역사에서 우연이란 무엇인가

여기서 우선 잠깐 발을 멈추고 역사에서 우연의 역할이란 것이 최근에 와서 왜 그렇게도 널리 강조되게 되었는지 그 기원부터 살펴보기로 하자. 폴리비우스(Polybius, 기원전 205~125 희랍 출신의 로마사가)는 아마도 이 문제를 계통적인 방식으로 다루어 본 최초의 사가가 아닌가 여겨지는데, 그 이유를 재빠르게 캐낸 것은 기번(Gibbon)이었다. 즉, 그는 "그리스인들은 나라가 쇠퇴해서 한 속주(屬州)의 지위에 떨어졌을 때에 로마의 승리를 공화국의 장점 때문이라고 보지 않고 그 행운 때문이라고 보았다."[18]고 말했다. 타키투스(Tacitus) 또한 국가의 쇠퇴기에 처했던 역사가이지만, 그 역시 우연에 관한 장황한 견해에 골몰했던 또 하나의 고대 사가이다. 영국에서도 20세기에 들어서면서부터 불안과 공포의 분위기가 짙어져 갔고, 다시 1914년 이후에는 그것이 뚜렷한 형태를 취하게 되었지만, 영국의 저자들이 역사에서 우연의 중요성을 다시금 강조하고 나선 것도 바로 이러한 불안과 공포 분위기의 증대 시기였다. 긴 휴식기를 벗어나서 제일 먼저 이러한 어조의 말을 시작한 영국 사가는 뷰리였다고 생각된다. 그는 〈역사에서 다위니즘(Darwinism)〉이라는 1909년의 논문에서 "우연의

---

18) *The Decline and Fall of the Roman Empire* 제38장. 그리스인들이 로마인들에게 정복당한 후, 패자가 즐겨하는 위안인 역사적 '과거가상' 게임 속에 빠져 들어갔다는 것은 매우 흥미있는 일이다. 즉, 그들은 만일 알렉산더 대왕이 젊어서 죽지 않았더라면 '그는 서방 여러 나라를 정복했을 것이고 로마도 그리스 왕의 지배 밑에 들어왔을 것'〔K. von Fritz, *The Theory of the Mixed Constitution in Antiquity*(N.Y., 1954), p.395〕이라고 자문자답하는 것이다.

일치라는 요소'에 주의를 환기시키면서 그것이 '사회 진화에서 여러 사건을 결정짓는 주된 요인을 이룬다."고 하였고, 다시 이 문제에 대해서 1916년에는 '클레오파트라의 코'[19]라는 독립된 논문을 쓰고 있다. H. A. L. 피셔(Fisher)도 앞에서 인용한 문장 속에서 역사에서 "우연한 일과 예견될 수 없는 일의 역할"[20]을 인정하도록 독자에게 간청하고 있지만, 이것 역시 제1차 세계대전 이후의 자유주의의 꿈이 깨어지고 난 환멸을 반영한 것이라고 하겠다. 역사를 우연의 연속이라고 보는 이론이 우리 영국에서 인기를 얻게 된 것은, 실존은——사르트르의 유명한 《존재와 무》를 인용한다면—— "원인도 없고, 이유도 없고, 필요도 없다."라고 강조하는 철학자들의 일파가 프랑스에서 득세하게 된 시기에 해당한다. 위에서도 인용했지만, 독일에서는 노인 사가 마이네케(Meinecke)가 생애의 마지막 고비에 접어들면서 역사에서 우연의 역할에 깊이 감동되었다. 그는 이에 대해서 충분한 유의를 하지 않았다고 해서 랑케(Ranke)를 공격하였고, 제2차 세계대전 후에는 과거 40년간의 독일의 불행을 황제의 허영, 바이마르 공화국의 대

---

19) 두 논문은 다음 책에 재수록되고 있다. J. B. Bury, *Selected Essays* (1930). 견해에 대한 콜링우드의 평은 *The Idea of History*, pp.148~150 참조.

20) 이 구절에 대해서는 앞의 p.66을 볼 것. 토인비는 피셔의 말을 *A Study of History* v, p.414에서 인용하고 있는데, 그것은 완전히 잘못 이해된 것임을 알 수 있다. 토인비는 이 말을 '우연의 만능을 믿는 근대 서구의 신앙'의 산물이라고 보고, 그러한 신앙이 자유방임주의를 탄생시켰다고 말한다. 그러나 자유방임주의의 이론가들이 믿고 있었던 것은 우연이 아니라 다양한 인간 활동에 자비로운 규칙성을 부여하는 보이지 않는 손(invisible hand)이었다. 뿐만 아니라 피셔의 의견은 자유방임적인 자유주의의 산물이 아니라 1920년대와 1930년대에 걸친 자유주의의 붕괴에 따른 산물이었다.

통령에 힌덴부르크가 당선되었다는 것, 히틀러의 광적인 성격 등등의 일련의 우연적인 일들의 소산이라고 보았다. 이것은 조국의 불행 앞에 압도된 위대한 역사가의 정신적인 파산을 말해 주는 것이다.[21] 역사적 사건이 융성 과정에 처해 있는 국민이 아니라 퇴락 과정을 거듭하고 있는 집단이나 국민에게는 역사의 기회나 우연의 역할을 강조하는 이론이 우세한 법이다. 시험의 결과란 결국 제비뽑는 것이나 마찬가지가 아니냐라는 생각은 열등생에게 인기가 있는 것이 아닐까.

그러나 신앙의 출처를 들추어냈다고 해서 그것을 처리해 버렸다고는 할 수 없다. 우리들에게는 아직도 '클레오파트라의 코'라는 것이 역사 내용 속에서 어떠한 구실을 하고 있는가를 밝혀내는 일이 남아 있다. 역사의 법칙을 이러한 요소의 침입으로부터 막아 보려고 했던 최초의 인물은 분명히 몽테스키외(Montesquieu)였다. 그는 로마인들의 위대성과 몰락을 다룬 저작 속에서, "만일 전투의 우연한 결과와도 같은 하나의 특수 원인이 한 국가를 멸망시켰다고 한다면, 거기에는 단 한번의 전투로 말미암아 국가의 몰락이 초래될 만한 일반적인 원인이 있었던 것이다."라고 적고 있다. 마르크스주의자들도 역시 이 문제에 대해서는 상당한 곤란을 겪고 있다. 마르크스는 이에 대해서 꼭 한번밖에는 쓴 일이 없는데, 그것도 편지 속에서였다.

우연의 여지가 없었다고 하면, 세계 역사란 대단히 신비스러운 성격을 띠게 될 것이다. 물론 우연이란 것도 전반적인 발전 경향의 한 부분이 되는 것이고, 결국에 가서는 딴 형태의 우연에 의해서 상

---

21) 이에 관련된 구절들은 W. Stark가 F. Meinecke, *Machiavellism*에 부친 서론, pp.35~36 속에 인용되고 있다.

쇄되게 마련이긴 하지만. 그러나 역사 진행의 지속은 '우연'에 의하여 좌우될 수 있는 것이고, 이러한 우연 속에는 운동의 시발을 이루는 선구적 인물의 우연적인 성격이 포함된다.[22]

이상과 같이 마르크스는 세 가지 관점에서 역사의 우연을 옹호하고 있다. 즉 첫째로는, 우연이란 극히 중요한 것은 아니라는 것이다. 왜냐하면 그것은 역사 진행의 지속을 초래할 수는 있으나 그것을 근본적으로 변경시킬 수는 없다는 점이 암시되고 있기 때문이다. 둘째로는, 하나의 우연은 다른 우연에 의해서 상쇄되는 것이기 때문에 결국에 가서는 말소되어 버리고 만다는 것이다. 셋째로는, 우연은 특히 인물의 성격 속에 뚜렷이 예증된다는 것이다.[23] 트로츠키는 다음과 같은 기막힌 비유를 들어서 우연이 상쇄되고 말소된다는 이론을 재강조하고 있다.

역사의 전 과정이란 역사 법칙이 우연을 통해서 굴절하는 것이다. 생물학적 용어를 빌린다면, 역사 법칙은 우연의 자연도태를 통해서 실현된다고도 말할 수 있다.[24]

솔직히 말해서 나에게는 이상과 같은 이론은 불만족스럽고 납득이 가지 않는다. 오늘날 역사에서 우연의 역할이라는 것은 그것을 중요시하려고 하는 사람들에 의해서 엄청나게 과장되고 있다. 확실히

---

22) Marx and Engels, *Works*(Russian ed.), 1926, p.108
23) 톨스토이는 *War and Peace*, 에필로그 i에서 '우연'이나 '천재'라는 말을 궁극적인 원인을 이해하지 못한 인간의 무능을 나타내는 말과 같은 것이라고 보았다.
24) L. Trotsky, *My Life*(1930), p.422

우연이라는 것이 있다는 것만은 사실이다. 그러나 역사 진행에 지속을 초래할 뿐 그것을 변형시킬 수는 없다는 것은 말재주를 부리는 데에 불과하다. 나로서는 우연한 사건——말하자면 레닌이 45세에 요절했다는 일 같은 것——이 다른 어떤 우연사에 의해서 자동적으로 상쇄되어서 역사 진행의 밸런스가 다시 회복된다는 식으로 믿어야 할 아무런 근거도 찾아볼 수 없다.

이에 못지않게 부당한 견해는, 역사에서 우연을 우리들의 무지의 증거로 본다는 것, 즉 우연이란 우리들이 이해할 수 없는 사물에 대한 별명에 불과하다고 보는 견해이다.[25] 확실히 이러한 일이 이따금씩 일어나기는 한다. 가령 유성이란 이름은 물론 떠돌아다니는 별이란 뜻에서 온 이름이지만, 그것은 그러한 별들의 운동에서 규칙성이 이해되지 못하고 그저 제멋대로 떠돌아다닌다고 생각되고 있던 시대에 생긴 것이다. 어떤 일을 운이 나빴다고 기술해 버리는 것은, 그 원인을 캐낸다는 귀찮은 의무를 면하려고 할 때 즐겨 쓰는 방법이다. 만일 어떤 사람이 역사는 우연의 연속이라고 나에게 말한다면, 나로서는 그 사람을 지적(知的)으로 태만한 사람이 아니면 지적인 활동력이 약한 사람이라고 생각할 것이다. 제대로 된 역사가라면, 지금까지 우연사로서 취급되어 오던 사건도 그것이 결코 우연한 것이 아니라, 좀더 대국적인 견지에서는 합리적으로 설명될 수도 있고 적절한 의의를 부여할 수도 있다고 지적하는 경우는 흔히 체험하는 바이다. 그러나 이

---

25) 톨스토이도 같은 견해를 가지고 있었다. "우리들은 비합리적인 사건, 즉 그 합리성을 우리가 이해 못하는 사건을 설명하기 위해서는 숙명론에 의거하지 않을 수 없다."(*War and Peace* 제9권 제1장) 또한 앞의 주 23)의 인용구도 참조.

렇게 말한다고 해도 그것으로써 우리의 문제에 대한 충분한 답변이 될 수는 없다. 우연이란 단순히 우리가 이해 못하는 일만을 가리키는 것은 아니다. 내가 믿는 바로는 역사에서 우연이라는 문제의 해결은 전연 다른 사고방식 속에서 찾아봐야 하는 것이다.

로빈슨의 죽음

이미 지난번 강의에서 말한 바와 같이, 역사라는 것은 역사가가 사실을 선택 정리해 가지고 역사적 사실로 만듦으로써 시작되는 것이다. 여하한 사실이건 모두가 역사적 사실인 것은 아니다. 그러나 역사적 사실과 비역사적 사실의 구분은 엄격한 것도 아니요 불변하는 것도 아니다. 즉, 어떤 사실이건 일단 그 적합성과 중요성이 인정되기만 하면 역사적 사실의 지위로 승격하게 되는 것이다. 우리는 역사가들이 원인을 취급하는 마당에서도 다분히 유사한 절차가 작용한다는 것을 알 수 있다. 원인에 대한 역사가의 관계는 사실에 대한 역사가의 관계와 마찬가지로 상호이중적인 성격을 지니고 있다. 원인은 역사 과정에 대한 그의 해석을 결정하는 동시에, 그의 해석은 원인의 선택과 정리를 결정한다. 여러 원인의 상하 관계, 하나 혹은 한 묶음의 원인이 그밖의 원인에 대해서 지니는 상대적 의의, 이러한 것이 역사가의 해석의 핵심을 이루는 것이다. 뿐만 아니라 이것이 역사에서 우연이라는 문제를 푸는 단서를 제공하게 되는 것이다. 클레오파트라의 코의 모양, 바쟈제트의 통증, 알렉산더 대왕을 죽게 한 원숭이의 교상(咬傷), 레닌의 사망——이러한 일들은 역사 진행에 변화를 초래한 우연이었다. 이러한 일들을 전연 은폐한다거나, 어느 모로 보나 아무런 영향도 없는 일이었다고 꾸며대려고 해도 소용없는 일이다. 그렇다고 해도 우연적인 것인 이상 이 사건들을 역사의 합리적 해석이나 역사가가 인정하는 중요 요인의 계열 속에 집어넣을 수는 없는 것이다. 포퍼(Popper) 교수와 벌린(Berlin) 교수──내가 이 사람들을 또 한번 끄집어내는 것은 그들이 이 학파의 대표적인 인물로서 가장 탁월하고 많은 독자층을 가진 사람들이기 때문이다.──는 역사가가 역사 과정에서 의미를 찾고 그로부터 결론을 끌어내려고 하는 것은 결국 '경험 전체'를 하나의 균형 잡힌 체계의 지위로 떨어뜨리려는 기도에 불과하며, 그러나 이러한 기도는 역사에서 우연의 출현으로 실패로 돌아갈 수밖에 없다고 보고 있다. 그러나 정신 나간 역사가가 아닌 다음에는 아무도 '경험 전체'를 포괄한다는 식의 환상적인 일을 하려 들지는 않을 것이다. 그는 자기가 선택한 역사 분야나 역사 측면에 관해서도 사실의 미미한 단편밖에는 포섭하지 못한다. 역사가의 세계란, 과학자의 세계와 같은 현실 세계를 사진 찍어 놓은 것 같은 것이 아니라, 많고 적고 간에 현실 세계를 이해하고 정복해 나가는 데 도움을 줄 수 있는 작업상의 모델과 같은 것이다. 역사가는 과거의 경험, 즉 자기가 입수할 수 있는 한 과거의 경험으로부터 합리적인 설명과 해석에 적합하다고 인정되는 부분을 골라내어, 그것으로부터 행동 지침의 유용한 결론을 도출해 내는 것이다. 최근에 한 인기 있는 저술가는 과학의 업적을 이야기하면서 인간의 정신 과정을 다음과 같이 알뜰하게 표현했다. 즉, 인간 정신은 관찰된 사실을 모아놓은 잡물주머니를 이리저리 뒤져서, 그중에서 '부적절한' 것은 버리고 '적절한' 것만을 골라내 가지고 이어붙이고 모양을 만들어서, 마침내는 '지식'이라고 하는 논리적이고도 합리적인 바느질을 완성하게 된다는 것이다.[26] 주관주의가 지나치다는 위험성을 약간만 제한하고 본다면, 이 말은 역사가들의 정신 활동의 양상을 묘사한 말로서도 받아들일 수 있을 것이다.

이상과 같은 절차는 철학자들은 물론 역사가들의 일부에게까지도 당황과 충격을 초래할 것이다. 그러나 일상생활의 실무에만 힘쓰고 있는 보통 사람들에게는 조금도 색다른 것이라곤 없다. 이에 대한 실례를 들어 설명하기로 하자. 존스는 파티에서 술을 보통 양보다 과음하고 돌아오던 길이었다. 브레이크가 시원치 않은 차를 몰고, 앞이 도무지 안보이는 사각(死角)의 코너에 이르렀을 때 모퉁이 가게에서 담배를 사려고 길을 건너던 로빈슨을 치어 죽이고 말았다. 혼란이 가신 뒤에 우리는──가령 경찰서 같은 데에──모여서 이 사고의 원인을 조사하게 되었다. 이 일은 운전하는 사람이 반쯤 취한 상태에 있었기 때문에 일어났을까.──이 경우라면 형사 사건이 될 것이다. 그렇지 않으면 잘 듣지 않는 브레이크 때문이었을까.──이 경우라면 불과 일주일 전에 그 차를 점검한 수리점에 대해서 어떠한 조처가 있어야 할 것이다. 혹은 사각의 코너 때문이었을까.──이 경우라면 도로 주관 당국을 불러서 주의를 환기시켜야 할 것이다. 마침 우리들이 이러한 실제적인 문제를 논의하고 있을 때에 두 사람의 명사──그들의 이름은 밝히지 않겠다.──가 실내에 뛰어 들어와 가지고 만일 그날 밤 로빈슨이 담배를 바닥내지 않았던들 길목을 건너지도 않았을 것이고 치어 죽지도 않았을 것이며, 따라서 로빈슨의 담배에 대한 욕망이야

---

26) L. Paul, *The Annihilation of Man*(1944), p.147

말로 그의 사인(死因)이고, 이 원인을 무시한 조사란 모두가 시간의 낭비이며, 그로부터 나온 결론도 모두가 무의미하고 무익할 뿐이라고 당당한 능변으로 조리 있게 이야기하기 시작했다고 하자. 도대체 우리는 어떻게 할 것인가? 우리들은 될 수 있는 대로 빨리, 이 거침없이 흐르는 웅변을 가로막고 정중한 태도로, 그러나 단호하게 두 사람의 방문자를 문밖으로 밀어낼 것이며, 수위에게 어떠한 일이 있어도 그들을 다시 들여보내서는 안된다는 지시를 한 다음에 다시 조사를 계속할 것이다. 그러나 이 방해자들에게 우리들은 무슨 답변을 줄 수 있을까. 물론 로빈슨은 끽연자이었기 때문에 죽었다는 것은 사실이다. 역사에서 기회와 우연을 신봉하는 사람들이 말하는 것은 철두철미 진실하고 철두철미 논리적이다. 거기에는 《이상한 나라의 앨리스(Alice in Wonderland)》라든가 《거울 속에 세계(Through the Looking Glass)》에서 찾아볼 수 있는 것과도 같은 빈틈없는 논리가 담겨져 있다. 물론 나로서도 옥스퍼드풍의 학식의 원숙한 모범이라고도 할 수 있는 이러한 작품들을 찬양하는 마음에서 남에게 뒤질 생각은 없지만, 이와는 방식을 달리하는 나 자신의 논리는 다른 곳에 간직하고 싶다. 도지슨(Charles Lutwidge Dodgson, 1832~93 Lewis Carrol의 본명. 옥스퍼드 출신의 영국의 수학자 겸 작가)류의 방식은 역사의 방식은 아닌 것이다.

현실적인 것과 합리적인 것

결국 역사란 역사적 의의라는 견지에서의 선택 과정인 것이다. 탈코트 파슨스(Talcott Parsons)의 말을 다시 한번 빌려 본다면, 역사는 현실에 대한 인식적 자세에서 선택 체계라는 데에만 그치는 것이 아니라, 동시에 인과적 자세에서 선택 체계라고 할 수 있다. 역사가가 사실의 무한한 대해(大海)로부터 자기 목적에 대해서 의의를 가지는 사실들을 골라내는 것과 마찬가지로 그는 다수의 인과 연쇄 가운데서 역사적으로 의의 있는 것들을, 아니 그것들만을 빼내는 것이다. 여기서 역사적 의의에 대한 기준이 되는 것은 자신의 합리적인 설명과 해석의 원형 속에 인과 연쇄를 맞추어 넣는 역사가의 능력이라고 하겠다. 이 이외의 인과 연쇄가 우연적인 것으로서 배제될 수밖에 없다는 것은, 원인과 결과와의 관계가 틀렸다는 이유에서가 아니라 그 자체가 적절치 못하다는 이유 때문이다. 그것은 역사가에게는 아무런 소용도 없는 것이다. 합리적 해석에 들어맞지도 않고, 과거나 현재에 대해서 하등의 의미도 없는 것이기 때문이다. 클레오파트라의 코, 바쟈제트의 통증, 알렉산더의 원숭이의 교상, 레닌의 요절, 로빈슨의 끽연 등이 어떠한 결과를 초래했다는 것은 틀림없다. 그러나 장군이 아름다운 여왕에게 반했기 때문에 싸움에 졌다든가, 대왕이 사랑하는 원숭이를 기르기 때문에 전쟁이 일어났다든가, 사람들이 담배를 피우기 때문에 길에서 치어 죽는다든가 하는 이야기는 일반적인 명제로서는 통할 수 없다. 반대로 만일 여러분이 보통 사람에게 로빈슨이 치어 죽은 것은 운전하는 사람이 술에 취해 있었기 때문이라든가, 브레이크가 고장이 났기 때문이라든가 하고 말한다면, 그 사람은 이것을 완전히 납득이 갈 수 있는 합리적인 설명이라고 생각할 것이다. 그가 더 잘라 말하기를 원한다면, 로빈슨의 진정한 사인(死因)은 바로 이상과 같은 것이었지, 그가 담배를 피우고 싶어했기 때문은 아니었다라고까지 잘라 말할 수도 있을 것이다. 이와 마찬가지로 만일 여러분이 역사를 공부하는 학생에게 1920년대의 소련 내부에서 일어났던 알력은 공업화의 진도나, 농민으로 하여금 도시 인구를 부양하기 위한 식량 증산에 힘쓰도록 하기 위한 최선의 방법에 관한 논쟁 때문이었다든가, 혹은 적대(敵對) 지도자들 간의 개인적 야심에 기인했던 것이라고 한다면, 그는 이러한 것이야말로 기타 역사 상황에도 적용할 수 있다는 의미에서, 합리적이고도 역사적으로 의의 있는 설명이라고 생각할 것이다. 그리고 레닌의 요절은 우연사(偶然死)가 아니라 바로 이상과 같은 것이야말로 '진정한 원인'이라고 생각할 것이다. 뿐만 아니라 그가 이와 같은 사물을 깊이 숙고하는 성품의 사람이라면 한걸음 더 나아가 "합리적인 것은 현실적이고, 현실적인 것은 합리적이다." 라는 헤겔의《법률철학》서론에 나오는 흔히 인용되고 흔히 오해되는 격언도 되새겨 볼 것이다.

여기서 잠시 로빈슨의 사인(死因)에 관한 이야기로 되돌아가 보기로 하자. 우리들은 쉽사리 어떤 원인들은 합리적이고 '진정'하며 다른 원인들은 비합리적이고 우연적인 것이라고 인정할 수 있다. 그러나 이러한 구분은 어떤 기준에 의해서 이루어진 것일까? 사고 능력이란 보통 어떤 목적을 위해서 사용되는 것이다. 인텔리들은 때로는 심심풀이로 사고할 수도 있고 진지하게 사고한다고 스스로 생각할 수도 있다. 그러나 넓게 이야기해서 인간의 사고란 어떤 목적을 위한 것이다. 따라서 우리들이 어떤 설명은 합리적이라고 보고 어떤 설명은 합리적인 것이 못된다고 보았다는 것은, 다시 말해서 어떤 목적을 위한 유용한 설명과 그렇지 못한 설명과를 갈라놓는 일을 했다고 봐야할 것이다. 우리가 다루고 있는 이상의 경우에는 운전사의 음주 습성을 단속한다든가, 도로의 구조를 개량한다든가 하는 것은 교통사고에 의한 사망률의 저하라는 목적에 유효하리라고 생각한다는 것은 조리에 닿는 이야기일 수가 있다. 그러나 사람들의 끽연을 억제함으로써 교통사고에 따른 사망률을 저하시킬 수 있다고 생각한다는 것은 난센스에 불과한 것이다. 바로 이 점이 구분 기준이었던 것이다. 그리고 동일한 것은 역사에서 원인에 대한 우리들의 태도에도 적용될 수 있다. 여기서도 우리들은 합리적인 원인과 우연적인 원인을 구별하는 것이다. 전자는 타국과 타시대, 타조건에 항상 적용이 가능하기 때문에 유익한 일반화를 도출하고, 또한 그로부터 교훈을 얻을 수도 있다. 그것은 우리의 이해력을 넓고 깊게 해 주는 목적에 이바지하는 것이다.[27] 우연적 원인은 일반화될 수가 없다. 그것은 말 그대로 특수한 것이기 때문에, 교훈을 줄 수도 없고 결론을 얻을 수도 없다. 그러나 여기서 나는 또 하나의 논점을 끄집어내야 하겠다. 역사에서 인과(因果)의 문제를 다루어 나가는 데 열쇠의 역할을 다해 주는 것은 틀림없이 '목적'이라는 개념이다. 그런데 이 목적 개념은 불가피하게 가치 판단을 내포하는 것이다. 앞서의 강연에서도 말한 바와 같이 역사의 해석은 언제나 가치 판단과 떼놓을 수 없는 것이고, 인과 관계는 해석에서 떼놓을 수 없는 것이다. 마이네케──1920년대의 그 위대한 마이네케──의 말 속에는 다음과 같은 구절이 있다. "가치 관념과 떨어져

---

27) 포퍼 교수도 이 문제에서 잠깐 고민하기는 했으나 그것을 간과해 버렸다. 그는 '근본적으로는 암시성 및 자의성(이 두 낱말이 의미하는 바가 정확히 무엇이든 간에)과 동일한 차원에 있는 해석의 다양성'을 인정한 다음, 여기에 덧붙여서 다음과 같이 말한다. "그들 중 일부는 다산성에 의하여 구별될 수 있다. 이 다산성이라는 것은 어느 정도 중요한 점이다."(*The Poverty of Historicism*, p.151) 그러나 그것은 어느 정도 중요한 점이 아니라 바로 그 점이야말로 요체인 것이며, '역사주의'(몇 가지 의미에서)가 결코 빈곤한 것이 아니라는 사실을 입증한다.

가지고서는 역사 속에서 인과 관계를 추구할 수가 없다.…… 인과 관계를 추구하는 배후에는 직접적으로나 간접적으로나 항상 가치의 추구가 뒤따르고 있는 것이다."[28] 이 말은 내가 앞서 말한 바 있는 역사의 이중적인 상호작용——현재의 빛 속에서 과거의 이해를 깊이 하고 과거의 빛 속에서 현재의 이해를 깊이 한다는——을 상기시킬 것이다. 안토니오가 클레오파트라의 코에 반했다는 등속의 이 이중적 목적에 대해서 아무런 효용도 없는 사물들이란, 역사가의 입장에서 본다면 죽어 버린 쓸모없는 것이다. 여기에 이르고 보니 내가 지금까지 여러분 앞에 숨겨 온 하잘것없는 트릭을 털어놓을 때가 온 것 같다. 아마도 여러분은 이미 이러한 트릭을 쉽사리 간파했겠지만, 그것이 여러 경우에서 내가 해야 할 말을 줄여 주고 간략하게 해 주고 했기 때문에, 간편화의 편리한 방편으로 관용했으리라고 짐작된다. 나는 지금까지 '과거와 현재'라는 편리한 말을 계속해서 사용해 왔다. 그러나 우리들이 다 아는 바와 같이 현재란 것은 과거와 미래를 갈라놓는 가공적인 선(線)이라는 개념적 존재에 불과하다. 현재를 논할 때에 나는 이미 현재와는 다른 시각적인 차원을 몰래 침입시키고 있는 것이다. 과거도 미래도 모두가 동일한 시간선상의 일부분이기 때문에 과거에의 관심과 미래에의 관심이 서로 연결되고 있다는 것은 알기 쉬운 이치라고 생각된다. 선사시대와 역사시대의 구분선은, 사람들이 현재에만 산다는 단계를 넘어서서 자기들의 과거와 미래에 대한 의식적인 관심을 가지게 되었을 때에 넘어서게 된다. 역사는 전통의 계승과 더

---

28) *Kausalitäten und Werte in der Geschichte*(1928), F. Stern. *Varieties of History*(1957), p.268, 273에 번역되어 있음.

불어 시작되며, 전통이란 과거의 관습과 교훈을 미래에 전달함을 뜻한다. 과거의 기록이 보존되기 시작한 것도 미래 세대의 복지를 위해서였다. 네덜란드의 사가 호이징가(Johan Huizinga, 1872~1945)는 "역사적 사고란 언제나 목적론적인 것이다."[29] 라고 적은 바 있다. 찰스 스노우(Charles Snow) 경은 최근에 러더포드(Rutherford)에 관해서 "모든 과학자들과 마찬가지로……그는 그 의미에 대해서는 별로 생각하고 있지 않으면서도 미래라는 것을 뼛속 깊이 느끼고 있었다."[30]라고 말했다. 훌륭한 역사가들 역시 그것에 대해서 생각을 하건 말건 미래라는 것을 뼛속까지 깊이 느끼는 사람들이다. 역사가는 '왜?'라고 묻는 동시에 '어디로?'라고 묻는 법이다.

29) J. Huizinga, *Varieties of History*, ed., F. Stern(1957), p.293에 번역되어 있음.

30) *The Baldwin Age*, ed., John Raymond(1960), p.246

5 진보로서의
역사

5 진보로서의
역사

과거에 대한 건설적인 견해

30년 전에 포위크(Frederick Maurice Powicke, 1879~ 영국의 역사가) 교수는 옥스퍼드 대학의 근대사 흠정 강좌 담당 교수로서 취임 강연을 했는데, 그 한 구절을 인용하면서 이야기를 시작해 보기로 하겠다.

> 역사를 해석하겠다는 열망은 너무나 뿌리 깊은 것이기 때문에, 과거에 대한 어떠한 건설적인 견해를 가지고 있지 않으면 신비주의나 시니시즘(Cynicism)에 빠져 들어가게 된다.[1]

'신비주의'란 내 생각으로는, 역사의 의미가 역사 외부의 어디엔

---

1) F. Powicke, *Modern Historians and the Study of History*(1955), p.174

가, 말하자면 신학이나 내세관(來世觀)의 영역 같은 데에 있다고 보는 견해를 말하는 것인데, 베르댜예프(Berdyaev), 니부어(Niebuhr), 토인비 같은 저술가들의 견해가 바로 이러한 것이 아닌가 생각된다.[2] '시니시즘'으로 말하면, 지금까지 몇 번이고 그 예를 들은 바 있지만, 역사에는 의미가 없고, 혹은 옳고 그르고 간에 이것저것 다 같은 여러 의미가 있으며, 혹은 아무런 의미나 마음대로 골라서 갖다 붙일 수가 있다는 등의 견해를 말한다고 하겠다. 이 두 견해는 아마도 오늘날 가장 인기 있는 역사관일 것이다. 그러나 나로서는 이 양자를 절대로 받아들일 수 없다. 그렇게 하고 보면 결국 우리에게는 '과거에 대한 어떠한 건설적인 견해'라고 하는 좀 이상하긴 하지만 암시적인 말이 남게 된다. 포위크 교수가 이 말을 사용하면서 심중에 무엇을 생각하고 있었는가는 알 도리가 없기 때문에 나는 나대로의 해석을 붙여 보기로 하겠다.

아시아의 고대 문명도 마찬가지이지만 그리스와 로마의 고대 문명은 근본적으로 비역사적인 것이었다. 위에서 본 바와 같이, 헤로도토스는 역사의 원조라고는 하지만 후계자가 거의 없었고, 전반적으로 볼 때 고전 시대의 고대 작가들이란 과거나 미래에 대해서는 별로 관심을 두지 않았다. 투키디데스도 자기가 서술한 사건이 일어나기 전까지는 중요한 일이라곤 일어난 일이 없었다고 믿었고, 또한 앞으로도 중요한 일은 일어날 것 같지 않다고 믿었다. 루크레티우스(Lucretius, 기원전 96?~55 로마의 철학시인)는 미래에 대한 사람들의 무관심을 과거에 대한

---

2) 토인비가 자신만만하게 주장한 것처럼, '역사는 신학으로 넘어간다.' 〔*Civilization on Trial*(1948), 서문〕

그들의 무관심으로부터 끌어내 가지고 다음과 같이 말했다.

> 우리가 출생하기 이전의 과거의 영원한 시간이 우리에게 아무
> 런 관계도 없다는 사실을 생각해 보라. 이것은 자연이 우리들의 사
> 후 미래 시간을 우리에게 명시해 주는 거울인 것이다.[3]

찬란한 미래에 대한 시적인 비전은 과거의 황금시대에로의 복귀
라는 비전의 형태를 취했다.──이것은 역사 과정을 자연의 과정에다
비겨 본 순환관(循環觀)이다. 역사는 어딘가를 향해서 가는 것이 아니
었다. 왜냐하면 과거에 대한 감각도 없었고, 마찬가지로 미래에 대한
감각도 없었기 때문이다. 목가(牧歌) 제4편에서는 황금시대에의 복귀
라는 고전적인 양상을 보여 주고 있지만, 그래도 버질(Virgil) 한 사람
만이 《아에네이스(Aeneis)》에서 순환적인 사고를 꿰뚫고 나가려는 기
백을 잠깐이나마 보여 주고 있다. "나는 끝없는 지배를 넘겨주었노
라"라는 말은 가장 비고전적인 사상이며, 이로 말미암아 후에 버질은
반(反)그리스도교적인 예언자로서 인정받게 되었다.

역사에서 진보의 개념

역사 과정이 향해 나가는 목표를 설명함으로써 전연 새로운 요
소──목적론적 사관──를 도입한 것은 유태인들이었으며, 다음에
는 그리스도교도들이었다. 이리하여 역사는 의미와 목적을 지니게 되

---

3) *De Rerum Natura*, iii, pp.992~995

었지만, 그 대신 현세적인 성격을 상실했다. 역사의 목적지에 도달한다는 것은 다시 말해서 역사의 종말을 의미한다. 말하자면 역사 그 자체가 호신론(護身論)이 되는 것이다. 중세의 역사관은 이러한 것이었다. 르네상스는 인간 중심의 세계와 이성의 우위라는 고전적인 관점을 회복하였다. 그러나 고전적인 비관적 미래관은 이를 버리고 그 대신 유태적·그리스도교적 전통에서 유래한 낙관적 미래관을 받아들였다. 이리하여 과거에는 적대적이고 유해한 것으로 여겨졌던 시간이 이때에 와서는 친근하고 창조적인 것으로 되었다. "흐르는 날과 더불어 멸망하지 아니할 것이 무엇이냐."라는 호라티우스의 말을 "진리는 시간의 딸이다."라는 베이컨의 말과 대조해 보라. 그후 근대적 역사 서술의 창시자라고 할 수 있는 계몽시대의 합리주의자들은 유태적·그리스도교적인 목적론을 답습함과 아울러 그 목표를 현세화했다. 그리하여 그들은 역사 과정 그 자체의 합리적 성격을 회복할 수가 있었던 것이다. 역사는 지상에서 인간 지위의 완성이라는 목표를 향한 진보라는 것으로 되었다. 기번(Gibbon)은 계몽시대의 최대의 역사가인데, "세계의 각 시대는 인류의 참다운 부와 행복, 지식과 덕조차 증대시켜 왔고, 지금도 증대시키고 있다는 유쾌한 결론"[4]이라는 말을 자기 저작의 주제에 어긋남에도 불구하고 주저없이 적어 넣었던 것이

---

4) Gibbon, *The Decline and Fall of the Roman Empire* 제38장. 이러한 이탈이 나타난 것은 서로마제국의 몰락의 대목에서였다. 어떤 비평가(*The Times Literary Supplement*, 18 November,1960)는 이 구절을 끄집어내 가지고 이것이 기번의 진의인가라는 의문을 제기하고 있다. 물론 기번의 진심이다. 저자의 견해라는 것은 그가 쓰고 있는 시대보다도 그가 살고 있는 시대를 반영한다. 이 진리는 20세기 중엽의 자기 자신의 회의주의를 18세기 후엽의 저자에게 적용하려는 위의 비평가에 의해서도 충분히 명시되고 있다.

다. 진보의 신앙이 절정에까지 도달한 것은 영국의 번영과 힘과 자신이 최고조에 달했던 시기였다. 그리고 영국의 저술가와 사가들은 이 신앙의 가장 열렬한 심취자들이었다. 이러한 현상은 설명할 것도 없이 누구나 알고 있는 사실이다. 그렇기 때문에 진보에 대한 신앙이 최근에 이르기까지 얼마나 우리 모두의 사고의 전제가 되어 왔는가를 밝히기 위해서는 한두 대목의 인용만으로도 족하리라고 생각한다. 이미 제1회 강연에서 인용한 바 있거니와, 액튼은《케임브리지 근대사》의 계획에 관한 1896년의 보고서에서, 역사는 "진보하는 과학"이라고 했고, 그 제1권의 서론에서는 "우리들은 인간 세계의 진보라는 것을 역사 서술의 토대를 이루는 과학적인 가설로서 전제하지 않을 수 없다."고 말하고 있다. 또한 1910년에 출간된 마지막 권에서는 댐피어 (William Cecil Dampier, 1867~1952 영국의 과학사가)──이 분은 나의 대학시절에 칼리지의 튜터였다──는 "자연적 자원에 대한 인간의 힘과 인류의 복지를 위한 그 지적 이용 방법은 장래에 무한히 발달할 것으로 본다."[5] 라고 믿어 의심치 않았다. 내가 말하고자 하는 이야기의 성질상, 우선 내 자신만 해도 이러한 분위기 속에서 교육받고 자랐다는 점, 그리고 나보다도 15년쯤 연장자인 버트란트 러셀의 "나는 빅토리아 시대의 낙관주의가 한창 무르익었을 당시에 자라났고……아직도 나에게는 그 당시의 안락했던 어딘가 희망에 찬 기분이 남아 있다."[6] 는 말에 전적으로 찬성이라는 점을 미리 인정해 두는 편이 좋을 것 같

---

5) *Cambridge Modern History : Its Origin, Authorship and Production* (1907), p.13 ; *Cambridge Modern History*, i(1902), p.4 ; xii(1910), p.791

6) B. Russell, *Portraits from Memory*(1956), p.17

다.

1920년에 뷰리(Bury)는 《진보의 개념》이라는 책을 썼는데, 그때만 해도 이미 황막한 분위기가 지배적이었다. 그는 이에 대한 책임을 당시의 흐름에 따라 '러시아에 현재의 공포 정치를 세워 놓은 공론가들'에게 돌리고 있지만, 그러면서도 아직은 진보를 '서양 문명을 살리고 지배하는 관념'이라고 기술하였다.[7] 그러나 그후로는 이러한 어조의 이야기는 자취를 감추어 버렸다. 러시아의 니콜라스 1세(Nicholas I, 1796~1865)는 '진보'라는 말을 금하라는 금령을 내렸다고 하거니와, 오늘날에 와서는 서구의, 아니 미국의 철학자나 역사가들까지도 뒤늦게나마 그에게 찬사를 표하게 되었다. 진보의 가설은 논파되었다. 서구의 몰락이라는 말은 너무나 일상적인 용어가 되었기 때문에 인용 부호조차 필요없을 정도가 되었다. 그러나 떠들썩한 소음들을 제쳐놓고 볼 때에 도대체 무엇이 일어났다는 것인가? 이러한 새 여론은 누가 만들어 낸 것인가? 나는 좀 전에 버트란트 러셀의 다음과 같은 말을 우연히 읽고서 충격을 받았는데, 이것은 내가 아는 한 강한 계급의식을 노출한 그의 유일한 말이 아닌가 여겨진다. "대체로 봐서 오늘날의 세계에는 백 년 전에 비해 자유가 퍽 적다."[8] 나로서는 자유를 측정하는 척도를 가지고 있는 것도 아니고, 또한 소수의 감소된 자유와 다수의 증대된 자유와를 어떻게 결산지어야 할지도 알지 못한다. 그러나 측정의 규준은 어떻게 되었든 간에 나로서는 버트란트 러셀의 말은 그야말로 엉터리라고 할 수밖에 없다. 오히려 나로서는 테일러(A.

7) J. B. Bury, *The Idea of Progress*(1920), pp.7~8
8) B. Russell, *Portraits from Memory*(1956), p.124

J. P. Taylor)가 때에 따라 우리에게 들려준 옥스퍼드의 대학생활에 관한 재미있는 단상의 한 토막에 더 매력을 느낀다. 그의 말에 의하면, 문명의 몰락에 관한 모든 논의는 "옛날에는 대학교수들이 식모를 부렸지만 지금은 자기가 설거지를 한다는 것을 의미함에 불과하다."[9]는 것이다. 아프리카에서 백인의 우월성이 상실되었다는 사실은 영제국 옹호론자, 아프리카 공화당원, 금광(金鑛)이나 동광(銅鑛)의 주식에 투자한 사람들에게는 근심거리이겠지만, 그밖의 사람들에게는 진보라고 여겨질 것이다. 나로서는 이 진보라는 문제에서 1950년대의 의견이라고 해서 그것이 1890년대의 의견보다 왜 실제로 옳다고 봐야 하는지, 영어 사용 세계의 의견이 왜 러시아·아시아·아프리카의 의견보다 옳아야 하는지, 중산 지식층의 의견이 맥밀런씨(Mr. Macmillan)에 의하면 지금까지는 이렇게 잘 살아 본 일은 없었다는 가두의 서민들의 의견보다 왜 옳아야만 하는지 근거를 찾아볼 수 없다. 그러면 우리들이 과연 진보의 시대에 살고 있는가라는 문제에 대한 판단은 잠시 보류해 놓고, 진보의 개념에는 무엇이 내포되어 있는가, 그 배후에는 어떠한 전제가 놓여 있는가, 또한 그러한 전제는 어느 정도까지 수긍할 수 없는 것인가를 좀더 엄밀히 검토해 보기로 하자.

---

9) *The Observer*, June, 21, 1959

생물적 진화와 사회적 진보

첫째로, 진보와 진화에 관한 여러 혼란점들로부터 깨끗이 정리해 놓고 싶다. 계몽시대의 사상가들은 두 가지의 분명히 양립될 수 없는 견해를 믿고 있었다. 그들은 자연계에서 인간의 위치를 확인할 것을 원했고, 그 때문에 자연의 법칙과 역사의 법칙은 동일시되었다. 뿐만 아니라 그들은 진보를 믿었다. 그러나 자연을 진보하는 것으로서, 그리고 하나의 목표를 향해서 부단히 전진하는 것으로서 취급할 근거가 어디에 있는가. 헤겔은 역사는 진보하는 것으로, 자연은 진보 안하는 것으로 확연히 구분한다는 태도를 가지고서 이 곤란한 점을 다루었다. 진화를 진보와 동일시하는 다윈의 혁명이 일어나 가지고서야 이러한 모든 난문제는 해결되었다고 생각되었다. 결국 자연도 역사와 마찬가지로 진보한다는 결과가 나온 셈이다. 그러나 이것은 진보의 근원인 생물학적 유전과 역사에서 진보의 근원인 사회적 획득을 혼동함으로써 더욱 중대한 오해를 터놓게 된 것이다. 이 구별은 자명하고도 주지의 것이다. 유럽인의 어린 아기를 중국인 가정에다 맡겨 보라. 이 애의 피부는 희지만 중국말을 하는 사람으로 커 갈 것이다. 피부색은 생물학적인 유전이고, 언어는 인간의 두뇌 활동을 매개로 하여 전승되는 사회적 획득물이다. 유전에 의한 진화는 몇천 년이라든가 몇백만 년을 단위로 해서만 측정될 수 있는 것으로서, 유사 이래로 인간에게는 아직도 이렇다 할 생물학적인 변화는 일어나고 있지 않다. 그러나 획득에 의한 진보는 세대를 단위로 하여 측정될 수 있는 것이다. 이성적 존재로서의 인간의 본질은 과거의 여러 세대의 경험을 축적함으로써 자기의 가능성을 발전시켜 나간다는 점에 있다. 현대인이라

해도 5천 년 전의 조상들보다 큰 뇌수(腦髓)를 가지고 있다거나 더 큰 선천적 사고 능력을 가지고 있는 것은 아니라고 한다. 그러나 그의 사고의 효능은 그동안 여러 세대의 경험을 배우고 그것을 자기 경험과 결부시킴으로 해서 몇 배나 커졌다. 획득 형질의 전승이라는 것을 생물학자들은 부정하지만, 이것이야말로 사회적 진보의 기초가 되는 것이다. 역사는 획득된 기량이 세대에서 세대로 전승되는 것을 통해서 이루어지는 진보를 말하는 것이다.

역사의 끝

둘째로, 우리들은 진보에 일정한 시작이 있다거나 마지막이 있다는 생각을 가져서는 안된다. 약 50년 전에 비해서 그 인기가 떨어지기는 했지만 기원전 3천 년대에 나일강 유역에서 처음으로 문명이 창안되었다고 믿는 사람들이 있다. 이것은 창세의 연대를 기원전 4004년으로 잡은 연대기와 마찬가지로 믿을 수 없는 것이다. 문명의 탄생이라는 것은 진보의 가설을 위한 하나의 출발점으로 잡아볼 수는 있겠지만, 문명이란 결코 발명된 것은 아니며, 때때로 극적인 비약이 수반되었다고 여겨지는 무한히 서서로운 발전 과정이다. 진보——혹은 문명——가 언제 시작되는가 하는 문제에 구애될 필요는 없다. 그러나 진보에 일정한 종말이 있다는 가설은 이보다도 더 큰 착오를 초래하였다. 헤겔은 프러시아 왕궁을 진보의 종결점으로 보았기 때문에 비난을 받아 왔지만 그것은 정당한 비난이었다.——이것은 분명히 예언은 불가능하다는 자기 견해에 맞지 않는 무리한 해석의 결과였다. 그러나 헤겔의 탈선에 한 술 더 뜬 것은 빅토리아 시대의 명사 아놀드 오브 럭비(Arnold of Rugby, 1795~1842 영국의 교육자, 역사가)였다. 그는 옥스퍼드의 근대사 흠정 강좌 담당 교수로서, 1841년의 취임 강연에서 근대사를 이미 인류 역사의 최종 단계로 생각한다는 다음과 같은 말을 했던 것이다. "근대사는, 시간이 꽉 차서 앞으로는 미래 역사도 없다는 듯한 인상을 주고 있다."[10] 프롤레타리아 혁명에 의하여 계급 없는 사회라는 궁극적인 목적이 달성되리라는 마르크스의 예언은 이런 것들에 비해 논리적으로나 도덕적으로나 비난받을 점이 적다고는 볼 수 있겠다. 그러나 역사의 마지막을 가정한다는 것은 역사가보다도 신학자에게나 어울릴 말세관적(末世觀的)인 냄새를 풍기고 있으며, 역사의 외부에 목표를 설정하는 과오를 되풀이하게 되는 것이다. 확실히 명확한 끝이라는 것은 사람의 마음에 매력적일 수 있는 것이고, 이에 비하여 역사의 행진을 자유를 향한 끝없는 진보라고 본 액튼의 비전은 차고 막막한 감을 준다. 그러나 역사가가 진보의 가설을 지켜야만 한다면, 그는 진보를 하나의 과정, 즉 연속되는 각 시대의 요구와 조건이 제각기 독특한 내용을 부여하는 그러한 과정으로서 다루어 나갈 자세가 되어 있어야 한다. 그리고 이것이야말로 역사는 단순한 진보의 기록이 아니라 '진보하는 과학'이며, 이보다 좀더 다른 말이 좋겠다면 "역사는 그 두 어의(語意)——하나는 사건의 과정으로, 또 하나는 이러한 사건의 기록으로——의 어느 것에서나 진보적인 것이다."라고 말한 액튼의 주장의 참 의미인 것이다. 역사에서 자유의

---

10) T. Arnold, *An Inaugural Lecture on the Study of Modern History*(1841), p.38

진전에 대한 액튼의 서술을 다시 한번 생각해 보자.

> 변화만 빨랐고 진보는 늦었던 과거 4백 년간에 걸쳐서 자유가
> 보존되고 지켜지고 넓혀지고 마침내는 이해되기에 이르렀던 것은,
> 폭력과 끊임없는 악의 지배에 항거하기 위하여 하는 수 없이 취해졌
> 던 약자들의 집단적 노력에 의한 것이다.[11]

액튼은 사건의 과정으로서의 역사를 자유로의 진보라고 생각했
고, 이러한 사건의 기록으로서 역사를 자유의 이해를 향한 진보라고
생각했다. 물론 이 두 과정은 병행되어 왔다.[12] 철학자 브래들리
(Francis Herbert Bradley, 1846~1924 영국의 철학자)는 진화의 유추가 한
창 성행되고 있던 시대에 집필 활동을 한 사람인데, 그는 "종교적 신
앙에서 진화의 목적이라는 것은……이미 진화되어 버린 것으로 나타
난다."[13]라고 말한 바 있다. 그러나 역사가에게는 진보의 종국은 이미
진화된 것일 수는 없다. 그것은 아직도 한없이 먼 곳에 있는 것이고,
그에 대한 지표는 우리의 전진 도상에서 비로소 시야에 들어오는 것
이다. 그렇다고 해서 그 중요성이 감소되는 것은 아니다. 나침반은 귀
중한 그야말로 불가결한 길잡이이다. 그러나 그것은 행로가 그려진
지도와 같은 것은 아니다. 역사의 내용도 우리의 경험을 통하지 않고
서는 실현될 수 없다.

---

11) Acton, *Lectures on Modern History*(1906), p.51
12) K. Mannheim, *Ideology and Utopia*(영문판,1936), p.236에서 인간의
'역사를 형성해 나가는 의지'를 '역사를 이해하는 능력'과 결부시키고 있다.
13) F. H. Bradley, *Ethical Studies*(1876), p.293

진보와 비연속성

　나의 제3의 논점은, 적어도 정상적인 사람이라면 아무도 역전이나 이탈, 중단이 없이 일직선으로만 전진해 나온 진보라는 것을 믿은 일은 없었다는 것, 따라서 가장 급회전의 역전이라 해도 반드시 진보에 대한 믿음에 치명적인 것이라고는 할 수 없다는 점이다. 진보의 시기가 있듯이, 확실히 퇴보의 시기라는 것도 있는 법이다. 뿐만 아니라 후퇴 후의 전진이 같은 지점에서 같은 방향을 따라 되돌아온다고 생각하는 것도 경솔한 일이다. 헤겔이나 마르크스가 말하는 네 개 혹은 세 개의 문명, 토인비의 21개의 문명의 흥기·쇠퇴·몰락을 경과하는 생명체와도 같은 주기를 지니고 있다는 이론——이러한 도식(圖式)은 그 자체로서는 무의미한 것이다. 그러나 이러한 도식은 문명을 전진시키는 데 필요한 노력이 한 지역에서 소멸되고 나면 후에 딴 지역에서 다시 나타나고, 결국 우리가 역사 속에서 볼 수 있는 진보란 모두가 시간에서나 장소에서나 결코 연속적인 것은 아니라고 하는 주목할 만한 사실을 시사하고 있다. 사실 내가 역사의 법칙이라는 것을 만들어 내겠다고 애써 본다면, 어떤 시기에 문명의 발전을 위해서 지도적인 역할을 담당한 집단——계급·국가·대륙·문명이라고 해도 마찬가지이지만——은 다음 시기에는 같은 역할을 담당하지는 못할 것이라는 취지의 것을 만들게 될 것이다. 왜냐하면 그 집단에는 전 시대의 전통과 이해와 이데올로기가 깊이 물들어 있기 때문에 다음 시기의 요구 조건에 적응하기가 어렵다는 당연한 이유가 있기 때문이

---

14) 이러한 상황의 진단에 관해서는 R. S. Lynd의 *Knowledge for What*

다.[14] 따라서 한 집단에게는 몰락의 시대로 보이는 것이 딴 집단에게는 새로운 전진의 시작으로 보이는 일이 아주 흔하게 있을 수 있는 것이다. 진보란 모두에게 평등하게 동시적인 것을 의미하는 것은 아니며, 또한 그렇게 될 수도 없는 것이다. 요즈음의 몰락 예언가들이나, 역사의 의미를 부정하고 진보의 사멸을 단정하는 회의론자들의 대부분이 수 세대에 걸쳐서 문명의 전진에 눈부신 지도적 역할을 담당해 온 지역이나 사회 계급에 속해 있다는 일은 의미심장한 사실이다. 과거에는 자기 집단이 다 해온 역할을 지금은 다른 집단이 떠맡게 되었다는 말을 듣고 그들이 기분 좋을 까닭은 없다. 자기들을 그렇게도 비열하게 농락한 역사가 뜻 깊은 합리적인 과정일 수 없다는 것은 분명한 일이다. 그러나 우리가 진보의 가설을 간직해야 한다면 연속의 중단이라는 조건은 받아들여야만 할 것이다.

획득된 자산의 전달

마지막으로, 우리는 역사적 행위라는 관점에서 볼 때 진보의 본질적 내용은 무엇인가 하는 문제에 직면하게 된다. 가령, 시민적인 권리를 전 국민에게 확대시키자, 형사 소송 절차를 개혁하자, 인종 혹은

(N.Y.,1939), p.88을 참조. "미국 문화에서는 나이든 사람들은 아직 활력과 힘이 있던 과거를 지향하는 반면에, 미래는 하나의 위협으로 저항하는 태도를 흔히 취한다. 이처럼 어느 정도 힘을 잃고 붕괴 과정에 처한 난숙기의 문화 전체는 잃어버린 황금시대를 주로 지향하면서 눈앞의 흘러가는 시간은 그럭저럭 살아 나간다고 볼 수 있다."

부의 불평등을 제거하자, 이런 일을 위해서 투쟁하는 사람들은 바로 그 일 자체의 실현을 의도하는 것이지 진보를 달성하겠다거나 어떤 역사 '법칙'이나 진보의 '가설'을 실현하겠다거나 하는 의식을 가지고 하는 것은 아니다. 그들의 행위에 진보의 가설을 적용해서 그 행위를 진보라고 해석하는 것은 역사가이다. 그렇다고 해서 이로 말미암아 진보의 개념이 효용 없는 것이 된다는 것은 아니다. 이사야 벌린 경은 "진보와 반동이라는 말은 크게 남용되어 오기는 했지만 결코 공허한 개념은 아니다."[15] 라고 말했지만, 이 점에 관해서는 나도 기꺼이 그와 견해를 같이한다. 인간은 조상들의 경험에서 이익을 얻을 수 있다는 것(언제나 꼭 이익을 얻는다는 것은 아니지만), 그리고 역사에서 진보란 자연계의 진화와는 달리 습득된 자산을 토대로 한다는 것, 이것은 역사의 한 전제이다. 이 자산에는 물질적인 재력뿐만 아니라 자신의 환경을 지배하고 변형하고 이용하기 위한 능력도 포함되어 있다. 사실 이 두 요소는 긴밀한 상호 관련과 상호 작용의 관계에 있다. 마르크스는 인간의 노동을 전(全) 구조의 토대로 삼고 있지만, '노동'이라는 말에 충분히 넓은 의미만 부여한다면 이 공식도 용납될 수 있을 것이다. 그러나 아무리 자원이 축적된다고 해도 거기에 기술과 사회에 대한 지식과 경험, 그리고 넓은 의미에서 인간의 환경에 대한 지배력의 증대라는 요소가 수반되지 않는다면 무슨 소용이 있겠는가. 오늘날에는 물질적 자원과 과학 지식의 축적이라는 면에서 진보가 보이고 있다는 사실, 그리고 기술적인 의미의 환경에 대한 지배력이 증대되고 있다는 사실을 의심할 사람은 거의 없을 것이다. 그러나 의문

---

15) *Foreign Affairs*, 제28권, No.3(June 1950), p.382

시되고 있는 점은, 20세기에 들어서 우리들의 사회 질서의 형성에 과연 어떠한 진보가 이룩되었는가, 국내적 혹은 국제적인 사회 환경의 지배에서 어떠한 진보를 볼 수 있었는가, 오히려 뚜렷한 퇴보가 있었던 것은 아닌가 하는 문제이다. 사회적 존재로서 인간의 진화는 기술의 발달에 비해 결정적으로 뒤떨어지고 있는 것은 아닐까?

이상과 같은 의문을 조장할 만한 징조는 확연하다. 그러나 나로서는 이것을 결코 옳은 생각이라고 수긍할 수는 없다. 역사에는 많은 전환점이 있었다. 그럴 때마다 지도적 역할이나 주도권이 한 집단이나 지역으로부터 타 집단, 타 지역으로 넘어갔다. 근대국가가 일어나고 중심 세력이 지중해에서 유럽으로 넘어가던 시기나 프랑스 혁명의 시기 등은 근대의 그 현저한 예이다. 이러한 시기는 항상 난폭한 동란기였고 세력 쟁탈의 시기였다. 낡은 권위는 약화되고, 낡은 경계는 사라지고, 야심과 원한의 격렬한 충돌 속에서 새로운 질서가 탄생하였다. 여기서 내가 말하려고 하는 것은, 우리가 바로 이런 시기를 통과하고 있다는 사실이다. 사회조직의 여러 문제에 관한 우리들의 이해력이나, 이러한 이해력에 의거하여 사회를 조직하려는 선의가 감퇴되었다는 말은 나로서는 전연 잘못된 것이라고 생각한다. 아니, 오히려 크게 증대되었다고 단언해도 무방할 것이다. 문제는 우리의 능력이 감소되었다거나 덕성이 저하되었다거나 하는 데에 있는 것이 아니다.

우리가 살고 있는 이 시대가, 대륙과 국가와 계급 간의 세력 균형이 변동되고 있는 투쟁과 동란의 시대이기 때문에 이상과 같은 능력이나 자질에 가해지는 부담이 엄청나게 증대되고, 그 유효성이 제한되고 좌절되어서 볼 만한 성과를 거둘 수 없다는 데에 문제가 있는 것이다. 과거 50년간에 서방 세계에서 볼 수 있었던 진보의 신봉에 대한 도전력을 결코 과소평가할 생각은 없지만, 나로서는 아직도 역사에서 진보가 끝났다고는 믿지 않는다. 그러나 여러분이 나에게 진보의 내용이 무엇인가를 꼭 말하라고 추궁한다면, 이에 대답할 수 있는 것은 대략 다음과 같은 것이 될 것이다. 19세기의 사상가들은 흔히 역사의 진보에는 확실하고 명백히 규정할 수 있는 목표가 있다는 생각을 자명한 이치로 삼아 왔지만, 이러한 관념이 부당하고 무용한 것이라는 데 대해서는 이미 밝혀진 바 있다. 진보를 믿는 것은, 결코 어떠한 자동적인 불가피한 과정을 믿는다는 것이 아니라 인간 능력의 계속적인 발전을 믿는다는 것을 뜻한다. 진보라는 것은 추상적인 말이다. 인류가 추구하는 구체적 목적은, 역사 진행의 과정 속에서 그때그때마다 나타나는 것이지 역사의 외부에 어떤 출처를 가지고 있는 것은 아니다. 나는, 인간의 완성이라든가 장차 도래할 지상의 파라다이스라든가 하는 데 대해서는 아무런 신앙도 가지고 있지 않음을 솔직히 천명한다. 이러한 정도까지는 지상에서는 완성이라는 것이 실현될 수 없다고 주장하는 신학자나 신비주의자들과 의견을 같이할 수 있다. 그러나 나는, 전진 과정에서만 비로소 규정될 수 있고 그 유효성도 달성 과정에서만 비로소 증명될 수 있는, 그러한 목표를 향한 무한한 진보의 가능성이라는 것만으로 만족하기로 하겠다.

도대체 이러한 진보 관념이 없다면 사회가 어떻게 지속될 수 있겠는가? 문명 사회라는 것은 모두가 미래 세대를 위한 희생을 현존 세대에게 강조하는 법이다. 이러한 희생을 미래의 좀더 나은 세계라는 명목으로 합리화하는 것은 이를 신의(神意)라는 명목에 합리화하는 태도와 대조되는 세속적인 합리화라 하겠다. 뷰리(Bury)의 말에 "후세를 위한 의무라는 원리는 진보의 관념의 직접적인 소산이다."[16] 라는 대목이 있다. 이러한 의무에 무슨 변명이 필요하겠는가? 그러나 필요하다고 해도 이외의 딴 방도가 있을 것 같지도 않다.

역사의 방향 감각

여기서 우리는 역사에서 객관성이라는 유명한 난제(難題) 속으로 끌려 들어가게 된다. 우선 객관성이라는 말 자체부터가 오해되기가 쉽고 가정을 토대로 한 것이다. 이미 지난 강연에서 말한 바와도 같이, 사회과학——역사를 포함한——은 주체와 객체를 따로 떼어놓고 관찰자와 관찰 대상과의 사이에 엄격한 분리를 강요하는 것과 같은 지식 이론과는 조화될 수가 없다. 우리에게는 양자 간의 상호 관계와 상호 작용의 복잡한 과정을 정당하게 다루어 나갈 새로운 모델이 필요하다. 역사적 사실은 완전히 객관적일 수는 없다. 왜냐하면 그것은 역사가가 인정하는 의의 여하에 의해서만 역사상의 사실이 되는 것이기 때문이다. 역사에서 객관성——우리들이 이 편의적인 말을 계속 사용하기로 한다면——이 사실의 객관성일 수는 없는 것이며, 단지 관계의 객관성, 즉 사실과 해석과의 사이의, 과거와 현재와 미래와의 사이의 관계의 객관성에 불과한 것이다. 역사의 외부에 독립된 절대적인 가치 기준을 세워 놓고는, 그것을 가지고 역사적 사건을 판정하려는 태도를 나는 비역사적이라고 배격한 바 있지만, 지금 그 이유로 다시

---

16) J. B. Bury, *The Idea of Progress*(1920), p.9

돌아갈 필요는 없을 것이다. 그러나 절대적 진리라는 개념 역시 역사의 세계에는 부적합한 것이고, 아마도 과학의 세계에서도 마찬가지일 것이다. 역사 이야기치고 그것이 절대적으로 진실이라든가 절대적으로 허위라든가 하는 식으로 판정될 수 있는 것이란 지극히 단순한 부류의 것에만 국한된다. 좀더 복잡한 수준에 올라가서, 가령 어떤 역사가가 선인들이 내린 판단을 논박하는 경우를 들어 본다면, 그는 보통 그것을 절대적으로 허위라고 비난하는 것이 아니라, 부적당하다든가 일방적이라든가 오해점이 있다든가, 혹은 그후의 증거로 말미암아 뒤떨어졌다거나 불합리한 것이 되어 버린 관점의 소산이라든가 하는 식으로 이야기하는 법이다. 러시아 혁명이 니콜라스 2세의 우둔이나 레닌의 천재 때문에 일어났다고 한다면, 그것은 전연 부당한── 전적인 오판이라고 할 만큼──말이 될 것이다. 그러나 이것조차도 절대적으로 허위라고는 할 수 없다. 역사가는 이런 종류의 절대는 취급하지 않는 법이다.

　　로빈슨의 죽음이라는 불행한 사건으로 다시 되돌아가 보자. 그 사건에 대한 우리들의 조사의 객관성은, 사실을 정확하게 입수한다는 점에 달려 있었던 것이 아니라──이러한 점에 문제될 것은 없다.── 우리에게 관심이 있었던 참된 혹은 의미 있는 사실과, 무시해도 좋은 우연적인 사실과를 구별한다는 점에 달려 있었던 것이다. 우리는 이러한 구분이 용이하게 내려질 수 있다는 것을 알 수 있다. 왜냐하면, 중요성에 대한 기준이나 테스트, 말하자면 우리가 말하는 객관성의 토대는 명확한 것이었으며, 그것은 이 경우에서 목적, 즉 교통사고에 의한 사망률을 감소시킨다는 목적에 관련된 것이었기 때문이다. 그러나 교통사고에 의한 사상자를 감소시킨다고 하는 단순하고 일정한 목적만을 지닌 조사관에 비해 볼 때에 역사가는 덜 행복한 인간이다. 역사도 역시 해석이라는 작업에서는 의의 있는 것과 우발적인 것과를 구분하기 위한 중요성의 기준——이것은 동시에 객관성에 대한 기준이기도 하다.——을 필요로 하였다. 그도 역시 이러한 기준을 해당되는 목적에 대한 관련성에서만 찾아낼 수 있는 것이다. 그러나 그것은 불가피하게 진화 도상에 있는 목적일 수밖에 없다. 과거에 대한 진화적 해석이라는 것은 역사의 불가피한 기능이기 때문이다. 변화는 언제나 확고하고 변경될 수 없는 방식으로 설명되어야만 한다는 인습적인 억측은 역사가의 경험과는 상치되는 것이다. 버터필드(Butterfield) 교수는 "역사가에게 유일한 절대자는 변화이다."[17]라고 말했다. 물론 이 말은 역사가들이 따라가지 않아도 될 어떤 영역을 자신만은 보유하고 있다는 암시를 풍기고는 있지만, 역사에서 절대자는 우리가 출발해 온 과거 속에 있는 어떤 것도 아니요 현재 속에 있는 어떤 것도 아니다. 왜냐하면 현재의 모든 사고는 상대적인 것일 수밖에 없기 때문이다. 그것은 아직도 완성되지 않은 생성 도상에 있는 어떤 것이며, 우리가 전진해 나아가는 미래 속에 있는 어떤 것, 우리가 그것을 향해서 전진해 나감에 따라서 비로소 모양을 취하기 시작하는 것, 또한 전진 도상에 있는 우리들이 그 조명에서만 과거에 대한 해석을 점차로

---

17) H. Butterfield, *The Whig Interpretation of History*(1931), p.58. 이것을 A. von Martin, *The Sociology of the Renaissance*(영문판,1945), p.i에 있는 더욱 치밀한 기술과 비교해 보라. "타성과 운동, 정적인 것과 동적인 것 등 이러한 기본 범주에 의하여 역사의 사회학적 연구는 시작된다.……역사는 다만 상대적인 의미에서만 타성이라는 것을 알고 있다. 타성과 변화의 어느 쪽이 우선인가가 결정적인 문제이다." 역사에서 변화는 적극적이고 적대적인 요소이고, 타성은 주관적이고 상대적인 요소이다.

형성해 나갈 수 있는 그러한 어떤 것이다. 이것은 역사의 의미는 최후의 심판의 날에야 밝혀진다는 종교적 신화의 배후에 담겨진 현세적 진리이다. 우리의 기준은, 어제나 오늘이나 영원히 변함이 없다는 정적인 의미에서의 절대자는 아니다. 이러한 절대자는 역사의 본질과 양립될 수 없다. 그러나 과거를 해석한다는 면에서는 그것은 절대적인 것이다. 그것은 어떤 해석이건 옳고 그른 것이 없다거나, 어떤 해석이건 그것이 나타난 때와 장소에 놓고 보면 모두 정당하다거나 하는 상대론적 견해를 배격하고, 우리의 과거에 대한 해석을 궁극적으로 판가름해 줄 기준을 마련해 준다. 이러한 역사의 방향 감각이 있기 때문에 비로소 우리는 과거의 여러 사건을 정리하고 해석하는 일을──이것은 역사가의 일이다.──할 수가 있고, 미래를 내다보면서 오늘날의 인간의 에너지를 해방하고 조직하는 일을──이것은 정치가·경제학자·사회개혁가의 할 일이다.──할 수 있는 것이다. 그러나 이 과정 그 자체는 언제나 진보하는 것이고 동적인 것이다. 우리의 방향 감각, 우리의 과거에 대한 해석은 우리가 전진함에 따라 부단히 수정되고 부단히 진화되어 나갈 수밖에 없는 것이다. 헤겔은, 절대자에게 세계 정신이라는 신비적인 겉옷을 입혔고, 역사 과정을 미래 속에 투사하지 않고 현재 속에서 끝내게 한다는 중대한 오류를 범하고 말았다. 그는 과거에 대해서는 연속적인 진화과정을 인정하면서도 미래에 대해서는 부당하게도 이를 거부했다. 헤겔 이후에 역사의 본질에 대해서 가장 깊이 성찰한 사람들은 역사 속에서 과거와 미래의 종합이라는 면을 찾아냈다. 토크빌(De Tocqueville, 1805~1859 프랑스의 역사가, 정치가)은 당시의 신학적인 경향에서 완전히 벗어나지도 못했고 절대자에게 지나치게 좁은 의미를 부여하고 있기는 하지만, 역시 이 문제의 핵심을 찌르고 있다. 그는 평등의 발전이라는 것을 보편적인 영원한 현상이라고 말하고 나서 다음과 같이 말했다.

> 만일 우리 시대 사람들이 평등의 점차적이고 진보적인 발전이라는 것이 동시에 역사의 과거요 미래라는 것을 깨달을 수 있게 된다면, 이 한 가지 발견만으로도 그 발전에는 신의 뜻이라고 하는 신성한 성격이 부여될 수 있을 것이다.[18]

아직도 완결되지 않은 이 주제를 가지고 역사의 중요한 일장(一章)이라고 쓸 수 있을 것이다. 마르크스는 미래에 눈을 감은 헤겔의 경향을 어느 정도 물려 받았기 때문에 자기 학설의 뿌리를 과거 역사 속에 다져 넣는 데에 주력했지만, 역시 그 주제의 성질상 계급 없는 사회라는 절대자를 미래 속에 투사(投射)했다. 뷰리(Bury)도 진보의 관념은 "과거와 미래의 예언의 종합을 내포하는 이론이다."[19]라는 좀 어색하기는 하지만 분명히 같은 의도의 말을 하고 있다. 네이미어(Namier)는 고의로 역설적인 표현을 써서——그의 설명은 풍부한 예증을 구사하면서 흔히 그런 투로 시작된다.——역사가는 "과거를 상실하고 미래를 기억한다."[20]라고 말했다. 미래만이 과거를 해석할 열쇠를 제공할 수 있다. 그리고 이러한 의미에서만 우리들은 역사에서 궁극적 객관성이라는 것을 말할 수 있다. 과거가 미래를 조명하고, 미래가 과거를 조명한다는 것은 역사의 합리화인 동시에 역사의 설명이다.

---

18) A. de Tocqueville, Preface to *Democracy in America.*
19) J. B. Bury, *The Idea of Progress*(1920), p.5
20) L. B. Namier, *Conflicts*(1942), p.70

과거와 미래의 대화

　　보통 우리들은 어떤 역사가를 객관적이라고 칭찬하기도 하고, 혹은 한 역사가를 다른 역사가보다 객관적이라고 말하기도 하지만, 대체 이것은 무엇을 의미하는 것일까? 분명 그것은 단지 사실을 올바르게 입수한다는 뜻이 아니라 올바른 사실을 선택한다거나, 혹은 올바른 의미 기준을 적용한다는 뜻일 것이다. 우리가 어떤 역사가를 객관적이라고 할 때에는, 거기에는 두 가지 의미가 있다고 생각된다. 우선 그것은 그 역사가가 자신의 사회적·역사적 위치에서 오는 제한된 시야를 넘어설 능력이 있다는 것을 의미한다.——이러한 능력은 지난 강연에서도 말한 바와 같이 그 일부는 자기가 어느 정도까지 그러한 위치에 말려들어 가 있는가를 인식할 수 있는 능력, 즉 완전한 객관성이란 있을 수 없다는 사실을 인식할 수 있는 능력에 달린 것이다. 둘째로는, 그 역사가는 자신의 비전을 미래에 투사할 수 있는 능력이 있고, 따라서 그 안목이 전적으로 목전의 자기 위치에만 국한되어 있는 역사가들보다는 과거에 대한 더욱 깊고, 더욱 영속적인 통찰력을 가질 수 있다는 것을 의미한다. 오늘날 '완전한 역사'가 가능하리라고 전망한 액튼의 견해에 동조할 역사가는 아무도 없을 것이다. 그러나 역사가들 가운데서도 일부 사람들은 다른 사람들보다도 영속성이 있고 더 많은 완전성과 객관성을 지닌 역사를 쓰고 있다. 이런 사람들은, 과거와 미래에 대한 장기적 안목을 지닌 사람들이다. 과거를 취급하는 역사가들도 미래에 대한 이해에 접근해야만 비로소 객관성에 접근할 수 있는 것이다.

　　나는 지난 강연에서 역사를 과거와 현재와의 대화라고 말한 바 있지만, 오히려 역사는 과거의 여러 사건과 점차적으로 우리들 앞에 출현하게 될 미래의 여러 목적과의 대화라고 말했어야 더 정확했을 것이다. 과거에 대한 역사가의 해석도, 의의 있는 것과 적절한 것의 선택도, 새로운 목표가 점차적으로 출현함에 따라 진화되어 가는 것이다. 간단한 예를 들어 보자. 입헌적 자유와 정치적 권리를 보장해 줄 기구라는 것이 주된 목표라고 생각되던 시대에는 역사가들은 과거를 헌정적(憲政的) 및 정치적인 견지에서 해석했다. 그러나 경제적 및 사회적인 목적이 헌정적 및 정치적 목적을 대체하기 시작했을 때에는 역사가들은 과거의 경제적·사회적 해석에 착수했던 것이다. 이러한 과정에서 회의론자들은 새로운 해석이 낡은 해석보다 나을 것이 무엇인가, 시대에 따라서는 다 같이 정당한 것이 아니겠는가 하는 주장을 그럴 듯하게 내세울지도 모른다. 그러나 정치적 및 입헌적인 목적을 중시하는 태도보다는 경제적 및 사회적 목적을 중시하는 태도가 인류의 발전에 더 넓고 더 진보된 단계를 반영하는 것이기 때문에 경제적 및 사회적인 역사 해석은 정치에만 매달려 있는 역사 해석보다는 역사의 더욱 앞선 단계를 반영하는 것이라고 할 수 있다. 낡은 해석이 거부된다는 것이 아니라 새로운 해석에 의하여 포섭되고 대치된다는 것이다. 역사 서술을 진보하는 과학이라고 하는 이유는, 그것이 발전해 나가는 여러 사건의 진전에 대해서 부단히 넓혀지고 깊어지는 통찰을 마련해 나가려고 하기 때문이다. 이것이 '과거에 대한 건설적인 견지'를 가져야 한다는 말에 대한 나의 해석이다. 근대적인 역사 서술은 과거 2세기 동안에 걸쳐서 진보에 대한 이상과 같은 이중의 신앙 속에서 자라 나온 것이며, 또한 그것 없이는 존립이 불가능한 것이다. 왜냐하면, 역사 서술에 의미의 기준을 제공하고 참된 것과 우연적인 것을 구분하는 표준을 제공해 주는 것이 바로 이러한 신앙이기 때문이다. 괴테는 생애의 마지막에 가까운 대화 속에서 이 어려운 문제를 좀 거칠게나마 다음과 같이 해결해 놓았다.

몰락에 처한 시대에는 모든 경향은 주관적인 것이 된다. 그러나 반대로 모든 일이 새 시대를 향해서 결실해 나가는 시대에는 모든 경향은 객관적인 것이 된다.[21]

역사의 미래나 사회의 미래를 믿어야 할 의무는 아무에게도 없다. 우리의 사회가 파괴되어 버린다든가, 혹은 장기간의 몰락을 통해서 멸망한다든가 하는 일은 가능한 일이며, 그렇게 되어서 역사가 신학——인간 활동에 대한 연구가 아니라 신의(神意)에 대한 연구——이나, 문학——목적도 의미도 없는 스토리나 전설에 대한 이야기——의 위치에 떨어져 버리는 일도 가능할 것이다. 그러나 이것은 과거 2천 년을 통해서 우리가 알아온 의미의 역사는 아닐 것이다.

존재와 당위

그러나 역사적 판단의 궁극적 기준을 미래 속에서 찾아야 한다는 이론에 대해서는 잘 알려진 일반적인 반론이 있기 때문에 이에 대해서 좀더 이야기해야 하겠다. 그러한 이론은, 성공이야말로 판단의 궁극적인 기준이라는 것이며, 현존하는 모든 것이 옳다고까지는 하지

---

21) J. Huizinga, *Man and Ideas*(1959), p.50에서 인용.

않더라도 미래에 있을 일은 모두가 옳다는 것을 의미한다는 것이다. 과거 2백 년간에 걸쳐서 대부분의 역사가들은 역사가 일정한 방향을 따라서 진행된다고 생각했을 뿐만 아니라, 의식적이건 무의식적이건 그 방향이 전체적으로 옳은 방향이라는 것, 즉 인류는 나쁜 상태로부터 좋은 상태로, 저급한 상태로부터 고등한 상태로 전진하고 있다고 생각해 왔다. 즉, 역사가들은 방향을 인식하는 데에만 그치지 않고, 이에 대한 찬의를 아울러 표했던 것이다. 결국 역사가가 과거를 취급할 때에 적용한 중요성의 기준이라는 것은 역사 진행에 대한 방향 감각일 뿐만 아니라 역사 과정에서 자신의 선악 관념이기도 했던 것이다. 이리하여 '존재'와 '당위', '사실'과 '가치' 사이에 설정되었던 대립은 해소되었다. 휘그당원도 자유당원도, 헤겔파도 마르크스파도, 신학자도 합리주의자도 다 같이 확고하고 명확하게 믿어 의심치 않았던 것은 낙관론이었다. 그리고 이 낙관론 자체는 미래에 대한 엄청난 자신 속에서 산 한 시대의 소산이었던 것이다. 과거 2백 년 동안에는 아마도 이러한 것이 '역사란 무엇인가'라는 질문에 대한 과장 없이 공인된 절대적인 해답으로서 통용될 수 있었을 것이다. 그러나 불안과 비관주의라는 현재의 분위기와 더불어 반동이 조성되었고, 역사의 의미를 역사 외부에서 구하는 신학자들이나, 역사에서는 아무런 의미도 찾아볼 수 없다는 회의론자들에게 자리를 넘겨주게 되었다. 그리하여 '존재'와 '당위'의 대립은 절대적이라느니 해소될 수 없는 것이라느니, '가치'는 '사실'에서 도출될 수 없다느니 하는 주장이 사면에서 역겨울 정도로 강조되고 있다. 그러나 이것은 잘못된 사고방식이다. 여기서 대략 생각나는 대로 몇 사람의 역사가나 역사 관계의 저술가들을 골라 그들이 이 문제를 어떻게 생각했는가를 살펴보기로 하자.

기번(Gibbon)은 자신의 역사 서술 속에서 이슬람의 승리에 대한 논술에 상당한 페이지를 할애하는 것을 당연하다고 생각하고, 그 이유를 "회교도들은 동방 세계에서는 아직도 세속적 영역에서나 종교적 영역에서나 지배권을 장악하고 있기 때문"이라고 했다. 그는 계속해서 다음과 같이 말했다. 그러나 "7세기로부터 12세기에 걸쳐서 스키티아(Scythia) 평원에서 밀려 내려온 야만족 집단에 대해서는 같은 힘을 기울일 만한 가치가 없다." 왜냐하면 "비잔틴 황제의 위세는 이들의 난폭한 공격을 격퇴하고 명맥을 유지할 수 있었기 때문이다."[22] 이것은 이치에 닿는 이야기라고 생각한다. 역사란 대체로 사람들이 한 일을 기록하는 것이지 사람들이 하지 못한 일에 대한 기록은 아니다. 이런 의미에서는 그것은 불가피하게 성공의 이야기일 수밖에 없는 것이다. 토니(Richard Henry Tawnay, 1880~1962 영국의 경제사가) 교수의 말에 의하면, 역사가들은 "승리를 거둔 세력은 전면으로 끌어내고, 그들에게 먹혀버린 세력은 후면으로 밀어제쳐 놓아 가지고" 기존 상태에 "불가피성이라는 외관"[23]을 부여한다는 것이다. 그러나 어떤 의미에서는 이런 것이야말로 역사가의 임무의 본질이 아닐까? 물론 역사가는 반대편을 경시해서는 안된다. 간신히 거둘 수 있었던 승리를 독주나 다름없는 것으로 그려내서도 안된다. 때에 따라서는 패배자가 궁극적인 결과에 대해서 승리자에게 못지않은 기여를 하는 수도 있다. 이런 일은 역사가라면 누구나 잘 알고 있다. 그러나 대체로 역사가란 승자건 패자건 무엇인가를 성취한 사람들을 문제 삼는다. 나

---

22) Gibbon, *The Decline and Fall of the Roman Empire* 제55장.

23) R. H. Tawnay, *The Agrarian Problem in the Sixteenth Century*(1912), p.177

는 크리켓 역사의 전문가는 아니다. 그러나 아마도 크리켓 역사를 장식하고 있는 것은 수백 점을 딴 사람들의 이름이지 한 점도 못땄다든가 실격을 당했다든가 하는 사람들의 이름은 아닐 것이다. 역사상 "우리의 주의를 끌 수 있는 것은 국가를 형성하는 민족뿐이다."[24]라는 헤겔의 유명한 말은 사회 조직의 한 가지 형태에만 배타적인 가치를 부여함으로써 가증스러운 국가 숭배에의 길을 열어 주었다는 비판을 받아 왔는데, 이것은 당연한 일이다. 그러나 원칙적인 면에서 헤겔이 말하고자 했던 바는 정당했고, 동시에 그 속에는 역사 이전과 역사와를 구분하는 낯익은 구분점이 반영되고 있는 것이다. 자기 사회를 어느 정도까지 조직하는 데에 성공한 민족만이 원시의 야만 단계를 넘어서서 역사 속에 들어오는 것이다. 칼라일(Carlyle)은 《프랑스 혁명사》 속에서 루이 15세를 '변태 세계의 화신'이라고 불렀다. 그는 분명히 이 말이 마음에 들었던지 후에 좀더 긴 문장 속에서 이를 다시 다음과 같이 부연하고 있다.

온 세상이 어지러운 이 새로운 격동은 도대체 무엇일까. 기왕에 협조적인 기능을 발휘해 오던 제도, 사회조직, 개인 정신이 지금은 미친 듯이 충돌하면서 돌고 깨어지고 하고 있으니 말이다. 불가피한 일, 변태 세계의 붕괴, 변태 세계의 최후가 온 것이다.[25]

이 기준 역시 역사적인 것이다. 한 시대에 적합했던 것도 다음 시대에는 변태적인 것이 되고, 그로 말미암아 공격의 대상이 된다. 이사

---

24) *Lectures on the Philosophy of History*(영문판, 1884), p.40
25) T. Carlyle, *The French Revolution*, I,i, ch.4 ; I.iii, ch.7.

야 벌린 경 같은 사람도, 일단 철학적 추상의 높은 세계에서 내려와서 구체적인 역사 상황을 생각하게 될 때에는 이상과 같은 견해에 동조하게 되는 모양이다. 〈역사적 불가피성〉에 관한 논문이 발간되고 나서 얼마 후의 방송에서, 그는 비스마르크를 그 도덕적 결함에도 불구하고 '천재'로서, 그리고 '최고의 정치적 판단력을 가진 전 세계의 정치가들 중의 최대의 모범'이라고 찬양하고, 이러한 점에서 그를 오스트리아의 요제프 2세(Joseph II), 로베스피에르, 레닌, 히틀러와 같은 '자기들의 적극적 목적'을 실현하지 못한 사람과 비교할 때에 더 훌륭하다고 보고 있다. 사실 이것은 기묘한 판단이다. 그러나 지금 내가 관심을 두고 있는 점은 판단의 기준이라는 문제이다. 비스마르크는 자기가 다루는 사물을 이해하였는데, 그밖의 사람들은 추상적 이론에만 끌려 다녔기 때문에 실패했다고 이사야 경은 말한다. "보편 타당성을 요구하는 조직적 방법이나 원리만을 중시하고……가장 유용한 것을 돌보지 않는다는 데에서 실패가 초래된다."[26]는 것이 그의 교훈이다. 다시 말해서, 역사에서 판단의 기준은 '보편 타당성을 요구하는 원리'가 아니라 '가장 유용한 것'이라는 말이다.

가장 유용한 것

말할 것도 없이 '가장 유용한 것'이라는 이 기준을 우리들이 사용하게 되는 것은 비단 과거를 분석하는 데에만 국한된 것은 아니다. 만

---

26) '정치적 판단'에 대한 1957년 6월 19일의 BBC 제3방송.

일 어떤 사람이, 현재의 시점에서 영국과 미국은 단일 주권에서 한 국가로 통합하는 것이 좋겠다는 생각을 여러분에게 말한다고 하자. 이에 대하여 여러분은 참 현명한 생각이라고 찬동할 수도 있을 것이다. 만일 그가 계속해서 정부 형태로서는 대통령제 민주정치보다도 입헌군주제가 좋다고 말한다면, 이에 대해서도 역시 대단히 현명한 생각이라고 찬동할 수도 있을 것이다. 그러나 여기에만 그치지 않고, 그가 만일 이 두 나라를 영국의 왕권 밑에 다시 통일시키기 위한 정치 운동에 발 벗고 나서겠다는 의향을 들고 나온다고 생각해 보자. 아마도 여러분은 시간 낭비에 불과하다고 대답할 것이다. 그리고 그 이유를 설명하려고 할 경우에 여러분으로서는, 이런 종류의 문제는 일반적인 적용을 위한 어떤 원리를 놓고 이야기할 것이 아니라, 특정의 역사 조건 밑에서 그것이 어떤 결과를 가져올 것인가를 놓고서 이야기되어야 한다고 말할 수밖에는 없을 것이다. 아마도 여러분은 절대로 내세워서는 안될 추상적인 역사의 위력을 빌려서라도, 도대체 역사 자체가 당신의 일을 용납 안한다고 말할 것이다. 정치가의 할 일이란, 도덕적인 면이나 이론적인 면에서 어떠한 일이 바람직한가를 생각한다는 데에만 그치는 것이 아니라, 목전의 세계에는 어떠한 세력이 존재하는가, 그것을 어떻게 주도하고 조종하여 당면 목적의 일부나마 달성할 수 있겠는가를 아울러 고려하는 데에 있는 것이다. 역사 해석에 의거하여 취해지는 우리들의 정치적 결정이란 이상과 같은 타협 속에 뿌리를 박고 있는 것이다. 그러나 이러한 타협적인 토대는 역사 해석의 경우에도 마찬가지이다. 일견 바람직해 보이는 추상적 기준을 설정해 놓고, 그것을 거울삼아 과거를 규탄하는 것보다도 더 심한 근본적인 오류는 없다. 또한 우리들은 불쾌한 냄새가 풍기는 '성공'이란 말은 피하고 가능한 한 '가장 유용한 것'이라는 중립적인 말을 쓰도록 하자. 지금까지의 강연에서 나는 여러 경우에 이사야 벌린 경과 의견의 대립을 보아 왔지만, 여기서는 이 정도나마 의견을 같이하고 청산을 보게 된 것을 기쁘게 생각한다.

그러나 '가장 유용한 것'이라는 기준을 받아들인다 해도, 그 적용이 용이하거나 자명하거나 하다는 이야기는 아니다. 그것은 그때그때의 순간적인 판단을 내리는 데에 유용한 기준도 아니고, 현존하는 것은 모두가 정당하다는 견해에 굴복하는 기준도 아니다. 역사상에는 뜻 깊은 실패라는 것도 없지 않다. 역사는 소위 '뒤늦은 성공'이라는 것을 인정한다. 오늘의 명백한 실패도 내일에는 중요한 공헌을 하게 되는 수도 있다. ──예언자란 자기 시대에 앞서 태어나는 것이 아닌가? 사실 이 기준이 확고부동한 보편적 원리보다 나은 장점의 하나는, 그것이 우리들의 판단을 연기시켜 주며, 즉 아직 일어나지 않은 사태에 비추어서 그것을 수정할 수 있게 해 준다는 점에 있다. 추상적인 도덕 원리라는 견지에서 거침없이 말해 나간 프루동(Proudhon)은 나폴레옹 3세의 쿠데타가 성공한 후에 이를 긍정했다. 그러나 추상적인 도덕 원리라는 기준을 부정한 마르크스는 쿠데타를 긍정한 프루동을 비난했다. 긴 역사적 안목을 가지고 회고해 볼 때에는 누구나 프루동이 잘못이었고 마르크스가 옳았다는 데에 의견을 같이할 것이다. 비스마르크의 업적도, 역사적 판단이라는 이 문제를 검토하는 데 대한 훌륭한 출발점을 제공해 준다. 나도 '가장 유용한 것'이라는 이사야 벌린 경의 기준에는 찬동하지만, 그가 이것을 좁은 단기적인 한계 내에서 적용하고 크게 만족하고 있는 데 대해서는 당혹을 금할 수가 없다. 과연 비스마르크는 참으로 유용한 일을 했을까? 나로서는 그가 무한한 재난을 남겨 놓았다고도 생각된다. 이렇게 말한다고 해서, 독일 제국을 건립한 비스마르크가 그것을 원했고, 그 사업을 도운 독일 국민들을 비난하려고 하는 것은 아니다. 그러나 하나의 역사가로서 나에게는 많은 의문점이 있다. 종국적인 파탄이 일어나게 되었던 것은 독일 제국의 구조 내부에 어떤 보이지 않는 결함이 있었기 때문일까, 그렇지 않으면 제국 형성의 내적 조건 속에 어떤 요인이 있어 그것 때문에 그 나라가 자기주장에만 사로잡힌 공격적인 성격을 지니게 된 것일까? 혹은 제국 건립 당시에 이미 유럽이나 세계 무대는 꽉 차 있었고, 기존 강대국들의 팽창 경향도 크게 강화되고 있었기 때문에 팽창성을 띤 또 하나의 강대국이 출현했다는 사실만으로도 대규모의 충돌이 야기되고 조직 전체가 붕괴되기에 족했던 것일까? 마지막에 든 가정에 의한다면, 재난의 책임은 비스마르크와 독일 국민이 져야 한다든가, 그들에게만 책임이 있다든가 하는 말은 잘못된 것이다. 우리들은 최후의 관련자만을 책할 수는 없는 것이다. 그러나 비스마르크의 업적, 그리고 그것이 어떠한 역할을 했는가에 대한 객관적인 판단을 내리려면 이상과 같은 여러 문제에 대한 역사가의 해명을 기다려야 한다. 나로서는 아직도 역사가가 이 모든 문제에 대한 확정적인 해명을 내릴 만한 지위에 서 있다고는 믿지 않는다. 다만 내가 말하고 싶은 것은, 1920년대의 역사가가 1880년대의 역사가보다 객관적 판단에 가깝다는 것, 오늘날의 역사가가 1920년대의 역사가보다도 객관적 판단에 더 가깝다는 것, 아마도 기원 2천 년의 역사가는 더욱더 객관적 판단에 접근할 것이라는 점이다. 이것은 역사에서 객관성이라는 것이 우리들의 목전에 놓인 어떤 고정 불변의 판단 기준에 의존하거나 의존할 수 있는 것이 아니라 미래에 놓여 있는, 그리고 역사 과정의 진전과 더불어 발전하는 그러한 기준에만 의존하고 생존할 수 있다는 나의 주장을 설명하는 것이다. 역사는, 그것이 과거와 미래 사이에 일관된 연관성을 확립할 때에만 의미와 객관성을 지니게 되는 것이다.

진리의 이중성

그러면 여기서 잠깐 눈을 돌려서 소위 사실과 가치의 대립이라는 문제를 보기로 하자. '가치는 사실에서 나올 수는 없다.' 이 말에는 일면의 진실과 일면의 오류가 있다. 가치가 얼마나 환경이라는 사실에 의하여 형성되고 있는가를 알기 위해서는 한 시대, 한 국가를 지배한 가치 체계를 검토해 보는 것만으로도 족할 것이다. 앞의 강연에서 나는 자유 · 평등 · 정의 등과 같은 가치를 나타내는 말들의 역사적 내용이 변화해 나간다는 점에 대해서 주의를 환기한 바 있다. 가령 도덕적 가치를 부르짖으며 사람들을 인도하는 데에 크게 주력해 온 기독교회라는 조직체를 예로 들어 보자. 원시 기독교 시대의 가치를 19세기 프로테스탄트 교회의 가치와 비교해 보라. 혹은 가령 오늘날 스페인의 기독교회가 교도하는 가치와 미국의 기독교회가 교도하는 가치를 비교해 보라.

이러한 가치의 차이는 역사적 사실의 차이에서 온 것이다. 혹은 노예제도, 인종차별, 아동 노동의 착취——한때에는 이 모든 것이 도덕적으로 흠 없는 것, 혹은 훌륭한 것으로 인정되었지만——를 일반적으로 부도덕한 일이라고 생각하도록 만들어 준 과거 1세기 반 동안의 역사적 사실을 생각해 보라. '가치는 사실로부터 나올 수 없다'는 주장은 어떻게 보더라도 일방적으로 그릇된 이야기이다. 혹은 이 말을 거꾸로 뒤집어 보자. '사실은 가치로부터 나올 수 없다.' 여기에도 일면의 진실은 있지만, 오해를 초래할 우려가 있기 때문에 조건을 달 필요가 있다. 우리가 사실을 알려고 할 경우를 생각할 때에, 우리가 제기하는 문제나 우리가 입수하는 해답 같은 것은 모두가 우리들의 가치 체계의 후견을 통해서 만들어지는 소산이다. 우리 환경의 여러 사실을 우리가 어떠한 모양으로 파악하고 있는가는, 우리들의 가치, 즉 우리가 그것을 매개로 하여 사실에 접근하는 여러 카테고리에 의해서 결정되는 것이다. 이러한 영상은 우리가 고려해야 할 중요한 사실의 하나이다. 가치는 사실 속에 들어가 본질적인 부분을 이루고 있다. 우리들의 가치는 인간으로서 우리가 지니는 구조의 본질적인 부분이다. 우리가 환경에 적응할 수 있는 능력도, 환경을 우리 자신에게 적응시킬 수 있는 능력도, 환경에 대한 지배력을 획득하여 역사를 진보의 기록으로 만들어 나갈 수 있는 능력도, 모두가 우리의 가치를 통하여 획득되는 것이다. 그러나 인간과 환경과의 투쟁을 극적으로 과장하여 사실과 가치와의 사이에 허위의 대립과 허위의 분열을 설정해서는 안 된다. 역사의 진보는 사실과 가치와의 상호 의존과 상호 작용을 통해서 이룩되는 것이다. 이러한 상호 과정을 가장 깊이 통찰할 수 있는 사람들이야말로 객관적인 역사가라고 할 수 있다.

사실과 가치에 관한 이러한 문제에 대한 단서는 보통 우리들이 '진리'라는 말을 어떻게 사용하고 있는가 하는 데에서 찾아볼 수 있다. 이 말은 사실의 세계와 가치의 세계 양쪽에 걸쳐 있는 말로서, 양쪽의 요소에 의하여 성립되고 있다. 이것은 단지 영어에만 국한된 특이성은 아니다. '진리'에 해당되는 라틴어도, 독일어의 '발하이트 (Wahlheit)'라는 말도, 러시아의 '프라우다(Pravda)'[27]라는 말도 모두가 이러한 이중적인 성격을 지니고 있다. 어떤 언어에서도 사실의 표명 만도 아니고 가치의 판단만도 아니고 이 두 요소를 모두 포괄하는 '진리'라는 말이 필요한 모양이다. 내가 지난 주에 런던에 갔다는 것은 하나의 사실일 수 있다. 그러나 여러분은 이것을 보통 '진리'라고는 하지 않는다. 여기에는 어떠한 가치 내용이라는 것이 없기 때문이다. 한편, 미국의 건국자들은 독립 선언문에서, 만인은 나면서부터 평등하다는 자명한 진리에 대해 언급하고 있지만, 여러분은 이 경우에 선언의 가치 내용이 사실적인 내용을 압도하고 있다고 생각할 것이며, 따라서 진리로서 인정받을 만한 권리가 없다고 부정할 것이다. 역사적 진리의 영역은 이러한 양극——가치를 떠난 사실이라는 북극과, 사실이 되고자 애쓰는 가치 판단이라는 남극——의 중간 지대의 어딘가에 위치하고 있는 것이다. 첫 번 강연에서도 말한 바와 같이, 역사가란 사실과 해석, 사실과 가치의 양자 사이에서 몸의 균형을 잡고 있는 사람들이다. 그는 이 양자를 분리할 수 없다. 정적인 세계에서라면 여러분도 사실과 가치의 결렬을 선언할 수도 있을 것이다. 그러나 정적인 세계에서는 역사란 무의미한 것이다. 역사는 본질상 변화요, 운동이요,——만일 여러분이 낡아빠진 말이라고 탓하지 않는다면——진

---

27) 'pravda'의 경우는 특히 흥미롭다. 왜냐하면 진리라는 말로서는 또 하나의 러시아 고어(古語) 'istina'가 있기 때문이다. 그러나 한쪽은 '사실로서의 진리', 다른 한쪽은 '가치로서의 진리'를 가리킨다는 차이를 갖는 것이 아니다. 'pravda'는 두 가지 측면에서 인간적인 진리이고, 'istina'는 두 가지 측면에서 신의 진리——신에 관한 진리와 신에 의하여 계시되는 진리——이다.

보이다.

이리하여 나의 결론은, 진보를 가리켜 '역사 서술의 토대가 될 수밖에 없는 과학적 가설'이라고 말한 액튼의 말로 되돌아가게 된다. 여러분은 만일 원한다면 과거의 의미를 역사 외적인 초이성적인 힘에 종속시켜서 역사를 신학으로 바꾸어 놓을 수도 있다. 또한 원하기만 한다면 역사를 문학——의미나 중요성이 결여된 과거의 이야기와 전설의 집대성——으로 바꾸어 놓을 수도 있다. 그러나 역사의 이름에 부끄럽지 않은 역사라는 것은, 역사 자체의 방향 감각을 찾고 받아들이는 사람들만이 쓸 수 있는 것이다. 우리들이 온 방향에 대한 믿음은 우리들이 가고 있는 방향에 대한 믿음과 굳게 연결되어 있다. 미래의 진보 가능성에 대한 신념을 상실한 사회는 과거에 자기들이 이룩한 진보에 대해서도 급속히 무관심하게 될 것이다. 첫 번 강연의 서두에서 말한 것처럼, 우리의 역사관은 우리의 사회관의 반영이다. 이제 나는 출발점으로 다시 되돌아가서 미래 사회와 미래 역사에 대한 나의 신념을 표명하겠다.

6 넓어지는 지평선

6 넓어지는 지평선

현대의 새로움

지금까지의 강연에서 나는 역사를 부단한 진보 과정이라고 했고, 또한 역사가도 그런 과정을 걸어가고 있다는 견해를 말했지만, 그렇다면 지금 이 시대의 역사 및 역사가의 현 위치는 어떻게 되어 있는가에 대해서도 결론적인 소감을 말해야 할 입장이 된 것 같다. 물론 역사상 처음 있는 일은 아니지만——우리는 지금 세계의 파멸을 예언하는 소리에 차 있는, 그리고 그것이 모든 사람을 무겁게 짓누르고 있는 시대에 살고 있다. 그러한 예언의 진위 여부는 가려낼 수 없다. 그러나 여하튼 그것은 우리 모두가 죽을 것이라는 예언보다는 불확실한 것이 아니겠는가? 우리 모두가 죽을 것이라는 예언이 확실하다고 해도 그것 때문에 미래에 대한 우리 계획이 중단되는 법은 없다. 따라서

'이 나라——혹은 이 나라가 아니더라도 세계의 어떤 주요 부분——는 우리를 위협하고 있는 현 위기를 모면하고 살아남을 수 있을 것이다. 그리고 역사는 변함없이 계속될 것이다.'라는 가정에서 우리 사회의 현재와 미래의 이야기를 계속해 나가겠다.

20세기 중엽이라는 시대는 아마도 15, 6세기에 중세 세계가 무너지고 근대 세계의 토대가 잡혀진 이후로는 목격할 수 없었던 가장 심각하고 가장 광범한 변화 과정에 처해 있는 시대이다. 말할 것도 없이 이러한 변화는, 궁극적으로는 과학적인 발견과 발명, 부단히 확대되는 그 적용, 그리고 직접 간접적으로 이로부터 초래된 발전의 소산이다. 그러나 이 변화 중에서도 가장 두드러진 측면은 사회 혁명이라는 측면이며, 그것은 금융과 상업, 그리고 후에는 산업에 발판을 둔 새로운 구조와 사회의 새로운 구조가 제기하고 있는 여러 문제는 내가 이 자리에서 손을 대기에는 너무나 거창한 것이다. 그러나 이 변화는 우리들의 이야기와 더욱 직접적인 관련성을 가지고 있는 두 가지의 양상——깊이에서의 변화와 지리적인 넓이에서의 변화라고나 할까——을 지니고 있다. 이 두 양상에 대해서 간단히 언급해 보기로 하겠다.

자기 의식의 발전

역사라는 것은, 인간이 시간의 흐름을 자연적 과정——계절의 순환이라든가 사람의 일생이라든가 하는——으로 보지 않고 인간이 의식적으로 관여하고, 또한 인간이 의식적으로 영향을 줄 수 있는 특수한 사건의 연속이라고 생각할 때부터 시작되는 것이다. 부르크하르트

(Burckhardt)는, 역사는 "의식의 각성에 의하여 생겨난 자연과의 결별"[1] 이라고 말했다. 역사는 인간이 이성을 활용하여 자기 환경을 이해하고 환경에 작용해 온 긴 투쟁 과정이다. 그 가운데서도 특히 근대는 이러한 투쟁을 혁명적으로 넓혀 놓은 시기이다. 지금에 와서는 인간은 환경뿐만 아니라 인간 자신에게도 이해와 영향력을 뻗쳐 보려고 노력하고 있다. 이로 말미암아 말하자면 이성의 새로운 차원과 역사의 새로운 차원이 나타나게 된 것이다. 현대는 어느 시대보다도 역사적 의식이 발달한 시대이다. 현대인은 전례 없이 강하게 자기를 의식하고 있고, 따라서 역사를 의식하고 있다. 그는 자기가 걸어온 과거의 희미한 어둠 속을 열심히 뒤돌아보고 있지만, 그것은 혹시나 거기서 흘러나오는 미광(微光)이 향해 나가는 앞날의 어둠을 밝혀 주는 빛이 되어 주지나 않을까 하는 희망 때문이다. 또한 이와는 반대로 앞날을 내다보는 소망과 불안은 걸어온 과거에 대한 통찰을 북돋워 주는 것이다. 과거와 현재와 미래는 무한한 역사의 쇠사슬 속에서 서로 연결되어 있다.

근대 세계의 변화라는 것은 인간의 자기 의식의 발달에 의해서 이룩된 것이지만 그 첫 시작은 데카르트에 의한 것이었다. 데카르트는, 인간을 사고의 능력이 있을 뿐만 아니라 자기 자신의 사고를 다시 사고할 수 있는 존재로서, 즉 관찰 활동을 하고 있는 자기 자신을 관찰할 수 있고, 따라서 인간은 동시에 사고와 관찰의 주체와 객체가 될 수 있는 존재라는 지위를 처음 확립한 사람이다. 그러나 18세기 후엽에 루소(Rousseau)가 나타날 때까지는 이러한 발달은 아직도 충분히 명확한 단계에까지는 이르지 못하고 있었다. 루소는 인간의 자기 이

---

1) J. Burckhardt, *Reflections on History*(1959), p.31

해와 자기 의식의 새로운 심화된 세계를 열어 주었고, 자연계와 전통 문명에 대한 새로운 견지를 제시하였다. 토크빌(Tocqueville)은, 프랑스 혁명을, "당시의 사회 질서를 지배하고 있었던 전통적 관습 전부를 폐지하고, 그 대신 인간 이성의 활용과 자연법칙에서 도출된 단순한 기본 법칙이 이를 대치해야 한다는 신념"[2]에 의해서 고취된 것이라고 말했다. 또한 액튼은 그의 원고 속에서 "그때까지는 사람들은 자유를 추구하면서도 자기들이 추구하는 것이 무엇인지를 알지 못하고 있었다."[3]라고 말했다. 액튼에게는――헤겔의 경우도 마찬가지이지만――자유와 이성은 결코 멀리 떨어져 있는 것은 아니었다. 프랑스 혁명은 또한 미국 혁명에 연결되고 있다.

지금으로부터 87년 전에 우리 조상들은 자유 속에서 구현된, 그리고 만인은 평등하게 창조되었다는 신조 앞에 바쳐진 새 나라를 이 대륙 위에 건립하였다.

링컨의 이 말이 뜻한 바와도 같이, 그것은 하나의 특이한 사건이었다. 즉, 그것은 사람들이 의도와 의식을 가지고 자기들을 하나의 국가로 형성하고, 또한 의도와 의식을 가지고 다른 사람들을 그러한 국가의 틀 속에 끌어들이려고 하기 시작한 역사상 최초의 사건이었기 때문이다. 17, 8세기에 와서는 인간은 이미 주위의 세계와 그 법칙을 충분히 의식할 만큼 되어 있었다. 그 법칙은 이미 불가사의한 섭리라고 하는 신비적인 천명(天命)이 아니라 이성이 받아들일 수 있는 법칙

---

2) A. de Tocqueville, *De l'Ancien Régime*, III, 제1장
3) Cambridge University Library : Add. MSS.4870

이 되었다. 그러나 그것은 인간이 복종하는 법칙이었지 스스로가 만들어 내는 법칙은 아니었다. 인간이 환경과 인간에 대한 자신의 힘을 충분히 만들어 낼 권리가 있다는 충분한 자각에 도달하게 된 것은, 그 다음 단계에 이르러서의 일이다.

헤겔과 마르크스

18세기에서 현대 세계에까지 이르는 전환은 길고 점진적인 것이었다. 이 시대의 대표적인 철학자는 헤겔과 마르크스였는데, 이 양자는 모두가 모순되는 대립 요소를 지니고 있는 사람들이었다. 헤겔은 섭리의 법칙을 이성의 법칙으로 바꾸어 놓은 사상을 토대로 하고 있었다. 헤겔의 세계 정신은 한 손으로는 섭리를, 또 다른 손으로는 이성을 꽉 붙잡고 있다. 그는 아담 스미스를 본떠서 다음과 같이 말하고 있다. 개인은 "자기 욕망을 충족시키는 과정 속에서 동시에 그 이상의 일을 달성한다. 이러한 일은 그들의 의식에는 나타나지 않지만 행위 속에 잠재한다." 그는 또한 세계 정신의 합리적 목적에 대해서는 인간은 "합리적 목적을 달성하는 행위의 바로 그 도상에서 이와는 취지를 달리하는 그들 자신의 욕망을 충족시켜 나가는 계기로 삼는다." 라고 말하고 있다. 이것은 이익의 조화라는 것을 독일 철학의 표현을 빌려서 번역해 놓은 것에 불과하다.[4] 아담 스미스의 '보이지 않는 손 (invisible hand)'에 해당하는 것이 헤겔의 유명한 이성의 간계(奸計)이

---

4) 이것은 헤겔의 *Philosophy of History*에서 인용하였다.

며, 그것은 사람으로 하여금 자기들이 의식하지 않은 목적을 실현하도록 하는 것이다. 그러나 헤겔은 역시 프랑스 혁명의 철학자였으며, 역사적 변화와 인간의 자기 의식의 발달 속에서 현실의 본질을 볼 수 있었던 최초의 철학자였다. 그에게는 역사상의 발전이란 것은 자유의 개념을 향한 발전을 의미하는 것이었다. 그러나 프랑스 혁명의 감격도 1815년 이후에는 왕정복고라는 정돈 속에서 소멸되고 말았다. 헤겔도 정치적으로는 너무나 소심한 사람이었고, 또한 당시의 기성 질서에 너무나 사로잡혀 있었기 때문에 자기의 형이상학적 명제에 구체적인 의미를 도입하는 일은 못하고 말았다. 헤르젠(Aleksandr Ivanovich Herzen, 1812~1870 러시아의 문인, 사상가)이 헤겔의 학설을 혁명의 대수학(代數學)이라고 말한 것은 아주 적절한 표현이다. 헤겔은 기호는 만들어 놓았지만 거기에 실제적인 내용은 부여하지 않았다. 헤겔의 대수 방정식에 숫자를 기입하는 일은 마르크스의 과업으로 남게 되었다.

아담 스미스와 헤겔의 제자인 마르크스는 세계가 합리적인 자연법칙에 의해서 지배되고 있다는 사고방식에서 출발하였다. 그의 입장은 헤겔과 같은 것이기는 하지만, 좀더 실천적이고 좀더 구체적인 형태를 취했다. 그는 법칙에 지배되는 세계가 인간의 혁명적인 이니셔티브에 대응하면서 합리적 과정을 통하여 발전한다는 견해로 전환을 이룩하였다. 마르크스의 결론적인 견해를 종합해 보면, 역사는 다음과 같은 세 가지 것을 의미한다는 것이다. 물론 이 삼자(三者)는 서로 불가분의 관계에서 일관된 합리적인 전체를 이룬다는 것이다. 즉, 그 첫 번째는 객관적인, 주로 경제적인 법칙을 따라서 전개되는 사건의 진전이며, 그 두 번째는 이에 대응하며 변증법적 과정을 통해서 이룩되는 사실의 발전이며, 그 세 번째는 이에 따른 계급투쟁의 형태의 실천이라는 것이며, 이것이 혁명의 이론과 실천에 조합과 통합을 가져다준다는 것이다. 마르크스가 제창하는 바는 객관적 법칙과 이를 실천으로 전환시켜 주는 의식적 행위와의 종합, 즉 때에 따라서는(오해되기 쉬운 말이지만) 결정론이라고도 불리고, 자의주의(自意主義)라고도 불리는 양자의 종합인 것이다. 마르크스는 항상 법칙이라는 것을 말하고, 사람들은 당시까지 그에 대한 의식을 못가진 채 그 지배를 받아 왔다고 말했다. 또한 그는 자본주의 경제와 자본주의 사회 속에 말려들어 가 있는 사람들의 소위 허위 의식이라는 것에 대해서도 여러 번 주의를 환기시키고 있다. "생산과 유통의 당사자들의 심중에서 형성된 생산 법칙의 개념은 실재하는 법칙과는 거리가 먼 것이다."[5] 그러나 그의 저작에서는 의식적인 혁명적 실천을 강조한 두드러진 예도 찾아볼 수 있다. 가령 포이어바흐(Feuerbach)에 관한 유명한 테제는 다음과 같이 말하고 있다. "철학자들이 해 온 일은 세계를 다르게 해석한다는 일뿐이었지만, 참말로 중요한 것은 그것을 변화시키는 일이다." 또한 공산당 선언은 "프롤레타리아트는 그 정치적 지배력을 이용하여 한걸음 한걸음 부르주아지의 모든 자본을 탈취하고 전 생산수단을 국가의 수중에 집중할 것이다."라고 말하고 있다. 이밖에도 《루이 보나파르트의 브류메르 18일》에서는 "1세기의 과정을 통해서 모든 전통적 관념을 타파해 나가고 있는 지적인 자기 의식"이라는 것을 말하고 있다. 그에게는 자본주의 사회의 허위 의식을 무너뜨리고

---

5) *Capital* iii(영문판,1909), p.369

계급 없는 사회의 진정한 의식을 도입할 자들이 프롤레타리아트였던 것이다. 그러나 1848년의 혁명의 실패는 마르크스가 활동 초기에 박두했다고 여겨졌던 사태 발전에 중대하고도 극적인 좌절을 초래했다. 그리하여 19세기 후반은 아직도 번영과 안정의 기준이 우세한 분위기 속에서 지나갔다. 현대사로의 전환이 완전히 끝난 것은 20세기가 시작될 무렵이었다. 이때에 와서는 이미 이성의 1차적인 기능은 사회에서 인간의 행동을 지배하는 객관적 법칙을 이해하는 일이 아니라 의식적인 행위에 의하여 사회를 개조하고 사회를 구성하는 개인을 개조하는 일이 되었다. 마르크스에게서 '계급'이라는 것은 명확히 정의된 바는 없지만, 대체로 봐서 경제적 분석에 의해서 확정되어야 할 객관적 개념으로 머물러 있었다. 그러나 레닌에게서 중점은 '계급'을 떠나서 계급의 전위(前衛)를 이루고, 그 속에 계급 의식이라는 불가결한 요소를 주입할 '당'으로 넘어갔다. 마르크스에게서 '이데올로기'라는 것은 소극적인 말——즉, 자본주의 사회 질서의 허위 의식의 한 산물——이었다. 레닌에게서 '이데올로기'는 중립적인 혹은 적극적인 것——즉 계급 의식을 지닌 지도자의 엘리트가 계급 의식에 대한 잠재적인 가능성을 지닌 노동 대중 속에 심어 놓은 신념——으로 되었다. 계급 의식의 형성은 이미 자동적인 과정이 아니라 수행되어야 할 과업으로 된 것이다.

프로이트의 중요성

이성의 세계에 새로운 영역을 넓혀 준 우리 시대의 또 하나의 대사상가는 프로이트(Freud)이다. 오늘날 프로이트는 아직도 어딘가 정체를 알 수 없는 인물로 남아 있다. 그는 교육으로 보나 배경으로 보나 19세기의 자유주의적인 개인주의자로서, 개인과 사회와의 근본적인 대립이라는 일반적인, 그러나 빗나가기 쉬운 전제를 무조건 받아들이고 있었다. 그는 인간을 사회적인 존재로서보다는 생물학적인 존재로서 보았기 때문에, 사회 환경도 인간 자신에 의하여 부단히 창조되고 변형되는 과정 속에 있는 것이 아니라 역사적으로 주어진 것으로 보려는 경향이 있다. 그는 틀림없는 사회적인 문제를 개인적인 입장에서 취급한다고 해서 마르크스주의자들로부터 부단한 공격을 받아 왔고, 따라서 반동적이라는 비난도 받게 되었다. 그러나 이러한 공격은 프로이트 자신에게는 부분적으로밖에는 해당되지 않는 것이고, 오히려 오늘날의 미국의 신프로이트학파에게 더 많이 해당된다고 하겠다. 왜냐하면, 그들은 적응 불능은 개인에게 내재하는 것이지 사회 구조에 내재하는 것은 아니라고 생각하고, 개인을 사회에 적응시키는 것이 심리학의 본질적 기능이라고 보기 때문이다. 프로이트에 대한 또 하나의 일반적인 공격은, 그가 인간세계에서 비합리적인 것의 역할을 확대했다는 것이지만, 이것은 전적인 잘못으로서, 인간 행위 속에 있는 비합리적인 요소를 인정한다는 것과 비합리적인 것을 숭배한다는 것을 혼동한 결과라고 하겠다. 오늘날 비합리적인 것에 대한 숭배가 주로 이성의 업적과 가능성을 경시하는 형태로 영어 사용 세계에 존재한다는 것은, 불행하지만 사실이다. 이것은 현재 유행하고 있는 비판주의와 초보수주의적 풍조의 일단인데, 거기에 대해서는 후에 언급하기로 하겠다. 하여간 이것이 프로이트에게서 비롯된 것이 아니라는 것은 사실이다. 그는 무조건적인, 아니 오히려 원시적인 소박성을 지닌 이성주의자였다. 프로이트가 한 일은 인간 행위의 무의식적인 근원을 의식과 이해의 범위를 넓혀 주었다는 점에 있다. 이것은 이성의 영역의 확대이며, 자신과 환경을 이해하고 지배해 나갈 인간 능력의 증대이며, 따라서 그것은 하나의 혁명적인, 그리고 진보적인 업적을 뜻하는 것이었다. 이러한 점에서 프로이트는 마르크스의 업적을 보완하는 위치에 있는 것이지 그와 충돌하는 위치에 있는 것은 아니다. 프로이트 자신은 인간의 본성이 고정 불변의 것이라는 관념에서 완전히 벗어나지는 못했지만, 인간 행위의 근원을 좀더 깊이 이해하기 위한, 그리고 합리적 과정을 통해서 이를 수정하기 위한 수단을 마련해 주었다는 의미에서 현대 세계에 속하는 사람이다.

프로이트는 특히 역사가에게 중요한 의의를 지니고 있다고 하겠는데, 그것은 두 가지 의미에서 그러하다. 첫째로는, 인간 행위는 사람들이 그러한 행위의 동기는 이런 것이었다고 주장하거나 믿거나 하는 동기를 가지고 적절하게 설명될 수 있다고 생각해 왔지만, 이러한 오랜 환상에 최후의 못을 박은 사람이 프로이트였다는 점이다. 이것은 소극적인 업적이면서도 상당히 중요한 것이다. 물론 정신분석의 방법을 적용해서 역사상의 위인의 행동을 해명할 수 있다고 적극 주장하는 일부 광신자들의 주장은 좀 할인을 해서 들을 필요가 있다. 정신분석의 방법은 조사를 받고 있는 환자의 반대 심문에 의해서만 성립되는 것인데, 죽은 사람을 반대 심문할 수야 없지 않은가? 다음으로, 프로이트는 마르크스의 업적을 보완하면서 역사가들에게는 다음과 같은 일을 권했다. 즉, 자기 자신과 역사에서 자신의 위치를——아마도 이것은 숨은 동기에 속하겠지만——문제나 시기의 선택을 이끌어 준 동기를, 사실의 선택과 해석을 이끌어 준 동기를, 그리고 자신의 시각을 결정해 준 국가적·사회적 배경을, 과거관을 형성해 주는 미래관을 음미하라는 것이다. 마르크스와 프로이트의 저작이 나온 이후로는 역사가는 자기가 사회와 역사를 떠나서 초연히 서 있는 개인이라고 생각할 구실을 가질 수 없게 되었다. 지금은 자기 의식의 시대이다. 역사가는 자기가 무엇을 하고 있는가를 알아야 한다.

현대의 역사적 전환

내가 말하는 소위 현대 세계로의 전환——이성의 기능과 힘의 새로운 영역에로의 확대——이라는 것은 아직도 끝난 것은 아니다. 그것은 20세기가 통과하고 있는 혁명적인 변화의 일부분이다. 지금 나는 이러한 전환의 몇 가지의 중요한 징후를 검토해 볼까 한다. 우선 이야기를 경제 분야부터 시작하겠다. 1914년에 이르기까지는 인간과 국가의 경제 행위는 객관적인 경제 법칙이 지배하고 있었기 때문에, 이를 무시하면 손실을 초래하게 마련이라는 신앙이 실질상 확고부동한 것이었다. 경기순환, 가격변동, 실업 등이 모두 이러한 법칙에 의하여 좌우되고 있다고 생각되었다. 대공황이 시작된 1930년대에 들어서부터 사람들은 '이코노믹 맨(economic man)의 종말'이라는 말을 하기 시작했다. 이코노믹 맨이라는 말은 경제 법칙에 맞추어서 시종일관 자기의 경제적 이익을 추구한 사람들을 가리키는 것이었는데, 하여간 그 이후로는 소수의 19세기의 립 반 윙클(Rip Van Winkle)적인 인간을 제외하고는 아무도 이러한 의미의 경제 법칙을 믿는 사람은 없게 되었다. 오늘날의 경제학은 이론적인 수식(數式)의 조립이거나, 그렇지 않으면 한 사람이 다른 사람을 어떻게 밀어제치는가를 연구하는 실제적인 학문이 되었다. 이러한 변화는 주로 개인적인 자본주의가 대규모의 자본주의로 전환됨에 따라 생겨난 산물이다. 개인적인 기업가나 상인들이 지배력을 잡고 있던 시대에는 경제를 통제한다든가 거기에 어떠한 중대한 영향을 줄 수 있다든가 하는 사람이 있으리라고는 생각되지 않았다. 이리하여 비인간적인 법칙과 그 지배 과정이라는 환상이 유지되어 나갔던 것이다. 최전성기에 있던 잉글랜드 은행조차도 그것은 능숙한 관리자나 조종자로서 생각되었던 것이 아니라, 경제적 추세에 대한 객관적이고 반동적인 기록 기관 정도로 간주되고 있었다. 그러나 자유방임 경제가 통제 경제(그것이 자본주의적 통제 경제이건 사회주의 경제이건, 통제가 대자본가에 의해서 행해져서 명목상으로는 개인만이 관련된 것이건, 혹은 국가에 의해서 수행되는 것이건)로 이행함에 따라서 이러한 환상은 소멸되고 말았다. 일정한 사람들이 일정한 목적을 위하여 일정한 결정을 내린다는 것, 그리고 그 결정이 우리들의 경제 생활의 과정을 정해 준다는 사정이 분명해진 것이다. 오늘날 석유나 비누의 가격이 수요 공급에 관한 어떠한 객관적인 법칙에 따라 변동하는 것이 아니라는 것쯤은 누구나 다 알고 있는 일이다. 불경기나 실업이 인공적인 것이라는 것도 누구나 다 알고 있는 일이고, 최소한 알고 있다는 생각만이라도 가지고 있다. 정부 역시 이를 구제할 방도를 알고 있다고 인정할 뿐만 아니라 그렇다고 주장하기까지 하고 있다. 자유방임으로부터 계획에로, 무의식으로부터 자기 의식으로, 객관적 경제 법칙에 대한 신앙으로부터 인간은 자신의 행동에 의하여 자기 자신의 경제적 운명의 지배자가 될 수 있다는 신념으로의 전환이 이룩된 것이다. 사회 정책은 경제 정책에 발맞추어 실시되어 나왔고, 사실인즉 경제 정책이 사회 정책 속에 통합되어 버린 것이다. 1910년에 출간된 제1차 《케임브리지 근대사》의 최종 권에서 다음의 한 구절을 인용하겠다. 이것은 절대로 마르크스주의자도 아니고, 레닌의 이름조차 들어 본 일이 없었을 한 저술가의 지각 높은 소견이다.

> 의식적인 노력에 의하여 사회 혁명을 실현할 수 있다는 신앙은 유럽 정신의 지배적인 조류이다. 이것은 자유를 만능 약과 같이 생각하던 신앙과 대치되었다.……오늘날 이러한 신앙이 퍼지고 있다는 사실은 프랑스 혁명 당시의 인권에 대한 신앙과 마찬가지로 뜻깊고도 유익한 일이다.[6]

이 구절이 집필되고 난 후로 50년이 경과했고, 러시아 혁명 이후로 40년 이상이 경과했고, 대공황이 있은 후로 30년이 경과한 오늘날에 와서는 이러한 신앙은 이미 상식적인 것이 되어 버렸다. 합리적이라고는 하나 인간의 통제권 밖에 놓인 객관적인 경제 법칙에 예속되고 있던 상태로부터 인간은 의식적인 행동을 통해서 자신의 경제적 운명을 좌우할 능력을 가지고 있다고 믿기에 이른, 이상과 같은 전환은 내가 보는 바로서는 인간 세계에 대한 이성의 적용의 전진을, 그리고 자신과 환경을 이해하고 지배할 인간 능력의 증대를 반영하는 것으로서, 필요하다면 낡은 표현을 빌려서 이것을 진보라고 불러도 무방하리라 생각한다.

이 이외의 분야에서도 이와 유사한 여러 과정이 진행되고 있겠지

---

6) *Cambridge Modern History* Xii(1910), p.15. 이 章의 집필자는 *History* 誌의 편집위원의 한 사람이었고, 공무원 임용위원회 위원이었던 S. Leathes였다.

만, 나로서는 이를 자세히 논할 여유를 가지고 있지 못하다. 앞서도 말했지만, 오늘날에 와서는 과학조차도 객관적인 자연 법칙을 탐구하고 확립하는 일보다도, 자연을 자기 목적에 이용하고 자기 환경의 변형을 가능케 할 유용한 가설을 짜내는 데에 더욱 힘을 기울이고 있는 것이다. 그러나 이보다도 더 중요한 것은, 인간이 이성의 의식적인 활용을 통해서 환경을 변화시킬 뿐만 아니라 나아가서는 자기 자신을 변조하기 시작했다는 것이다. 18세기 말에 맬서스(Malthus)는 그 획기적인 저작 속에서 아담 스미스의 시장의 법칙과도 같이 아무도 그 과정을 의식 못하는 가운데서 작용해 나가는 인구의 법칙을 수립하려 했다. 오늘날에 와서는 이러한 객관적 법칙을 믿는 사람은 아무도 없다. 오히려 인구의 조절은 합리적이고 의식적인 사회 정책의 문제로 되어 버렸다. 인간의 노력의 힘으로 사람의 수명이 연장된다거나, 세대 간 인구의 균형이 수정된다거나 하는 일들은 우리 자신의 시대에도 목격해 온 일들이다. 그런가 하면 인간 행위에 영향을 주기 위하여 약품이 의식적으로 사용된다든가, 인간의 성격을 변화시키기 위하여 외과수술을 한다든가 하는 이야기도 알고 있다. 인간과 사회는 의식적인 노력에 의해서 우리 목전에서 스스로 변하기도 했고 변화를 당하기도 했다. 그러나 이러한 변화 가운데서도 가장 중요한 것은, 설득과 교화의 현대적인 방법이 발달되고 적용됨에 따라서 나타난 변화일 것이다. 오늘날 각계 각층의 교육자들은 특정한 형태의 사회를 형성한다는 일과, 이러한 사회에 적합한 태도·충성·의견을 젊은 세대에 주입한다는 일을 촉진하기 위하여 더욱더 의식적인 노력을 기울이고 있다. 교육 정책은 합리성을 지닌 어떠한 사회 정책에서나 그 필수적인 부분을 이루고 있다. 사회 속에 처한 인간에게 적용될 이성의 주요 기능은 이미 탐구라는 면을 넘어서서 개조라는 면에 이르고 있다. 이상과 같이 합리적 과정을 적용하여 사회적·경제적·정치적인 사물의 처리를 개선해 나갈 인간 능력을 높이 의식하게 되었다는 것은 20세기 혁명의 중요한 한 측면이라고 생각된다.

이성의 역할의 확대

이성의 확대라는 이러한 현상은 내가 지난 강연에서 '개별화'라고 부른 과정——문명의 발전에 수반된 개인의 기능과 직업과 기회의 다양화——의 한 국면에 불과하다. 아마도 산업혁명이 초래한 가장 광범한 사회적 결과는, 사고 능력이 있고 이성을 활용할 수 있는 사람들이 점차적으로 증대해 나갔다는 사실일 것이다. 그러나 우리 영국인들은 점진주의라는 것을 너무나 좋아하기 때문에 영국에서는 이러한 움직임은 왕왕 눈에 띄기도 어려울 정도이다. 우리들은 근 1세기 동안이나 초등 의무교육이 가장 보급되었다는 승리감 위에 물러앉아 가지고 고등 의무교육의 보급에서는 그리 광범하고 빠른 진보를 이룩하지 못하고 있다. 이것도 우리들이 세계를 주도해 나가고 있을 때 같으면 큰 문제는 아닐 것이다. 그러나 우리보다도 빠른 속도로 달려 나오는 사람들이 우리를 따라잡고, 또한 기술적인 변혁으로 말미암아 모든 분야의 진전 속도가 급속도로 빨라지고 있는 이 마당에 이것은 큰 문제이다. 왜냐하면 사회혁명과 기술혁명과 과학혁명은 모두가 동일 과정 내의 중요 부분이기 때문이다. 만일 개별화 과정에 대한 학문적인 실례를 원한다면, 과거 5, 60년 동안에 나타난 역사나 과학이나 그밖의 모든 개개 학문 분야에서 무한한 분화를 생각해 보라. 그리고 이 결과로 얼마나 엄청난 수의 다양한 개별적인 전문화가 초래되었는가를 생각해 보라. 그러나 나는 이에 관한 훨씬 더 놀라운 틀린 수준의 예를 보여 줄 수 있다. 30년 이상이나 된 일이지만, 소련을 방문 중인 한 독일 고급 장교가 소련 공군의 건설에 종사하고 있는 소련장교로부터 다음과 같은 계도적(啓導的)인 이야기를 들은 일이었다.

우리 러시아 사람들은 아직도 원시적인 인간 소재를 상대로 일해 나갈 수밖에 없습니다. 우리들은 자기가 구할 수 있는 비행사의 타입에 비행기를 맞추어 나갈 도리밖에는 없는 것입니다. 우리가 새로운 타입의 인간을 어느 정도까지 성공적으로 양성해 낼 수 있는가에 따라서 자료의 기술적인 발달도 완성되어 나갈 것입니다. 원시인을 복잡한 기계 속에 잡아넣을 수는 없는 일이니까요.[7]

불과 30년도 못된 오늘날 우리들은 러시아의 기계는 이미 원시적인 것이 아니라는 것, 그리고 그것을 설계하고 만들고 움직이고 하는 수백만의 러시아 남녀들도 이미 원시적인 사람들이 아니라는 것을 알고 있다. 한 역사가로서 나는 후자의 현상에 더 큰 관심을 가지고 있다. 생산의 합리화라는 문제는 그 자체보다도 훨씬 더 중요한 인간의 합리화라는 문제를 의미하는 것이다. 오늘날 전 세계를 통해서 원시인들이 복잡한 기계의 사용법을 배우고 있고, 또한 그것을 통해서 사고와 이성의 사용 방법을 배우고 있다. 이 혁명은, 여러분은 그것을 '사회혁명'이라고 불러도 마땅하겠고, 나로서는 지금까지의 이야기

---

7) *Vierteljahrshefte für Zeitgeschichte(Munich)*, i(1953), p.38

의 취지상 '이성의 확대'라고 부르기로 하겠지만, 하여간 그것은 지금 막 시작된 것이나 다름없다. 그러나 그것은 과거 30년간의 급속한 기술적 발달에 뒤질세라 맹렬한 속도로 달려 나오고 있다. 이것 역시 20세기 혁명의 중요한 한 측면이라고 여겨진다.

이성의 남용을 따라서

그러나 여기서 내가 현대 세계에서 이성에게 부과되고 있는 역할의 위험성이나 애매한 측면을 간과한다면 일부 비관론자나 회의론자들로부터 항의를 면할 수 없을 것이다.

나는 지난 강연에서도, 위에서 말한 의미의 개별화 과정의 진전이라는 것이 획일성과 통일성을 위한 사회적 압력의 약화를 의미하는 것은 아니라는 점을 지적한 바 있다. 이것이야말로 복잡한 현대 사회의 패러독스의 하나이다. 교육은 개인의 능력과 기회를 넓히고, 따라서 개별화의 증대를 촉진하는 데 불가결한 강력한 수단이지만, 그 반면에 이익 집단의 수중에서는 사회의 획일성을 촉진시키기 위한 강력한 수단이기도 하다. 방송이나 텔레비전이 좀더 책임이 있어야 하겠다느니, 신문이 좀더 책임이 있어야 하겠다는 호소는 빈번히 들려오고 있지만, 이러한 호소는 우선은 쉽사리 규탄할 수 있는 일부의 부정적인 현상을 대상으로 한 것이다. 그러나 그것은 이상과 같은 강력한 대중적인 설득 수단을 사용해 가지고 바람직한 취미와 바람직한 의견——바람직하다는 것의 기준은 그 사회에서 통용되고 있는 취미와 의견 속에 반영되고 있다——을 주입해 달라는 호소로 돌변할 수도 있다. 따라서 이러한 운동은 그 추진자들의 수중에 놓고 볼 때에는 사회 구성원들을 자기들이 희구하는 성격으로 유도해 가지고 사회를 그러한 방향으로 형성해 나가려는 의식적이며 이성적인 과정인 것이다. 이러한 위험의 또 다른 두드러진 예는, 상업적인 광고업자와 정치 선전가들에 의하여 조성되고 있다. 사실 이 두 활동은 왕왕 중복되는 경우가 많다. 정당이나 입후보자들은 미국에서는 공공연히, 영국에서는 좀 창피스럽다는 기색을 보이면서 직업적인 광고업자를 고용해서 목적 달성을 기하고 있다. 이들의 두 방법은 명목상으로는 다르지만 그 수행방법에서 놀라운 유사성을 지니고 있다. 직업적인 광고업자와 대정당의 선전부의 간부들은 고도의 지성인들로서, 자기들의 과업에 관련된 모든 합리적인 수단을 사용한다. 그러나 이미 다른 경우를 통해서 검토해 온 바와 같이, 그 이성은 탐지를 위해서만이 아니라 건설적인 방향으로 사용되고 있고, 정적으로가 아니라 동적으로 사용되고 있는 것이다. 직업적인 광고업자와 선거 관리인들의 주요 관심사는 현존하는 사실이 아니다. 그들의 관심은 소비자나 유권자들이 지금 무엇을 믿고 있는가, 혹은 최종 결과에 반영되는 조건에서 생각될 수 있는 사태는 어떠한 것인가, 즉 소비자와 유권자들을 능숙하게 조종하여 그들로 하여금 무엇을 믿게 하고 무엇을 바라도록 할 수 있는가 하는 문제에 놓여 있는 것이다. 뿐만 아니라 그들은 자기들의 견해를 받아들이게 할 수 있는 가장 빠른 길은 고객과 유권자들의 심리 구조 속에 있는 비이성적 요소에 호소한다는 데에 있다는 점을 대중 심리의 연구를 통해서 잘 알고 있다. 그렇기 때문에 결국 우리들은 직업적 산업인이나 정당 지도자의 엘리트들이 미증유의 발달을 이룬 이지적인 방법을 통해서 대중의 비합리성을 파악하고 이용하여 자기 목적을 달성해 나아가는 광경을 목격하고 있는 것이다. 이성에의 호소가 주가 아니라 오스카 와일드(Oscar Wilde)가 말한 "지성의 아래쪽을 노린다."는 방법이 주로 활용되는 것이다. 위험성을 과소 평가한다는 공격을 피하기 위해서 실정이 좀 과장 표현되기는 했지만,[8] 크게 봐서는 잘못 말한 것도 아니고, 또한 같은 말이 다른 분야에 대해서도 쉽사리 적용될 수 있는 것이다. 어떤 사회에서나 지배 집단은 대중의 여론을 조직하고 통제하기 위해서 크건 작건 간에 강제적인 수단을 쓰는 법이다. 그러나 이 방법이 다른 방법보다 나쁘다고 생각되는 것은 그것이 이성의 남용이라는 성격을 띠고 있기 때문이다.

이상과 같은 진지한 그리고 충분히 근거 있는 고발에 대해서 나는 두 가지 논점에서 답할 수밖에 없다. 제1의 논점은 상식적인 것에 불과하지만, 역사 과정 속에서 발견된 모든 발명 · 혁신 · 신기술은 어떤 것을 막론하고 긍정적인 면뿐만 아니라 부정적인 면을 아울러 지녀 왔다는 점이다. 누구건 희생자는 반드시 있었다. 인쇄술이 발견된 후 그것이 그릇된 사상의 유포를 조장한다는 비평가들의 말이 나올 때까지는 얼마만한 시일이 걸렸는가. 오늘날 자동차의 출현에 따른 교통사고의 사망자들에 대해서 슬퍼하지 않을 사람은 없을 것이며, 일부 과학자들은 원자력이 파멸적인 목적에 사용될 수도 있고 실제로 그렇게 사용되기도 했다고 해서 원자력 개발의 수단과 방법을 발견한 것을 후회까지 하고 있는 실정이다. 그렇다고 해서 이러한 반대가 새로운 발견과 발명의 진행을 막는 데 도움이 되었다는 일은 과거에도 없었고 미래에도 있을 것 같지 않다. 대중 선전의 기술과 가능성에 관

---

8) 더 상세한 논의는 저자의 *The New Society*(1951) 제4장 passim 참조.

해서 우리들이 얻은 지식도 간단히 망각될 수는 없다. 말이나 마차의 시대, 혹은 자유 방임의 자본주의 초기의 시대로 다시 되돌아갈 수 없는 것처럼, 19세기 중엽에 영국에서 부분적인 실현을 본 바 있는, 로크(Locke)나 자유주의자들이 이론화한 소규모의 개인주의적 민주정치로 다시 되돌아간다는 일도 불가능하다. 오히려 진정한 해답은, 이러한 폐단은 이에 대한 교정책(矯正策)도 아울러 지니고 있다는 점에 있다. 교정책은 비합리성을 숭상한다거나 현대 사회에서의 이성의 확대된 역할을 부정한다거나 하는 데에 있는 것이 아니라, 이성이 다 할 수 있는 역할을 철두철미 인식한다는 점에 있는 것이다. 오늘날은 기술 및 과학의 혁명으로 이성의 활용을 넓혀 나간다는 것이 모든 사회 계층을 통해서 우리에게 강요되고 있는 만큼, 이것은 결코 유토피아적인 몽상은 아니다. 역사상의 모든 위대한 발전이 그랬던 것처럼, 이 발전에도 지불되어야만 할 희생과 손실이 있고 대결되어야만 할 위험성이 있다. 특히 과거의 특권적 지위를 잃어버린 나라의 인텔리들에게서 흔히 찾아볼 수 있는 회의냉소파(懷疑冷笑派)나 파멸의 예언자들, 이러한 자들이 무엇이라고 말하건 나로서는 이것을 역사적 진보의 하나의 두드러진 예라고 말하기를 서슴지 않겠다. 아마도 이것은 우리 시대의 가장 주목할 만한 혁명적인 현상일 것이다.

세계적 균형의 변화

우리가 통과하고 있는 발전적인 혁명의 제2의 측면은 세계의 외형상의 변화에서 찾아볼 수 있다. 15, 6세기라고 하면 중세 세계가 결정적으로 붕괴되고 근대 세계의 토대가 마련된 위대한 시기이지만, 당시의 시대적 특징은 신대륙이 발견되고 세계의 중심이 지중해 연안으로부터 대서양으로 넘어갔다는 점에 있었다. 프랑스 혁명도 비록 이보다는 작은 규모의 동란이었지만, 신대륙을 끌어들여서 구세계의 균형을 회복했다는 지리적인 결과를 가져왔다. 그러나 20세기의 혁명이 초래한 변화는 16세기 이래의 어떠한 일보다도 굉장한 것이다. 세계의 중심이 서부 유럽으로부터 완전히 떠나 버린 것은 그로부터 약 4백 년 후의 일이다. 서부 유럽은 원거리의 영어 사용 지역까지를 통틀어서 북미 대륙의 한 속령(屬領)으로 변했다. 아니 이 표현이 못마땅하다면 발전소와 지휘탑의 역할을 모두 미국에게 맡겨 버리고 있는 국가군(國家群)이라고 해도 마찬가지일 것이다. 그러나 이것만이 가장 중요한 유일한 변화는 아니다. 과연 오늘날 세계의 중심은 서부 유럽이라는 별관(別館)을 합한 영어 사용 세계에 머물러 있는 것인지, 혹 그렇다고 하더라도 그것이 차후로 얼마 동안이나 머물러 있을 것인지, 이러한 일은 도무지 분명치가 않다. 오히려 오늘날 세계 문제를 좌우하고 있는 것은 동부 유럽과 아시아, 그리고 아프리카 연장부(延長部)의 거대한 지역이라고도 생각된다. '변화 없는 동방'이라는 말은 오늘날에 와서는 이미 낡아빠진 상투어에 불과하다.

　이제 잠깐 20세기에 아시아에서 일어난 사태를 훑어보기로 하자. 이야기는 1902년의 영일동맹(英日同盟)으로부터, 즉 아시아의 한 나라가 처음으로 유럽 열강이라는 마력적인 집단에 가입할 수 있었던 대목에서 시작된다. 일본이 러시아에 도전하고 승리하여 자국(自國)의 발전을 무시했다는 사실과, 이러한 사건 때문에 20세기의 대혁명을 유발한 최초의 도화선이 점화되었다는 사실이 일치되었다는 것은 아마도 우연의 일치로 볼 수 있을 것이다. 하여간 1789년과 1848년의 프랑스 혁명 당시 유럽에서는 이에 대한 추종이 일어났다. 그러나 1905년의 제1차 러시아 혁명 당시에는 유럽에서는 아무런 호응도 없었고, 모범자들은 아시아에서 나타났다. 이리하여 수년 내로 혁명은 페르시아 · 터키 · 중국에서도 일어났다. 제1차 세계대전은 엄밀한 의미에서는 세계전쟁은 아니었고, 다만 세계적 규모의 영향을 초래한 유럽의 내란에 불과한 것이었다.──만일 유럽이라는 실체가 존재한다고 가정할 수 있다면 말이다. 이러한 영향 속에는, 아시아 제국의 공업 발전의 촉진, 중국의 배타 감정, 인도의 내셔널리즘, 아랍의 내셔널리즘의 탄생 등이 포함될 수 있다. 그러나 1917년의 러시아 혁명은 더욱 원대하고 더욱 결정적인 충격을 초래했다. 여기서 뜻 깊은 일은 러시아 혁명의 지도자들이 유럽에서 모방자들이 나타날 것을 끈기 있게 기다렸는데 그것은 허사였고, 결국 모방자들은 아시아에서 나타났다는 사실이다. 유럽이 '변화 없는' 곳이 되어 버렸고, 아시아가 움직이기 시작한 것이다. 그렇다고 해서 이러한 상식적인 이야기를 더 이상 현재에까지 끌고 내려올 생각은 없다. 역사가들도 아직은 아시아 및 아프리카의 혁명에 대하여 그 범위와 의의를 평가할 만한 위치에 서 있지 못하다. 그러나 아시아와 아프리카의 수백만 인구에게 현대적인 기술과 공업 과정이 퍼져 나가고, 초보적인 교육과 정치 의식이 보급되면서 대륙의 면목이 일신되어 나가고 있다는 것만은 사실이다. 미래를 내다볼 수 없는 나로서는 이것을 세계사의 규모로 잡아볼 수 있는 점진적인 발전이라고 판단할 수밖에는 그 이외의 다른 판단 기준을 찾아볼 수 없다. 이상의 사태로서 야기된 세계 국면의 변화는 세계 문제에서 이 나라의 비중을 상대적으로 저하시켰고, 아마도 영어 사용 국가 전체에 대해서도 같은 말을 할 수 있을 것이다. 그러나 상대적 저하는 절대적 저하와는 다른 것이다. 오히려 나로서 불안과 경악을 금할 길 없는 것은, 아시아와 아프리카에서 진전되고 있는 발전 그 자체보다는 이 나라의 지배층——아마도 딴 나라에서도——에게서 볼 수 있는 일반적인 태도이다. 즉, 그들은 이상과 같은 발전을 맹목적인 몰이해한 눈초리로 바라보는가 하면, 그들을 불신에 찬 경멸과 애교섞인 겸손 사이를 왔다갔다하는 태도로써 대하고, 과거에 대한 뼈저린 향수에 몸을 맡기고 있는 것이다.

지평선은 넓다

내가 말한 20세기 혁명에서 이성의 확대라는 요인은 역사가에게는 특별한 결과를 초래했다. 왜냐하면, 이성의 확대란 본질상 이때까지는 역사의 외부에 머물고 있었던 집단과 계급, 국민과 대륙이 역사의 내부에 출현하게 되었음을 의미하는 것이기 때문이다. 처음 강연에서 나는, 중세 사가들이 중세 사회를 종교라는 안경을 통해서 보는 경향이 있는 것은 일방적인 성격의 사료(史料) 때문이라고 말한 바 있다. 이 설명을 좀더 계속해 보겠다. 기독교회는 "중세에서는 유일한 이성적 기관이었다."[9]는 말을 하지만, 물론 여기에는 다소간의 과장은 있다 하더라도 역시 정당한 말이라고 생각된다. 유일한 이성적 기관이었기 때문에, 그것은 유일한 역사적 기관일 수밖에 없었다. 즉,

---

9) A. von Martin, *The Sociology of the Renaissance*(영문판,1945), p.18

그것만이 역사가가 이해할 수 있는 발전의 이성적 과정에 속해 있었던 것이다. 세속 사회의 형태와 조직을 부여한 것은 교회였고, 그 자체에는 이성적인 생활이 결여되고 있었다. 대중들 역시 역사시대의 대중들이나 마찬가지로 자연의 일부였지 역사의 일부는 아니었다. 근대사는, 민중들의 사회적 · 정치적 의식이 더욱 증대되고, 과거와 미래를 지닌 역사적 실체로서 각자의 집단을 자각하고, 이리하여 그들이 완전히 역사 속에 등장하게 되었을 때에 시작된다. 사회적 · 정치적 · 역사적 의식이 대부분의 인구 속에 퍼지기 시작한 것은 소수의 선진 국가에서도 겨우 2백 년밖에 안된 일이다. 완전한 의미에서 역사에 등장한 민족들, 즉 이미 식민지 통치자나 인류학자들의 대상이 아니라 역사가들의 대상이 된 민족들, 이러한 민족들로 구성된 전체 세계를 상상할 수 있다는 것조차도 오늘날에 와서야 비로소 가능해진 일이다.

이것은 우리의 역사 개념에서 하나의 혁명이다. 18세기에는 역사는 아직도 엘리트의 역사였다. 그러나 19세기에 이르러서 영국 사가들은 확신이 없는 산발적인 발걸음으로나마 전 국민 사회의 역사라는 역사관을 수립하기 위한 첫걸음을 내디디기 시작했던 것이다. 그린(John Richard Green, 1837~83 영국의 사가)은 오히려 평범한 사가이지만, 최초의 영국 국민사를 써서 명성을 얻었다. 20세기에 들어서는 어떤 역사가이건 적어도 말로만은 이러한 견해에 찬의를 표하게 되었다. 물론 실행은 말에 뒤지는 것이지만, 이런 결점을 더 이상 따질 생각은 없다. 왜냐하면 나의 더 큰 관심이 쏠리고 있는 문제는, 역사의 지평선은 우리 나라와 서구를 넘어서서 확대되고 있는데, 우리 역사가들은 이를 고려하지 못하고 있다는 사실이기 때문이다. 액튼은 1896년의 보고서에서, 세계사라는 것은 "모든 나라의 역사를 합쳐 놓은 것과는 다른 것이다."라고 말하고서 다음과 같이 계속하고 있다.

그것은 모든 국가라는 것이 부차적인 위치에 놓인 연속 과정을 진행한다. 물론 국가적인 문제도 취급될 것이다. 그러나 그것은 국가 그 자체를 위해서가 아니라 더욱 고차적인 연속성에 대한 관련성과 종속관계에서, 그리고 모든 국가가 인류의 공동 복지에 이바지한 시기와 정도에 따라서 이야기될 것이다.[10]

액튼이 생각했던 의미의 세계사라는 것은, 구태여 액튼을 끄집어낼 것까지도 없이 모든 진지한 역사가들의 문제였다. 그러면 지금 우리는 이와 같은 의미의 세계사 연구를 추진하기 위해서 과연 무엇을 하고 있는가?

고립되는 자는 누구인가

나는 이번 강연에서 본 케임브리지 대학에서 하고 있는 역사 연구를 화제에 올릴 생각은 없었다. 그러나 나의 논점에 대한 기막힌 실례가 있기 때문에, 거북스럽기는 하지만 이를 피한다면 오히려 비겁한 일이 될 것 같다. 지난 40년 동안에 우리들은 교과 과정에서 미국 역사에 중요한 지위를 부여해 왔다. 이것은 큰 진보이다. 그러나 여기에는 또 다른 위험성이 수반되었다. 즉, 그것은 이미 우리들의 교과

---

10) *Cambridge Modern History : Its Origin, Authorship and Production*(1907), p.14

과목에 영구 소유권과도 같은 중압감을 주고 있는 영국사의 지방주의가 더 음성적이고 똑같이 위험한 영어 사용 세계라는 지방주의에 의하여 보강되었다는 사실이다. 과거 4백 년간 영어 사용 세계의 역사가 역사상 위대한 시기였다는 사실은 의심할 여지가 없다. 그러나 그것을 세계사의 중심부로 취급하고 그밖의 것은 모두 변두리 부분으로 취급한다는 것은 유감스럽게도 왜곡된 관찰이다. 이러한 일반적인 왜곡을 바로잡아 주는 일이야말로 대학의 사명이다. 내가 보기에는 본 대학의 근대사 과목에는 이러한 의무를 달성하는데 부적당한 점이 있는 것 같다. 영어 이외의 근대어에 관한 충분한 지식을 아무것도 못 가진 자에게 주요 대학에서 역사 과목의 우등 학위 수험이 허용된다는 것은 확실히 잘못된 일이다. 전통과 영예에 빛나는 옥스퍼드 대학의 철학과에서 평이한 일상 영어만을 가지고도 만사를 훌륭하게 해낼 수 있다는 결론을 전공자들이 가지게 되었을 때 사태는 어떻게 되었던가. 이것은 우리가 타산지석으로 삼을 만한 일이다. 학위 시험의 수험생이 유럽 대륙의 어떤 나라의 근대사에 대해서 교과서 수준 이상의 것을 공부하려고 할 때에 아무런 편의도 제공되어 있지 않다는 것은 분명히 잘못된 일이다. 설사 아시아나 아프리카, 라틴 아메리카에 관한 다소간의 지식을 가진 수험생이 있다 하더라도 지금 같아서는 '유럽의 확대'라는 19세기 식의 거창한 허세를 앞세운 시험 문제 앞에서는 자기 지식을 피력할 기회란 극히 제한되어 있다. 불행하게도 '유럽의 확대'라는 이 표제는 내용과 꼭 부합된다. 즉, 수험생들은 중국이나 페르시아와 같은 중요한, 그리고 풍부한 사료(史料)를 가지고 있는 나라들에 대해서도 유럽인들이 이를 영유하려고 했던 당시에 일어났던 일 이외에는 다른 아무런 지식도 알 필요가 없는 것이다. 내가 듣기에는 본 대학에도 러시아와 페르시아와 중국의 역사 강의가 있기는 한 모양이다.──역사과의 전임교수가 아닌 다른 사람들에 의해서.

5년 전에 중국어 교수가 그 취임 강연에서 "중국은 인류 역사의 국외자(國外者)로 간주될 수는 없다."[11]는 확신을 말했을 때에, 케임브리지의 역사가들은 귓전으로도 듣지 않았다. 과거 10년 동안에 케임브리지 대학이 내놓은 가장 위대한 역사 저작이라는 장래의 평가를 받을 만한 책은 사학과의 외부에서 조력은 하나도 받지 않고 집필되었던 것이다. 그 책이란 니덤(Joseph Needham, 1900~ 영국의 생화학자) 박사의 《중국의 과학과 문명》을 가리키는 것이다. 정신이 바싹 차려지는 이야기가 아닐까. 만일 내가 이러한 사실을 20세기 중엽의 영국의 그밖의 대부분의 대학이나 영국 인텔리들의 전형적인 병폐라고 믿지 않았던들 이상과 같은 집안 험담을 세인의 면전에서 털어놓을 수는 없었을 것이다. "영불 해협에 폭풍이 일어나면──대륙은 고립된다." 빅토리아 시대의 섬나라 근성을 반영한 이 맥 빠진 낡은 농담이 오히려 기분 나쁠 정도로 오늘의 실태에 알맞은 냄새를 풍기고 있다. 이번에는 폭풍은 먼 외부 세계에서 거세게 불어대고 있다. 그러나 영어 사용 국가에 사는 우리들이 이리저리 모여 가지고, 다른 나라와 다른 대륙들의 터무니없는 거동 때문에 우리 문명의 은혜와 축복으로부터 고립되어 나갔다는 이야기를 평이한 일상 영어로 지껄여대고 있는 동안에 오히려 세계의 현실적인 움직임에서 고립되고 있는 쪽은 이해력도 없고 이해하려는 성의도 없는 우리 자신이 아닌가 하는 기분에 사로잡히게 되는 때가 있다.

---

11) E. G. Pulleyblank, *Chinese History and World History*(1955), p.36

나는 제1회 강연의 서두에서 19세기의 마지막 대목과 20세기 중엽을 갈라놓는 명백한 관점의 차이를 주의해 보라고 말한 바 있다. 이제 마지막에 이르러 이러한 대조를 좀더 상세히 말해 보기로 하겠다. 이 이야기 속에서 나는 '자유'와 '보수'라는 말을 사용하게 되겠지만, 물론 그것이 영국 정당의 명칭과 동일한 의미로 사용되고 있지 않다는 것은 쉽사리 이해할 것이다. 액튼은 진보를 논할 때에, 그 말을 영국인의 일반적인 개념인 '전진주의'라는 뜻으로 생각하지는 않았다. "혁명, 즉 우리가 말하는 자유주의", 이 놀라운 구절은 1887년의 서간에서 찾아낸 것이다. 그로부터 10년 후의 근대사 강의에서는 그는 "근대에서 진보의 방법은 혁명이었다."고 말하였고, 또 다른 강의에서는 "우리들이 혁명이라고 부르는 일반적 사상의 출현"이라는 말을 하고 있다. 이에 대한 설명은 그의 미발표의 원고 속에 나타나 있다. "휘그당원들은 타협에 의하여 통치하였으나, 자유당원들은 이념의 지배로 시작한다."[12] 액튼은 '이념의 지배'란 자유주의를 의미하는 것이고, 자유주의는 혁명을 의미하는 것이라고 믿었던 것이다. 액튼의

---

　　12) 이 구절에 관해서는 다음을 참조. Acton, *Selections from Correspondence* (1917), p.278 ; *Lectures on Modern History*(1906), pp.4,32 ; Add MSS.4949 (in Cambridge University Library). 위에 든 1887년의 서간에서는 액튼은 '구(舊)' 휘그에서 '신(新)' 휘그(곧 자유당원)로의 변화를 '양심의 발견'이라고 말하고 있다. 여기서 말하는 '양심(conscience)'이란 분명히 '의식(consciousness)'의 발달에 관련된 것으로서 '이념의 지배'에 해당하는 것이다. 스텁스(Stubbs)도 역시 근대사를 프랑스 혁명을 경계선으로 하여 두 시기로 구분하고 있다. "전기는 권력과 힘과 왕조의 역사요, 후기는 이념이 권리와 형태를 얻게 되는 역사다."(W. Stubbs, *Seventeen Lectures on the Study of Mediaeval and Modern History*(3rd ed., 1900), p.239

생애 당시에는 사회 변혁의 원동력으로서 자유주의의 힘은 아직 고갈되지 않았다. 오늘날에 와서는 자유주의의 잔존 요소는 어디에서나 사회의 보수적 요인이 되고 있다. 액튼에게로 되돌아가자고 역설한들 오늘날 무슨 의미가 있겠는가.

그러나 역사가들이 문제 삼아야 할 일은, 첫째로는 액튼의 입장을 확인하는 일이고, 둘째로는 그의 입장과 현대의 사상가들의 입장을 비교하는 일이며, 셋째로는 그의 입장의 어떠한 요소가 오늘날 아직도 유용한가를 검토해 보는 일이다. 물론 액튼의 시대는 지나친 자신과 낙관주의에 압도되고 있어서, 그들의 신앙의 기초 구조가 불안정한 성질의 것임을 충분히 이해하지 못했다. 그러나 그의 세대는 오늘날 절실히 요청되고 있는 두 가지 요소를 지니고 있었다. 그것은 변화를 역사의 발전적 요인으로 본다는 감각과, 이성은 변화의 복잡성을 이해하기 위한 길잡이라는 믿음이다.

그래도 그것은 움직인다

그러면 여기서 1950년대의 발언 몇 가지를 들어 보기로 하자. 지난 강연에서 나는 루이스 네이미어 경이 만족스럽다는 듯이 말한 다음과 같은 말을 인용한 바 있다. 즉, 그는 "구체적인 문제"에 대한 "실제적인 해결"이 추구되고 있을 뿐 "양 정당은 정강(政綱)이나 이념을 잊고 있다."고 말하고, 이것을 "국민의 성숙을 반영하는 징후"라고 말했던 것이다.[13] 나로서는 사람의 생애와 국민의 생애를 이러한 식으로 비유하는 것을 좋아하지 않으며, 이런 비유를 들고 나온다면 도대체 '성숙'의 단계가 지나면 그후에 올 것은 무엇인가 하고 반문하고 싶기도 하다. 그러나 나의 관심을 끄는 문제는, 실제적인 것과 구체적인 것은 찬양하고, '정강이나 이념'은 공격한다는 태도로 양자를 선명하게 대조시키고 있다는 점이다. 실제적인 활동을 이념적인 이론 활동 위에 떠받쳐 올린다는 것은 말할 것도 없이 보수주의의 성분 증명이다.

그것은 액튼이 말한 혁명과 사상 시대의 공세가 목전에 임박했을 때에 이에 항의한 18세기의 발언, 조지 3세 즉위 당시의 영국의 발언을 네이미어의 사상 속에 반영하고 있는 것이다. 그러나 철저한 경험주의의 형태를 쓰고 나오는 철저한 보수주의의 이상과 같은 낯익은 표현 방식은 오늘날 대단한 인기를 누리고 있다. 그 가장 일반적인 형태는 트레버 로퍼 교수의 다음과 같은 말에서 발견할 수 있다. "급진주의자들이 승리의 확신을 구가할 때 현명한 보수주의자들은 그 콧등을 내려 갈긴다."[14] 오크숏 교수는 한창 유행되고 있는 이 경험주의를 다음과 같은 좀더 까다로운 말로 표현하고 있다. 정치적 분야에서는 우리들은 "끝도 없고 깊이도 없는 바다를 항해하고 있다." 거기에는 '출발점도 없고 예정된 목적지도 없고', 다만 우리로서 바랄 수 있는 것은 '가라앉지 않고 가만히 떠 있는 것'뿐이다.[15] 그렇다고 해서 정치적인 '유토피아니즘'이나 '메시아니즘'을 공격하고 있는 최근의 저술가들의 목록을 만들어 볼 생각은 없지만, 하여간 이러한 말투는 사회의 장래에 관한 원대한 근본 사상을 모욕하는 유행어처럼 통하고

---

13) 본서 p.60 참조

14) *Encounter*, vii, No.6, June 1957, p.17

15) M. Oakeshott, *Political Education*(1951), p.22

있다. 미국에서도 역사가나 정치학자들은 오히려 영국의 동료들보다
도 더욱 거리낌없을 정도로 보수주의에 대한 충성을 공공연히 표명해
왔다. 그러나 물론 미국의 최근 경향까지를 끄집어낼 생각은 없고, 다
만 여기서는 미국의 가장 저명하고 가장 온건한 보수주의 사가의 한
사람인 하버드 대학의 사무엘 모리슨(Samuel Eliot Morison, 1887~1976)
교수의 말 한 대목만을 인용하기로 하겠다. 그는 1950년 12월의 미국
역사학회의 회장 연설에서, 지금이야말로 소위 '제퍼슨—잭슨—F.
D. 루스벨트 노선'에 대한 반격의 시기라고 말하고, '공정한 보수적
견지에서 쓴'[16] 미국사를 옹호하는 입장을 취했던 것이다. 그러나 적
어도 가장 명료하게 가장 비위협적인 형태로 재천명한 사람은 포퍼
교수였다. 그는 '정강과 이념'을 거부하는 네이미어에 동조하면서,
명확한 계획에 따라 '사회 전체'를 '개조'할 것을 목표로 삼는다는 정
책을 공격하고 있다. 그 대신 그가 권하고 있는 것은 '단편적 사회 대
책'이라는 것이지만, 이에 대해 가해지는 '미봉책'이라든가 '우물쭈
물'이라든가 하는 공격 앞에서도 도무지 움츠리는 기색이 없다.[17] 포
퍼 교수에게도 한 가지 점에 대해서만은 나도 찬사를 보내고 싶다. 그
것은 그가 언제나 이성의 굳건한 옹호자의 입장에 서서 과거 현재를
막론하고 비이성주의에의 탈선이라는 것과는 전연 관련이 없다는 점
이다. 그러나 '단편적 사회대책'이라는 것에 대한 포퍼 교수 자신의
규정을 살펴보면, 이성에 부과되고 있는 역할이 얼마나 좁게 한정된

---

16) *American Historical Review* No.1 vi, No.2(January 1951),
pp.272~273

17) K. Popper, *The Poverty of Historicism*(1957), p.67, 74

것인가를 알 수 있을 것이다. 그렇다고 해서 '단편적 사회대책'에 대한 그의 정의가 반드시 명확한 것은 아니지만, '목적'에 관한 비판을 제거한다는 것은 그가 특히 강조하고 있는 점이고, 또한 정당한 활동 분야로서 그가 들고 있는 신중한 예——위헌적 개혁이나 '소득의 더 큰 균등화 경향'을 보더라도, 그것이 기존 사회의 전제 범위 내에서 역할하자는 취지인 것만은 분명하다.[18] 사실 포퍼 교수의 사고 방식에서 본 이성의 지위라는 것은 어딘가 영국 정부 관리의 지위와 비슷한 점이 있다. 그들은 집권 정부의 정책을 시행할 권한도 있고, 이러한 정책의 효능을 높이기 위한 실제 개량책을 건의할 자격도 있지만, 그 근본적 전제나 궁극적 목표를 의심할 자격은 없는 것이다. 그것은 다행한 일이다. 나 역시 젊었을 때에는 관리를 지냈지만 이러한 방식으로 이성을 기존 질서의 전제 앞에 종속시킨다는 것은 결국 나로서는 도저히 용납할 수 없는 일이다. 이것은 혁명=자유주의=이상의 지배라는 방정식을 제기했을 때의 액튼의 이성관과는 다른 것이다. 인간 세계의 진보라는 것은 과학에서나, 역사에서나, 사회에서나, 인간이 자기 자신을 현존 방식의 단편적 개량에만 국한시킨다는 태도에서는 성취될 수가 없는 것이다. 그것은 주로 목전의 제도와 그 토대를 이루고 있는 음양(陰陽)의 전제에 대하여 이성의 이름으로써 근본적인 도전을 감행한다는 대담한 각오를 통해서만 이룩된 것이다. 나는 영어 사용 세계의 역사가 · 사회학자 · 정치학자들이 이러한 과업을 수행하기 위한 용기를 되찾을 날이 오기를 기대하고 있다.

　　그러나 내가 가장 두려워하는 사실은, 영어 사용 세계의 인텔리

---

18) Ibid., p.64, 68

나 정치 사상가들이 이성에 대한 신뢰감을 상실해 가고 있다는 사실보다도 부단히 움직이는 세계에 대한 용의주도한 감각이 감퇴되고 있다는 사실이다. 이것은 일견 역설적인 이야기같이 생각된다. 왜냐하면, 주위에서 진행되고 있는 변화에 관한 피상적인 화제가 요즈음처럼 흔하게 오고가던 시대도 드물기 때문이다. 그러나 중요한 일은, 지금에 와서는 이 변화라는 것이 성취·기회·진보 등으로 생각되지 않고 공포의 대상으로 생각되고 있다는 사실이다. 우리의 정치 전문가나 경제 전문가들이 교시를 내릴 때에 그들이 우리에게 줄 수 있는 것이란, 근본적인 원대한 사상을 불신하라, 무엇이건 혁명적인 냄새를 풍기는 것은 피하라, 전진할 때에는——만일 꼭 전진해야 한다면——될 수 있는 대로 천천히, 될 수 있는 대로 조심성 있게 하라는 훈계 이외에는 아무것도 없다. 지금 세계의 국면은 과거 4백 년간의 그 어느때보다도 급격하고 철저하게 변모해 나가고 있는데, 이것은 실로 기막힌 맹목이 아니겠는가? 공포의 근거는 여기에 있는 것이다. 그것은 세계 전체의 운동이 정지해 버리지나 않을까 하는 우려가 아니라, 이나라——아마도 다른 영어 사용 국가들도——가 전반적인 전진의 뒤에 처져서 힘없이 체념한 채로 일종의 향수적인 침체 상태 속에 빠져버리지나 않을까 하는 우려인 것이다. 누가 뭐라던 나 자신은 변함없이 낙관주의자이다. 루이스 네이미어 경이 나에게 정강이나 이념을 피하라고 훈계할 때에, 오크숏 교수가 나에게, 우리들은 어떤 특정지로 가고 있는 것은 아니며, 중요한 일은 아무도 보트를 뒤흔들지 않도록 조심하는 것뿐이다라고 말할 때에, 포퍼 교수가 하잘것없는 단편적 대책의 덕분으로 애용하는 T형 고물차를 언제까지나 몰고 다니기를 원할 때에, 트레버 로퍼 교수가 떠들어대는 급진주의자들의 콧등을 내려칠 때에, 모리슨 교수가 공정한 보수 정신으로 집필된 역사를 옹호할 때에, 나는 격동하는 세계, 진통하는 세계를 내다보며 위대한 과학자의 낡은 말귀를 가지고 이렇게 대답할 것이다 : "그래도 역시——그것은 움직인다."